Arthur Honegger
Abc 4 USA

Arthur Honegger

Abc 4 USA

Amerika verstehen

Stämpfli Verlag

Impressum

Bibliografische Information der Deutschen Nationalbibliothek: www.d-nb.de.

© Stämpfli Verlag AG, Bern, www.staempfliverlag.com · 2. Auflage 2015

Lektorat	Benita Schnidrig, Stämpfli Verlag AG, Bern
Umschlaggestaltung	Nils Hertig, clicdesign AG, Bern
Inhaltsgestaltung	Patrick Savolainen, Bern
Umschlagbild	Henna Honegger, Washington
Kapitelbilder	Henna und Arthur Honegger, Washington

Einzelne Texte basieren auf Arthur Honeggers Kolumnen
in der «Aargauer Zeitung» und dem «Sonntag», erschienen 2008 und 2009.

ISBN 978-3-7272-1367-0

Printed in Germany

Für Amélie und Aatos
my bliss, made in America

Danke Henna
for the pursuit of happiness

Ein-, An- und Weiterleitung

Erst waren da die Taxis in New York, die waren doch tatsächlich gelb. Und sie waren überall, genau wie im Film. Dann die Briefkästen vor den Häusern in Ohio: bunte Blechkisten auf Holzpfahl, als wären sie aus einer Folge der «Simpsons» geklaut. Weiter ging's mit endlosen Strassen, gigantischen *Pickup-Trucks* und schliesslich den Bademeistern am Strand von Kalifornien. Alles in Amerika kam mir bekannt vor, vertraut sogar. Ein Déjà-vu jagte das andere – dabei war ich zum ersten Mal im Leben hier.

So geht es vielen Europäern. Die USA, die kennt man. Von der Leinwand, vom Fernsehschirm, vom Computerscreen und aus dem Kopfhörer. Auch wenn europäische Kulturpatrioten es ungern zugeben, Tatsache ist: Amerikanische Kultur ist längst Teil unserer Kultur. Wer dann hinreist in dieses Land, das unsere Welt (nach wie vor) dominiert wie kein anderes, der denkt immer wieder mal: Das kenn ich doch! Wer allerdings bleibt, ein paar Monate oder auch ein paar Jahre, der merkt mit der Zeit: Die USA der eigenen Vorstellung entsprechen so gar nicht den USA der Realität. Das Mutterland des iPhones schafft es nicht, Schlaglöcher im Asphalt zu reparieren. Am wichtigsten Finanzplatz der Welt zahlen die Leute ihre Wohnungsmieten noch per Scheck. In einem der reichsten Länder der Welt liegen Obdachlose in jedem zweiten Park. Die Heimat der Freiheit sperrt mehr Menschen ein als jeder andere Staat. Wie passt das alles mit dem Anspruch zusammen, eine globale Führungsnation zu sein? Und wie mit dem unverwüstlichen Optimismus, den Amerikaner so gern vor sich hertragen?

Die Antwort: Amerika ist kein Zustand, Amerika ist ein Prozess. Eine einfache Wahrheit und doch der Kern zahlreicher Missverständnisse zwischen Europa und den USA. Stimmt schon: Anspruch und Alltag der Vereinigten Staaten klaffen meilenweit auseinander. Das ist für das Land selbst jedoch mehr Ansporn als Anlass zur Verzweiflung: Hauptsache, die USA bewegen sich. Und das tun sie – unaufhörlich, stets bemüht, näher an die Verwirklichung ihrer Ideale heranzurücken. Die Bewegung geht nicht immer in die gleiche Richtung (allein schon weil die Politik nicht immer den gleichen Kurs vorgibt). Mal links, mal rechts. Mal vor, mal zurück. Mal vor die Hunde und mal auf den Mond. In ihren Filmen, TV-Serien und oft auch in ihrem internationalen Auftreten spiegeln die USA deshalb keineswegs, was ist, sondern stets nur, was sein kann. Dieses Land beruft sich nicht umsonst auf einen Traum als Leitmotiv: Der *American Dream* funktioniert nur, solange die Bürger auch Träumer sind. Realität mag für den Rest der Welt gut genug sein, Amerika aber braucht Ambition. Die USA der Gegenwart sind somit nur eine Momentaufnahme, ein Schnappschuss im grössten Experiment der Menschheitsgeschichte: der Neuen Welt, wo Einwanderer aus allen Ecken des Planeten zusammentreffen. Dazu passend prangt auf dem offiziellen Siegel der Nation der lateinische Leitsatz *«e pluribus unum»* – aus vielem eins, was heissen will: Einigkeit in der Vielfalt und die Akzeptanz unvermeidlicher Widersprüche. Aus den unterschiedlichsten Einflüssen soll eine andere, bessere Gesellschaft wachsen. Das ist – ganz unbescheiden – das Ziel der USA. Darum wird alles, was machbar ist, hier irgendwann auch gemacht; mit teils sensationellen, teils desaströsen Folgen.

Amerika: kein Zustand, ein Prozess. Logisch enttäuschen die USA der Realität damit oft die Hoffnungen, welche die Welt in die USA der Theorie setzt. Ach, Amerika: Die einen lieben dich, die anderen hassen dich, viele tun beides gleichzeitig. Aber egal ist Amerika so gut wie niemandem. «Warum sind die USA nur so ... so, wie sie nun mal sind?», das fragen sich viele, heute mehr denn je. Und als Exilschweizer in den USA fragen sie öfter mal auch mich. Darum dieses Buch. In Gesprächen mit Menschen, die nicht in den USA wohnen, merke ich immer wieder, wie intensiv das Interesse an der amerikanischen Gesellschaft, Kultur und Geschichte ist. Und doch lernen Europäer in der Schule wenig darüber, was die USA zu dem gemacht hat, was sie sind; darüber, welche Personen und Ereignisse, aber auch welche Filme, Songs und Bücher jenes Land geprägt haben, das alle anderen Länder prägt.

Wie tickt Amerika? Diese Frage versuche ich in dreihundert Einträgen zu beantworten. Sie reichen vom sachlichen Kurzbeschrieb über Gedanken zur amerikanischen Volksseele bis zu persönlichen Erlebnissen aus sechs Jahren USA (Augenzwinkern nicht verboten). Dreihundert Texte, die nicht länger sind als Zeitungskolumnen, das reicht selbstredend nie aus, um das Wesen einer so komplexen Nation zu erfassen. Doch *«Abc 4 USA»* ist ein Anfang – ein Denkanstoss, ein *conversation starter*, um es mal amerikanisch zu sagen. Klar, jeder Eintrag wäre ein eigenes Buch wert. Und mit unendlich viel Zeit und Platz liessen sich statt dreihundert auch dreitausend Begriffe finden, die charakteristisch sind für die USA. Zwangsläufig habe ich darum vieles weggelassen (oft schweren Herzens, ein paar persönliche Favoriten mussten noch ganz zuletzt dran glauben). Jene Aspekte allerdings, die es auf die Liste der dreihundert geschafft haben, geben einen guten und vielschichtigen Einblick in das, wie ich meine, faszinierendste Land der Welt.

Kein Zustand, ein Prozess: ein Prinzip, das auch für dieses Buch gelten soll. «*Abc 4 USA*» ist zwar alphabetisch gegliedert, ich rate indes davon ab, sämtliche Einträge nacheinander von A bis Z zu lesen – das wäre wohl eher anstrengend als anregend. Picken Sie sich lieber einen Begriff heraus, der Sie neugierig macht. Wo Sie anfangen, ist egal. In fast allen Texten finden sich Links zu anderen Einträgen, die ein Thema ergänzen und weiterführen. Mit anderen Worten: Hüpfen Sie nach Herzenslust herum. Zwei oder drei solcher Sprünge reichen, um ein paar wesentliche Fakten zu erfahren, die eine oder andere Überraschung zu erleben, mal zu schmunzeln und mal die Stirn zu runzeln. Der Leser soll neue Einsichten gewinnen und vor allem: Appetit auf mehr bekommen – sei es auf eine simple Google-Recherche zu einem US-Thema, sei es auf einen richtig dicken historischen Schinken oder, wer weiss, vielleicht sogar auf eine Reise durch das Land selbst. Über nichts lässt sich mit Amerikanern besser diskutieren als über Amerika. (Okay, vielleicht mit Ausnahme von Football. Und Baseball. Und Autos. Steht alles in diesem Buch.) Auf welche Art auch immer: Es lohnt sich, sich einzulassen auf die Vereinigten Staaten von Amerika. Schliesslich wird dieses Land die Welt doch noch auf Jahrzehnte hinaus entscheidend prägen (sorry China). Und sollten Sie Ihre Koffer demnächst für einen USA-Trip packen, hoffe ich natürlich, das Buch ist im Gepäck dabei.

Und nun viel Spass beim Lesen!

PS: Statt Zustand lieber ein Prozess: Wenn Sie Anregungen haben oder Fragen, erreichen Sie mich auf Twitter unter @Abc4USA.

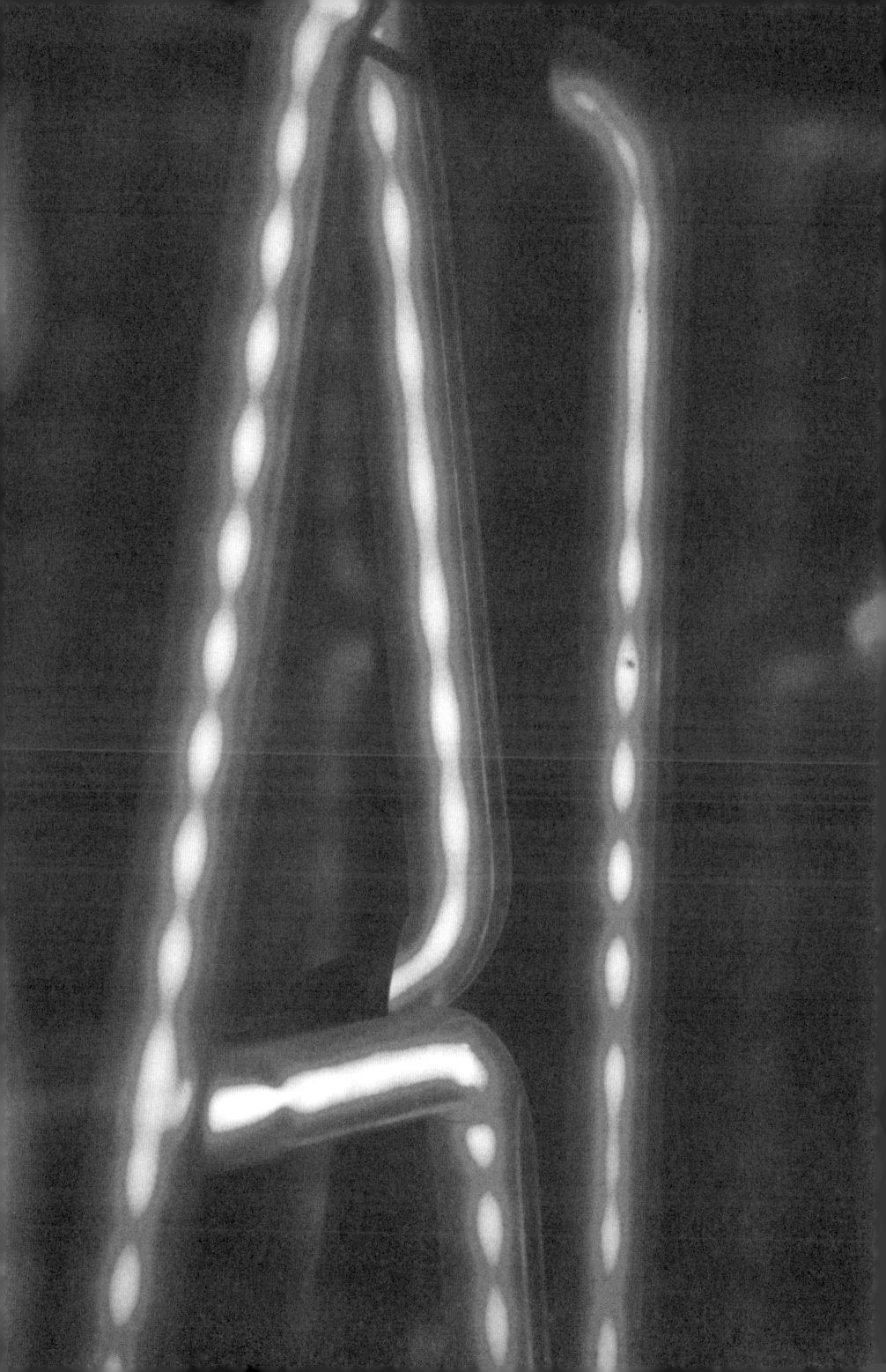

Abtreibung

An jeder grösseren politischen Konferenz in den USA sehe ich ihn: den Lastwagen. Wer ihn einmal zu Gesicht bekommen hat, vergisst ihn nicht mehr: Auf dem Anhänger ist, drei Meter lang, ein toter Fötus abgebildet. Ein herzzerreissendes Bild, das unter die Haut geht – und das ist das Ziel. Der Lastwagen wird von radikalen Abtreibungsgegnern durchs Land gefahren. Der Wert des ungeborenen Lebens, vermittelt durch ein erschütterndes Plakat auf vier Rädern. Die Abtreibungsfrage ist seit Jahrzehnten das emotionalste Politikum Amerikas, seit der Oberste Gerichtshof 1973 sein Jahrhunderturteil im Fall *Roe v. Wade* gefällt hat: Ja, eine Frau hat das Recht auf Abtreibung. Sie hat die Wahl, ob sie ein Kind will oder nicht; entsprechend werden Leute, die diese Ansicht teilen, in den USA als *pro choice* betitelt, die Abtreibungsgegner hingegen als *pro life*. In der Realität gehören die allermeisten Amerikaner weder der einen noch der anderen Gruppe an, sondern befinden sich irgendwo dazwischen. Für die Aktivisten auf beiden Seiten jedoch ist die Frage «Wann ist ein Leben ein Leben?» so elementar, dass sie nicht anders können, als ihre Sicht der Dinge in die Welt hinauszuschreien, hinauszutragen – oder eben mit besagtem Lastwagen hinauszufahren. In einer Gesellschaft, die sich ständig neu erfinden muss wie die der USA, kommen Grundsatzfragen nie ganz zur Ruhe.

Adams, John

Es kommt vor, dass jemand Präsident der USA wird, ohne ein besonders guter Politiker zu sein, ja ohne Politik überhaupt zu mögen. John Adams (1735–1826) zum Beispiel war mehr Philosoph als Politfuchs. Schon vor dem Revolutionskrieg legte er sich intellektuell mit den Briten an und wurde in der Folge eine treibende Kraft hinter der Unabhängigkeitserklärung; kaum ein Zeitgenosse kannte sich in staatsrechtlichen Belangen besser aus als er. Das machte ihn sozusagen zur eierlegenden Wollmilchsau der amerikanischen Diplomatie – in Frankreich, den Niederlanden, später in Grossbritannien. Doch dann hatte Adams das Pech, zum ersten Vizepräsidenten der USA gewählt zu werden. Er fühlte sich augenblicklich auf Eis gelegt: «Mein Land hat, in all seiner Weisheit, ein Amt für mich erfunden, wie es unbedeutender nie erfunden wurde.» (Ein Gefühl, das nach Adams wohl so mancher Vizepräsident mit ihm geteilt haben dürfte.) Seine Partei, die *Federalists,* liebte ihn genauso wenig wie er sie. Trotzdem wurde er als deren Kandidat 1796 zum Präsidenten gewählt, vor Thomas Jefferson, der sich vier Jahre darauf revanchierte und Adams aus dem Amt warf. Nein, Ränkespiele, Wahlkampf gar, das war nicht die Welt des John Adams. So zog er sich frustriert zurück. Die Freude am philosophischen Diskurs aber hatte er sich erhalten, Jahre später führte er gar einen regen Briefwechsel mit dem einstigen Erzkonkurrenten Jefferson. Eine letzte Gemeinsamkeit fanden die zwei schliesslich im Tod: Sie starben am exakt selben Tag – am 4. Juli 1826, am 50. Geburtstag der Nation, die sie beide als Gründerväter aus der Taufe gehoben hatten.

Afghanistan

Warum? Diese Frage treibt jeden Amerikaner um, wenn man ihn auf den Krieg in Afghanistan anspricht. Obwohl es sich hierbei um den längsten Konflikt mit US-Beteiligung handelt (dreizehn Jahre, mehr als dreimal so lang, wie der amerikanische Einsatz im Zweiten Weltkrieg dauerte), haben viele Bürger Mühe, eine Antwort auf die Frage zu finden: Warum sind wir dort? Am Anfang, kurz nach Nine-Eleven, war die Sache noch klar: In Afghanistan versteckten sich die Hintermänner dieses Jahrhundertanschlags, Osama Bin Laden und seine Truppe. Die Taliban, damals an der Macht im Land, weigerten sich, die meistgesuchten Männer der Welt auszuliefern. Und so war in den USA unbestritten: Wir müssen dorthin, um Bin Ladens Al Kaida und die Taliban zu stoppen. In den Augen der US-Öffentlichkeit verschwammen beide zusehends zu einer bedrohlichen Masse. Mit jedem Kriegsjahr wurde aber offensichtlicher: Weder Al Kaida noch die Taliban verschwinden einfach so, sie

tauchen vielmehr ab – und verändern ihr Gesicht. Die Nato, mittlerweile in Afghanistan aktiv, setzte sich zwischenzeitlich das hehre Ziel, einen neuen Staat aufzubauen: *nation building* nannte sich das. Als Antwort auf die Frage nach dem Warum taugt der Begriff in den USA heute längst nicht mehr. Eine Nation am Hindukusch zu bauen, das ist den allermeisten Amerikanern nicht tausende Tote (auf beiden Seiten) wert, ebenso wenig hunderte Milliarden Dollar. So wurde sie immer lauter, die bohrende Frage: Warum sind wir dort? Die einzige Antwort, mit der Amerika leben kann, hat mir einmal ein Elternpaar aus Wisconsin gegeben, kurz nachdem die beiden in Afghanistan ihren 26-jährigen Sohn verloren hatten. Die Augen voller Tränen, sagte die Mutter: «Damit wir kein Nine-Eleven mehr erleben müssen.» Und der Vater ergänzte: «Damit niemand mehr ein Nine-Eleven erleben muss.»

Alamo

An Siege erinnert man sich lieber als an Niederlagen – das ist im Sport so und im Krieg nicht anders. Eine der bekanntesten Kriegslegenden der USA allerdings ist eine verheerende Niederlage: die Schlacht von Alamo. Alamo, das ist keine Stadt, sondern eine Missionsstation und Festung in Texas, wo sich 1836 an die zweihundert Siedler verschanzt hatten, die meisten ohne militärische

Erfahrung. Am Morgen des 6. März fielen mexikanische Truppen ein, fast zehnfach in der Überzahl. Sie machten mit den Texanern kurzen Prozess, nur eine Hand voll überlebte. In dieser Schlacht fiel unter anderem der landesweit bekannte Abenteurer Davy Crockett (1786–1836); das ist der Stoff, aus dem Legenden sind. Die Schlacht von Alamo wird deshalb bis heute zelebriert, vor allem im Fernsehen und im Kino. Sie ist für viele Amerikaner – und Texaner insbesondere – ein Symbol für den Kampf um Eigenständigkeit und Ehre, ein Stück echter Wilder Westen.

Ali, Muhammad

Sicher, wer als Erster drei Mal Boxweltmeister im Schwergewicht wird, gehört zu den Grossen der Sportgeschichte. Es ist allerdings weniger seine Karriere im Ring, die Muhammad Ali (geboren 1942 als Cassius Marcellus Clay in Kentucky) zu einer amerikanischen Ikone gemacht hat, als vielmehr sein Auftreten ausserhalb der Seile: exzentrisch bis zur Schmerzgrenze. Sportlich konnten es eine Hand voll Athleten noch mit ihm aufnehmen, rhetorisch aber war und bleibt Ali eine Klasse für sich. Er sagte immer, was er dachte, und dachte nicht daran, sich anzupassen – in dieser Hinsicht verkörpert er wie kein anderer das amerikanische Ideal des freien Individualisten. Muhammad Ali plapperte sich in die Herzen der Nation, und dort bleibt er, Fäuste und Reden schwingend, auch noch lange nach seiner aktiven Karriere als Boxer. An der Verehrung Alis ändern weder die Tatsache, dass er zu einem aggressiven Islam konvertiert ist, noch seine spätere Parkinson-Erkrankung etwas. Auch wer ihn politisch kritisiert (etwa weil er sich einst weigerte, in Vietnam zu kämpfen: «Mann, ich habe keinen Krach mit diesen Vietcong»), respektiert ihn als historische, als amerikanische Figur. Er ist der eigenwillige alte Onkel der amerikanischen Familie, und alle stimmen ihm zu, wenn er sagt: «Ich bin der Grösste.» Was eigentlich heissen müsste: «Ich habe die grösste Klappe.» Und genau dafür liebt ihn Amerika.

Alkohol

Eigentlich erstaunlich, aber das Mutterland von Jack Daniel's hat's nicht so mit Alkohol. Das zeigt schon der offizielle Begriff für «betrunken»: intoxicated, das klingt mehr als giftig. Vielleicht verträgt sich die mit Alkohol verbundene Zügellosigkeit schlecht mit dem amerikanischen Streben, in jeder Situation einen überschaubaren Freundlichkeitsrahmen aufrechtzuerhalten. Verbotsversuche gab es jedenfalls immer wieder mal, und zwischen 1920 und 1933 waren Produktion und Verkauf von Alkohol während der Prohibition dann in der Tat landesweit untersagt. Im amerikanischen Streben nach einer besseren oder zumindest verbesserten Welt schien es damals eine gute Idee, den Spiritus zum Teufel zu jagen. Getrunken wurde natürlich trotzdem. Einfach im Geheimen, in *speakeasy* genannten Undercover-Bars. Haupteffekt der Prohibition war, dass sich zwielichtige Gestalten wie Obergangster Al Capone (1899–1947) bereichern konnten. Auch wenn Alkohol in der Folge wieder legalisiert wurde, ist das Mindestalter für Kauf und Konsum in den USA bis heute ungewöhnlich hoch geblieben: 21, volle drei Jahre nach der Volljährigkeit. Getrunken wird natürlich trotzdem schon vorher. Eltern und Geschwister besorgen oft Alkohol für Teenager, Studentenverbände tun (fast) nichts anderes. Sogar das Ansprechen wildfremder Leute vor dem Schnapsladen ist weit verbreitet, um an Hochprozentiges heranzukommen – *shoulder tapping* nennt sich das. Getrunken, nein gesoffen wird von den Teenies dann im Abseits, im Wald oder auf versteckten Parkplätzen im eigenen Auto. Resultat: Über tausend Jugendliche sterben jährlich bei Autounfällen, bei denen Alkohol im Spiel ist, *driving under the influence,* kurz *DUI.* Bechern im Stadtpark und mit dem Bus nach Hause wie in Europa üblich, das ist in den USA keine Alternative: Im öffentlichen Raum ist Alkoholkonsum verboten. Sie ahnen es: Getrunken wird natürlich trotzdem. In den Strassen von Las Vegas und New Orleans ganz legal, im Rest des Landes versteckt. Der Klassiker in dieser Hinsicht ist die Bierdose im braunen Papiersack; streng genommen auch nicht erlaubt, aber geduldet. Hauptsache, man spricht nicht darüber. Getrunken, ja, getrunken wird natürlich trotzdem.

Amazon

Unsere Freundin A. lebt ganz in der Nähe in Queens, wir sind also öfter mal zu Besuch. Wann immer wir vor ihrer Haustür stehen, sind wir dort nicht allein: Jedes Mal wartet auch ein Paket von Amazon darauf, in Empfang genommen zu werden. A. lässt sich prinzipiell alles ins Haus liefern, von Büchern über Kleider bis zum Kinderwagen. Und Windeln sowieso. Damit kann sie als typische Amazon-Kundin in den USA gelten: Was vor zwanzig Jahren als Online-Bücherei begann, ist heute erste Anlaufstelle für so ziemlich jeden Konsumwunsch im Land der unerschöpflichen Begehrlichkeiten (der Umsatz von Amazon steuert unaufhaltsam auf hundert Milliarden Dollar zu, womit der Netzladen bald zu den Top 20 unter den US-Firmen gehören dürfte). Von der professionellen Autowäsche für 99 Dollar bis zum Gemälde von Monet für 1,45 Millionen ist unter dem virtuellen Dach von Amazon alles zu haben; über 230 Millionen Artikel, schätzen Experten. Anfangs waren wir als regal- und kassengewohnte Europäer da noch etwas skeptisch: Warum etwas online kaufen, wenn man es im Geschäft zuerst ansehen, anfassen darf? Doch da praktisch jedes Produkt kostenlos retourniert werden kann (es lebe der Umtausch!), verschwindet die Scheu vor dem Internet-Einkauf schnell einmal. Sinn macht das nur, weil die Versandkosten bei Amazon und Co. entweder minimal sind oder bei grösseren Ausgaben ganz wegfallen, weil die Lieferung blitzschnell und zuverlässig erfolgt (Lagehäusern im Kleinstadtformat sei Dank) und weil jedermann davon ausgeht, dass die gespeicherten Kreditkarten im Missbrauchsfall schon schnell genug gesperrt werden können. Ja sie können sogar als eine Art Warnsystem fungieren: So war es ein E-Mail von Amazon, das uns einst darauf aufmerksam gemacht hat, dass da jemand mit unserer Karte seltsame Einkäufe tätigt – lange bevor unsere Bank Verdacht geschöpft hat. Klar, die Privatsphäre bleibt in der schönen bunten Welt des Online-Shoppings auf der Strecke; wer was wann kauft, das weiss Amazon bis ins Detail. Aber bequem ist's halt schon, und die Auswahl ist unschlagbar. Heute machen wir's genau wie unsere Freundin A. und bestellen fast alles online: Windeln sowieso, Kosmetikartikel für meine Frau und für mich auch mal ein Rambo-Messer (so viel zu unerschöpflichen Begehrlichkeiten).

«American Pie»

«Bye-Bye Miss American Pie ...» sang Madonna im Jahr 2000. Der Song war in der Schweiz, Deutschland und Italien Nummer eins in den Charts, nicht aber in den USA. Dort ist die Single gar nicht erst erschienen. Hier war «American Pie» ein alter Hut oder netter gesagt: ein Klassiker, 1972 vier Wochen lang ein Nummer-eins-Hit, gesungen und geschrieben von Don McLean (geboren 1945 im Staat New York). Mehr noch: Dieses Lied gab dem Land jahrelang Rätsel auf, weil es mit Andeutungen und Metaphern gespickt ist. Was zum Beispiel bedeutet «the day the music died» (der Tag, an dem die Musik starb)? Heute gilt als erwiesen, dass damit der Flugzeug-Crash gemeint ist, bei dem 1959 die Rock'n'Roll-Musiker Buddy Holly, Ritchie Valens und Big Bopper ums Leben kamen. Insofern ist «American Pie» eine Referenz an den musikalischen Aufbruch. Da darf natürlich auch Elvis nicht fehlen: Glaubt man den Gerüchten, gilt ihm die (von Madonna weggelassene) Zeile «While the King was looking down, the jester stole his thorny crown» (der König senkt sein Haupt, da stiehlt der Hofnarr seine Dornenkrone). Wer bitte schön ist dann der Hofnarr? Fans sagen: Damit ist Bob Dylan gemeint, als legitimer Nachfolger von Elvis. Eine Menge US-Musikgeschichte in einem Stück, in dem die halbe Welt im Jahr 2000 nur einen Dance-Hit von Madonna sah.

Amerika (sie)

Eigentlich ist «Amerika» in der englischen Sprache wie jedes Land ein Neutrum – ein «es» (also *it*). So eine kalte Versachlichung ist indes nicht jedermanns Ding. Wer seine Vaterlandsliebe locker und doch unmissverständlich zum Ausdruck bringen will, der sagt «sie» zu Amerika: *«America, I love her more than life»* zum Beispiel. Damit wird nicht nur eine antiquierte Sprachgewohnheit aufrechterhalten, sondern gleichzeitig ein ehrliches Gefühl kundgetan, das im Herzen vieler Patrioten wohnt; die Leidenschaft für die eigene Nation erinnert mehr an die Schwärmerei eines Teenagers fürs Cheerleader-Girl von nebenan als an das Bekenntnis zu einem Staatsgebilde. *She, America* hört man denn auch kaum in Grossstädten (dort leben die Cheerleader ja auch selten nebenan). Auf dem Land hingegen ist die warmherzige Verweiblichung des Vaterlandes durchaus häufig. Sie brauchen also niemanden zu korrigieren, wenn er «sie, Amerika» sagt. Entgegnen Sie einfach: *«She sure is a beauty»* oder so. Sie können dabei ja ans Cheerleader-Girl denken.

Anwalt

Krankenschwester müsste man sein. Nicht des Lohnes wegen, aber in Sachen Ansehen kann es niemand mit den weissen Engeln aufnehmen. Weit unten auf der Image-Skala hingegen: Anwälte.

Ihnen schlägt landauf, landab Skepsis entgegen. Weniger als zwanzig Prozent der amerikanischen Bevölkerung bezeichnen sie als «grundehrliche Menschen». Krankenschwestern hingegen kommen auf über achtzig Prozent. (Vielleicht tragen darum in den USA viele von ihnen ihre Arbeitsklamotten auch in der U-Bahn? Nur so ein Gedanke.) Die Abneigung gegen Juristen mag darin begründet liegen, dass die meisten Amerikaner beim Wort «Anwalt» schnell mal an «Anwaltsrechnung» denken, und die ist immer hoch und kommt immer ungelegen. Am miesen Ruf der Rechtsanwälte haben auch diverse schmeichelhafte TV-Serien von *«Matlock»* bis *«Ally McBeal»* nichts geändert. Das Urteil ist gefällt, und niemand weiss das besser als die Betroffenen selbst: «Ich bin Anwalt, tut mir leid» ist quasi ihre Standardbegrüssungsformel. Nicht wenige Amerikaner machen den Berufsstand auch für das Hickhack in Washington verantwortlich: Ein grosser Teil der Abgeordneten im Kongress hat Recht studiert und laut Kritikern die Gewinnen-um-jeden-Preis-Kultur amerikanischer Gerichtssäle ins Parlament importiert. Ergo sind Anwälte an allem schuld. Dabei ist jedermann froh, im Fall der Fälle einen gewieften Juristen an seiner Seite zu haben – und Fälle gibt es mehr als genug, schliesslich gehören Klagen in den USA zum Alltag. Das nimmt teilweise seltsame

Formen an. Zum Beispiel bei dem Typen, der eine Brauerei verklagte, weil ihn auch nach dem fünften Bier keine sexy Beachgirls umschwärmten wie im Werbespot versprochen. Oder bei der Frau, die ihr College vor Gericht zerrte, weil sie trotz teurem Studium während der Krise 2009 keinen Job fand. Das sind Extrembeispiele, klar, aber sie tragen dazu bei, dass Anwälte als skrupellose Geschäftemacher gelten – und das in einem Land, wo das Recht so etwas wie die Zauberformel des Zusammenlebens ist. Wer sein Geld damit verdient, sich dieses Recht zurechtzubiegen, der muss damit leben, dass er in Sachen Reputation nicht mit einer Krankenschwester mithalten kann. Janu, dafür wird er reich. Es gibt Schlimmeres: Berufe nämlich, die noch unbeliebter sind als Anwälte und erst noch schlechter bezahlt. Versicherungsvertreter und Gebrauchtwarenhändler können einem nur leidtun.

Armee

Der grösste Arbeitgeber der USA ist kein Supermarkt und keine Fastfood-Kette – mit über drei Millionen Lohnempfängern, teils in Uniform und teils zivil, ist das Pentagon gar der grösste Arbeitgeber der ganzen Welt (noch vor dem chinesischen Militär, das etwas über zwei Millionen Menschen beschäftigt). So eine Mega-Armee ist natürlich nicht billig: Weit über 600 Milliarden Dollar verschlingt das Verteidigungsbudget der USA Jahr für Jahr. Amerika gibt für sein Militär mehr Geld aus als die nächstfolgenden zehn Staaten zusammen. Angesichts einer derartigen Übermacht bleibt dem Rest der Welt der Mund offen stehen – und genau das ist Sinn und Zweck der Sache. Jedes andere Land soll wissen: *Don't mess with the U.S.*, mit den USA legt man sich besser nicht an, sind sie doch für jeden denkbaren Krieg mehr als gerüstet. Im Kalten Krieg war diese Botschaft vor allem an die Sowjetunion gerichtet, heute ist sie globaler Natur. Ob sie allerdings wirklich nötig ist, darüber gehen die Meinungen auseinander. Gerade in Zeiten der Krise, wenn das Geld für Schulen und Nahrungsmittelhilfe vielerorts fehlt, fragt sich auch Amerika: Wie viele Flugzeugträger müssen sein? So ein Ding kostet schliesslich elf bis dreizehn Milliarden Dollar. Umgekehrt halten diese und andere Militärausgaben auch zahllose amerikanische Jobs am Leben: Die drei grössten US-Rüstungsbetriebe allein beschäftigen rund 400000 Menschen. Ganze Städte leben von der Kriegsmaterialherstellung oder von nahegelegenen Armeebasen – von Supermärkten und Fastfood-Ketten ist kein Ort derart abhängig.

Armut

«Ein Dollar, etwas Wechselgeld?» Diese Frage höre ich jeden Tag. Direkt vor dem Haus, wo unser Büro in Washington einquartiert ist. Zur Mittagszeit kommen zwei Bettler vorbei, immer die gleichen. Niemand gibt ihnen jeden Tag etwas, aber die meisten tun's hin und wieder, und so halte ich es auch. Armut ist in US-Städten viel sichtbarer als in Europa. Muss sie auch, denn wer mittellos, krank und ohne Zuhause ist – oft alles zusammen –, der ist auf die Hilfe anderer angewiesen. Weil der Staat kaum hilft, sorgen Kirchen, die Community und Freiwilligen-Verbände für die Armen Amerikas. Arm, das müssen nicht einmal arbeitslose Bettler sein: Oft trifft die Armut auch Menschen, die Arbeit haben, die sogenannten *working poor*. Die immer zahlreicheren Tieflohnjobs können eine Existenz, gerade für eine Familie, schlicht nicht mehr sichern. Offiziell gilt in den USA als arm, wer als Einzelner weniger als 12 000 Dollar im Jahr verdient, bei einer vierköpfigen Familie liegt die Grenze bei 24 000 Dollar. Total leben heute in den Vereinigten Staaten fast fünfzig Millionen Menschen in Armut. Unzählige Familien kommen nur durch, indem beide Elternteile zu Billiglöhnen schuften – als Handlanger, Burger-Brater oder Kindermädchen. Der nationale Minimallohn beträgt weniger als acht Dollar die Stunde, in Jobs, wo Trinkgeld den Grossteil der Bezahlung ausmacht, liegt er sogar unter drei Dollar. Oft wird nur Teilzeitarbeit angeboten, ohne Aus-

sicht auf Alters- und Krankheitsvorsorge. Die guten Jobs, die es auch Kleinverdienern einst erlaubten, etwas Geld auf die Seite zu legen, werden immer rarer: Industriearbeit etwa wird zunehmend von Robotern erledigt oder wandert ins Ausland ab. Gleichzeitig werden elementare Dinge wie Nahrung, Gesundheitsversorgung und Bildung stetig teurer (Konsumversuchungen wie Fernseher hingegen kosten immer weniger). So leben Millionen Amerikaner ständig am Rande des Abgrunds, und sie wissen: Bald schon könnten sie es sein, die auf der Strasse stehen und um einen Dollar bitten. Das verleiht dem Verhältnis zu Bettlern wie den beiden vor unserem Bürohaus eine seltsame Selbstverständlichkeit. Sie lächeln stets nett und sind nicht böse, wenn ich mal keinen Geldschein zücke. «Sorry, heute nicht» sage ich dann, was auch heisst: Morgen kann alles anders sein.

Aufstieg

Rockefeller. Ford. Lincoln. Namen, die für den amerikanischen Traum stehen: den Aufstieg, den Ausbruch aus den Verhältnissen, in die man hineingeboren wurde. Hinter den berühmten Namen tut sich indes eine Leere auf: Die Chancen, als armes Kind zum reichen oder auch nur mittelständischen Erwachsenen zu werden, stehen in den USA deutlich schlechter als etwa in Finnland,

Deutschland oder Kanada (sie stehen ähnlich schlecht wie in der Schweiz). Verantwortlich für die Kluft zwischen Vorstellung und Realität: die Einkommensunterschiede in den USA. Sie sind grösser, der Anstieg zum Aufstieg entsprechend «steiler» als etwa in Europa. Zudem braucht, wer in Amerika vorankommen will, fast zwingend einen College-Abschluss – etwas, das Familien in Armut ihren Kindern oft nicht finanzieren können, während gut situierte Eltern schon Geld in die Ausbildung ihrer Sprösslinge buttern, während diese noch in den Windeln liegen. Das Resultat ist, dass sich sozio-ökonomisch in den USA vor allem ganz unten und ganz oben wenig bewegt: Wer reich geboren wird, bleibt es in der Regel; wer arm auf die Welt kommt, ebenso. Von unten betrachtet, entpuppt sich das Land der unbegrenzten Möglichkeiten als Mythos. Studien zeigen, dass das keine neue Entwicklung ist, sondern seit Jahrzehnten Realität. Verhältnismässig bleibt alles beim Alten, teure Sozialprogramme hin oder her. Notabene: Absolut gesehen geht es fast allen Amerikanern besser als ihren Eltern. Das Land ist als Ganzes reicher geworden, und so leben auch die Armen von heute besser als jene von vor dreissig, vierzig Jahren. Arm bleiben sie in aller Regel trotzdem, von ein paar märchenhaften Erfolgsstorys à la Rockefeller mal abgesehen.

Auto

Dass Amis ihre Autos lieben, ist in etwa so bekannt wie die Tatsache, dass so ein Ding vier Räder hat. Doch warum tun sie das? In den USA ist der Personenkraftwagen weniger Fortbewegungsmittel als Erweiterung der eigenen Person: Sag mir, was du fährst, und ich sag dir, wer du sein willst. So stehen etwa der F-150 von Ford und der Prius von Toyota für ganz andere Lebensformen, Philosophien gar. In ihrer Funktion als rollendes Ich wird konsequenterweise jede Blechkiste hochgradig personalisiert – und das von vorne (Wimpern für Scheinwerfer, was für eine Idee) bis hinten (politische Aufkleber, die klarmachen, zu wem man hält und wen man, na ja, auf den Mond schiessen will). Mit einem Siedlungsbild, das es in weiten Teilen des Landes unmöglich macht, autofrei zu leben, verbringen Amerikaner viel mehr Zeit hinter dem Steuer als Europäer. Nicht immer fahrend: Fast vierzig Stunden im Jahr gehen für Stau drauf (in der Verkehrshölle Washington sind's sogar beinahe siebzig). Seine schiere Notwendigkeit macht das Auto indes noch nicht zum nationalen Fetisch. Ebenso wenig die Tatsache, dass sich die US-Durchschnittsfamilie nirgends näher kommt als auf tagelangen *road trips* (Familiennähe ist bekanntlich ja nicht immer nur angenehm). Für die nationale Autoliebe ist vielmehr der Umstand verantwortlich,

dass der eigene Wagen von Teenager-
zeiten an auch eigenen Freiraum bedeutet: Wer mit der ersten Liebe im
Zimmer nicht allein sein darf, und das
ist in US-Haushalten oft ein Tabu, der
küsst und fummelt im Auto; kein Wunder, identifiziert man sich da mit seinem Fahrzeug (obwohl immer mehr
Teenager heute das Handy höher ge-
wichten als das Auto – liegt vielleicht
am Trend zum *Sexting*). Autos, das sind
Amerikaner: Anders als Eisenbahn, Bus
oder Flugzeug müssen sie sich nicht an
einen Zeitplan halten, sie rollen in neu-
weltlicher Freiheit von A nach B. Wann,
wohin, wie lange ein Automobilist
fährt, hängt allein von ihm selbst ab
(und alle paar Monate vielleicht vom
Benzinpreis). Das Prinzip: Bewegen
kann sich jeder, wie er will, nur an die
Regeln muss er sich halten. Das bringt
die Staatsphilosophie der USA auf den
Punkt. Respektive auf die Strasse.

Bank

Bankgeschäfte, das wird dem Schweizer quasi mit der Muttermilch eingeflösst, sind Vertrauensgeschäfte. In meine US-Bank habe ich herzlich wenig Vertrauen. Das fängt schon damit an, dass in Amerika private Zahlungen per Internet so selten sind wie Bankomaten im Grand Canyon. Amerika schickt Schecks. Per Post. In meiner alpengereiften Sturheit versuche ich dann, Rechnungen trotzdem online zu zahlen. Doch da tut sich das nächste Vertrauensproblem auf: Einzahlungsscheine sind hier unbekannt. Und – unglaublich, aber wahr – oft fehlt sogar eine Kontonummer. Eine Kontonummer! Das Abo fürs Nachrichtenmagazin etwa zahlen wir an eine Strassenadresse, irgendwo in Iowa. Die Siebziger lassen grüssen. Amerikaner halten gern mal an einem System fest, wenn es mehr oder minder funktioniert, und so sind Schecks nach wie vor erste Wahl für Miete, Stromrechnung und, besonders schmerzhaft: Steuern. E-Banking ist mehr dazu da, zuzuschauen, wohin das Geld so fliesst. Dazu passt, dass der Zugang nur durch ein simples Passwort gesichert ist, keine Spur von Zufallscode-Generator und solchen Spässen. Auch US-Bankfilialen sehen für Schweizer Augen alles andere als vertrauenswürdig aus: Unsere Bank etwa rühmt sich, die hundefreundlichste des Landes zu sein, Napf beim Schalter inklusive – Fifi-Finanz könnte man

sagen. Wer für seine Geldgeschäfte samt Hund lieber im Auto bleibt, kann sie vielerorts im *drive-through* erledigen, aus dem Autofenster heraus, als wäre man grad bei McDonald's. Na ja, meine Bank traut mir offensichtlich auch nicht so recht. Rutscht beim Lohnkonto der Saldo mal unter null, muss ich eine Strafgebühr zahlen: 35 Dollar *overdraft fee,* trotz vollem Sparkonto bei der gleichen Bank. Überhaupt wimmelt es von versteckten Gebühren, die dem Kunden erst nach und nach bewusst werden: Kartengebühr, Transaktionsgebühr, Saldogebühr. Das *land of the free* ist in Finanzangelegenheiten mehr ein *land of the fee;* ein Land der Gebühren.

Baseball

Ich erspare Ihnen hier die Ausbreitung der Regeln. Ehrlich gesagt: Auch nach sechs Jahren USA interessiere ich mich herzlich wenig für diesen Sport (was meine Ami-Kumpels sich nur mit meinem europäischen Genom erklären können). Was ich allerdings mit fast täglicher Regelmässigkeit bemerke, ist, welch grosse Rolle Baseball im Leben eines Amerikaners spielt. «Zeitvertreib der Nation» wird das Spiel auch genannt, und diverse Redewendungen haben ihren Ursprung auf dem Baseballfeld. Wer einen durchschlagenden Erfolg erzielt, hört oft: *«You hit the ball out of the park!»* Wer es ernst meint, der spielt *hardball.* Leute, die wissen, was sie tun, sind *major league players,* während Dilettanten in die sprichwörtliche *minor league* oder gar *bush league* verbannt werden. Und wer grobe Schätzungen abgeben muss und einigermassen im richtigen Bereich liegen will, der gibt eine *ballpark figure* zu Protokoll. Sie sehen: Nicht alle Amerikaner schauen Baseball, aber alle sprechen Baseball.

Beige

Die offiziellen Farben der USA sind Rot, Weiss und Blau. Soweit alles klar. Als inoffizielle Nationalfarbe aber möchte ich Beige nominieren. Beige, eine Farbe, so hässlich wie ihr Name, geniesst im amerikanischen Alltag unerklärlicherweise immense Popularität. Als Erdton für die Uniformen der US-Armee mag dieses Mischmasch aus Braun und Grau und Grün ja noch durchgehen. Doch Amis schmieren sich das Zeug auch an die Wände (häufig in Kombination mit traurigen Teppichböden in derselben Farbe). Wohnzimmer, Wartezimmer, Hotelzimmer, alles mit Vorliebe beige. In Europa sind Wände meist weiss, des Lichtes wegen. Warum sich in den USA stattdessen diese Schlammfarbe durchgesetzt hat, lässt sich nicht mit Bestimmtheit sagen. Vielleicht weil sie so schön an *peanut butter* erinnert? Ich habe mal einen Innenraum-Designer darauf angesprochen, und seine Antwort war: «Beige ist weder warm noch kalt, ein neutraler Hintergrund, der alle anderen Farben im besten Licht erscheinen lässt.» Aha. Mit anderen Worten: Wenn Sie Ihre Wände hässlich streichen, sehen auch die übelsten Möbel daneben noch ganz passabel aus. So macht das natürlich Sinn, irgendwie.

«Billie Jean»

Es gibt Songs, da will man schon nach zwei, drei Takten lostanzen und rufen: Das ist ein Hit! *«Billie Jean»* von Michael Jackson ist so ein Song. Und trotzdem wäre er fast nicht erschienen, weil er für seine Zeit einfach zu gewagt klang – sowohl was den Text angeht, in dem eine Vaterschaft abgestritten wird, als auch wegen seines aufreizend minimalistischen Aufbaus. Doch spätestens seit Jackson *«Billie Jean»* beim 25-Jahr-Jubiläum des Plattenlabels *Motown* mit dem ersten Einsatz seines *Moonwalk*-Schritts verbunden hat, ist das Stück Teil der amerikanischen Musikgeschichte. Es war dieser Moment, der aus einem Popsänger das Idol einer Generation machte, und es ist und es bleibt dieses Lied, das für viele Amerikaner der quintessenzielle Soundtrack der Achtzigerjahre ist. Nach Jacksons Tod 2009 dröhnte der fast dreissig Jahre alte Hit wieder aus Autos, Wohnungen und Kopfhörern im ganzen Land. In der Tat ein zeitloser Beat.

Blues

Der legendäre Blues-Gitarrist Buddy Guy (geboren 1936 in Louisiana) traf in einem Hotel mal auf ein Pärchen, das fast mitleidig meinte: «Sie spielen Blues? Diese Musik ist so traurig.» Darauf schenkte der Musiker den beiden zwei Tickets für sein Konzert. Nach der Vorstellung waren die beiden baff: «Sie haben ja keinen einzigen traurigen Song gespielt!» So ist das öfter mit dem Blues. Wer ihn nur flüchtig kennt, diesen heulenden Sound, der jeden Kopf zum Nicken bringt, hält ihn für die traurigste Musik der Welt. Und die Anfänge des Blues könnten in der Tat trauriger nicht sein: Sklaven auf den Plantagen des alten Südens versuchten mit rhythmischen Gesängen ihren Lebensmut zu bewahren. Lange Zeit war die daraus entstandene uramerikanische Musik denn auch eine rein schwarze Angelegenheit, bis Songschreiber W.C. Handy (1873–1958) den Blues für breite Kreise öffnete. Zum Mainstream wurde das Genre während der Vierzigerjahre, als es in Chicago neu erfunden wurde – dorthin waren viele arme Farmarbeiter gewandert, um Jobs in der boomenden Industrie zu finden. Das neue Leben im Norden verlangte nach einem neuen Sound, und so fand die E-Gitarre ihren Weg in den Blues (Elektrizität war damals im Süden ein eher seltenes Phänomen). Mit der Strominjektion wurde die einstige Sklavenmusik immer verspielter und

zum Vorreiter des Rock'n'Roll. Stars wie der *King of Blues* B.B. King (geboren 1925 in Mississippi) trugen das Genre durch die folgenden Jahrzehnte, in denen auch immer mehr Weisse die «blauen» Töne entdeckten, spielen und lieben lernten. Traurige Songs spielen Blues-Künstler nach wie vor. Aber eben nicht nur; da braucht man nur Buddy Guy zu fragen. Vielleicht schauen dabei ja ein paar Konzerttickets heraus.

«Born in the USA»

Man hört nur, was man hören will, heisst es. Der Stadion-Kracher *«Born in the USA»* von Bruce Springsteen (geboren 1949 in New Jersey) ist wohl das beste Beispiel dafür: der missverstandendste Song der US-Musikgeschichte. Seit über zwanzig Jahren gehört er zu fast jeder *Campaign Rally Playlist,* wird also gespielt, während das Publikum auf den Auftritt politischer Kandidaten wartet. Ich habe das Lied sowohl bei Republikanern wie Demokraten aus dem Lautsprecher donnern gehört. Und er ist ja auch ein Ohrwurm, dieser Refrain mit Stampfrhythmus und Brüllmelodie. *«Born in the USA»* besteht allerdings nicht nur aus Refrain – die Strophen schlagen ganz andere Töne an: Da wird eine Geschichte der Verzweiflung erzählt, der Einsamkeit in der Arbeiterklasse und unter den Veteranen des Vietnam-Kriegs. Diese Botschaft wird in den USA gern überhört, zu gross ist die

Versuchung, dieses Lied als Hymne auf Amerika (falsch) zu interpretieren – zum Ärger des Songschreibers. Als Ronald Reagan im Wahlkampf 1984 Springsteen als optimistisches Idol für die Jugend der USA beschrieb, antwortete dieser mit einem anderen Song: «*Johnny 99*» handelt von einem Arbeiter, der seinen Job verliert und wegen Mord zu 99 Jahren Knast verurteilt wird. Ganz schön unmissverständlich.

Bretton Woods

Macht hat viele Gesichter. Ein Land kann militärisch, wirtschaftlich oder kulturell Macht ausüben (eine Weltmacht tut alles gleichzeitig). Und dann gibt es da noch die institutionelle Macht: die Position eines Landes im Organigramm der Staaten, wenn man so will. Spontan kommt einem da die Uno in den Sinn, mit ihrem Sicherheitsrat, in dem fünf Vetomächte im Endeffekt bestimmen können, was geht – und was nicht. Die USA sind dort selbstredend dabei. Noch gewaltiger ist der Einfluss der Amerikaner aber, wenn es um Bretton Woods geht. Damit ist jetzt nicht das Skigebiet in New Hampshire gemeint, sondern die internationale Finanzarchitektur, die aus einer 1944 dort abgehaltenen Konferenz hervorging. Die sogenannten *Bretton Woods Institutions* umfassen im Wesentlichen den Internationalen Währungsfonds IWF (zuständig für geregelte Währungsbe-

ziehungen und gezielte Finanzspritzen) sowie die Weltbank (zuständig für Entwicklung und Armutsbekämpfung). Hier sind die USA das Mass aller Dinge: Beim IWF etwa halten sie über sechzehn Prozent der Stimmen; mehr als vier Mal so viel wie China, fast sieben Mal mehr als Russland. Grund dafür ist, dass die *Bretton Woods Institutions* ein wenig funktionieren wie eine Aktiengesellschaft: Je mehr Anteile ein Mitglied hält, desto mehr hat es zu sagen. Und keine Nation hält so viele «Aktien» wie die USA, dies aufgrund der Grösse ihrer Wirtschaft und der weltweit einzigartigen Rolle des Dollars. Kommt hinzu, dass sowohl IWF wie Weltbank in Washington zuhause sind, keine zehn Gehminuten vom Weissen Haus entfernt. So färbt die amerikanische Sicht zum globalen Finanzsystem praktisch automatisch auf die wichtigsten Finanzorganisationen der Welt ab. Und die institutionelle Macht der USA wird dort gesichert, wo's um die Wurst geht, respektive: ums Geld.

Brot

Kennen Sie Schneeballschnee? Nicht zu trocken, nicht zu nass, genau richtig zum Zusammenpappen und Loswerfen? Daran muss ich immer denken, wenn ich in einem amerikanischen Supermarkt durch die Brotabteilung schlendere. Statt kross gebackener Laibe werden dort samtweiche Toastkissen verkauft, die aussehen, als könne man aus ihnen Bälle formen – wie eben aus schönstem Schneeballschnee. Das, was wir als «echtes» Brot bezeichnen, gibt's allenfalls beim Delikatessenbäcker, und das hat dann natürlich seinen Preis. Von wegen *give us today our daily bread,* nur wer's sich leisten kann, kriegt täglich gutes Brot. Was tun? Selbst machen, klar. Da taucht dann schon das nächste Problem auf: Frische Hefe ist so gut wie ausgestorben. In New York machten wir höchstens alle zwei, drei Wochen mal so einen Hefewürfel ausfindig, verschämt hinter der Butter versteckt. Dafür werden *croissants,* dem Schweizer als «Gipfeli» bekannt, fast überall verkauft; einfach doppelt so gross und vier Mal so schwer. Auf die Dauer auch kein Ersatz fürs alltägliche Brot. Fast hatte sich mein Magen damit abgefunden, da tauchte er in meinem Leben auf: der Bagel. Es gibt ihn in dutzenden Varianten *sesame, cinn-raisin,* und ja: *everything* – er ist eine wahre Gaumenfreude, vor allem frisch getoastet. Da sage ich *a sheynem dank,* auf Jiddisch, schliesslich waren es jüdische Immigranten, die den Bagel in die USA gebracht haben. Dank ihnen backt der Amerikaner, so glücklos er beim Brotlaib hantiert, heute virtuos seinen Brotkringel. Kein Gipfelimeister, dafür *King of the Ring.*

Brown, James
«Das Einzige, was all unsere Probleme lösen kann, ist tanzen.» Wer so was sagt, wird wissen, wie man die Hüften schwingt respektive zum Schwingen bringt – und oh, James Brown (1933–2006) wusste das ganz genau. Ohne ihn, den *Godfather of Soul,* den *Mr. Dynamite,* hätte Amerika weder Michael Jackson (was für ein Tänzer!) noch Hip-Hop (was für Samples!) hervorgebracht. Brown war mit Leib und Seele Performer, das hört man seiner Musik an; Stillsitzen unmöglich, wenn etwa *«Papa's Got a Brand New Bag»* ertönt; ein Song, der passenderweise ein Loblied auf einen älteren Herrn ist, der auf der Tanzfläche so richtig loslegt. Genau wie James Brown. Seine Shows waren eine Art Naturereignis, in denen er sich und seiner Band alles abverlangte. Einmal, einen Tag nach dem Mord an Martin Luther King, zog er mit seinem Auftritt die schwarze Jugend von Boston derart in Bann, dass die erwarteten Ausschreitungen in jener Nacht ausblieben. James Brown war zeit seines Lebens eine Autorität im schwarzen Amerika, weil jedes Kind wusste: Dieser Mann spricht für uns, wenn er Dinge singt wie *«Say It Loud I'm Black and Proud».* Und selbst wenn manche Frau beim Text von *«It's a Man's Man's Man's World»* die Augenbrauen hochziehen dürfte, die Damen liebten Brown, und er liebte sie. Drei Ehen, neun Kinder, und das ist nur die offizielle Zählweise. Nach seinem Tod behaupteten deutlich mehr, Früchte der

Lenden von Mister *Sex Machine* zu sein, entsprechend wild verlief der Streit um sein Erbe. Sein Vermächtnis aber ist unteilbar: Sein Funk, sein Soul, sein Rhythm und sein Blues leben weiter. Tanzen kann vielleicht nicht die Probleme aller Amerikaner lösen. Aber alle Amerikaner tanzen zu James Brown.

Brüste

Man hört es immer wieder: Amerikaner sind prüde. In der Tat pflegen gewisse Landesteile im Südosten, auch als *Bible Belt* bekannt, in sexuellen Belangen Ansichten, über die selbst ein achtzigjähriger Pfarrer in Europa nur schmunzeln würde. Am seltsamsten ist das Verhältnis der Amerikaner zu weiblichen Brüsten. Der Anblick eines nackten Busens hat, soweit ich weiss, noch niemandem ernsthaft geschadet. Für Säuglinge ist er im Gegenteil ein Segen. Doch ist die Stillzeit erst vorbei, wird ein Kind in den USA mit beinahe militärischer Disziplin vor dem Anblick der weiblichen Brust abgeschirmt. Junge Frauen verstecken ihren Busen gern in Schlabber-Shirts – und tragen dazu die knappsten *hot pants* der Welt; Amerika mag prüde sein, aber nur von der Gürtellinie aufwärts. Der Fernsehkonsum zum Beispiel wird von der Brust-Phobie wesentlich beeinflusst. Seit jenem denkwürdigen Tag, als die TV-Nation – für den Bruchteil einer Sekunde nur – zu sehen bekam, was sich im Décolleté von Popstar Janet Jackson verbarg. Ausgerechnet bei einer der meistgesehenen Übertragungen im amerikanischen Fernsehjahr, der Halbzeitpause des *Superbowl*. Der Vorfall ging als *Nipplegate* in die Showgeschichte ein, seitdem werden grosse Live-Events mit einer «Anstandsverzögerung» von ein paar Sekunden ausgestrahlt. Das passiert teils aus Rücksicht auf jene Kulturen im Land, die solch nackte Tatsachen als anstössig empfinden, teils aus Angst vor der Welle der Empörung, die da auf die TV-Manager zuzurollen droht, wo sich Feministen, Evangelikale und Eltern-Lehrer-Verbände zusammentun. Das ist nun wirklich eine Allianz, der sich niemand in den USA entgegenstellen will.

Buffett, Warren

Schon seit Stunden wuseln sie durch die Hotelgänge. Hunderte Journalisten, ein jeder mit diesem Glänzen in den Augen, das verrät: Bald schon taucht hier ein grosses Tier auf. «Hat ihn jemand gesehen?» – «Ist er denn schon da?» – «Wann kommt er genau – und wo kommt er rein?» Wie Kinderfragen am Weihnachtsabend, nur warten wir nicht auf *Santa Claus*. Wir warten auf den reichsten Mann der Welt, Warren Buffett (geboren 1930 in Omaha, im Jahr 2013 fast 59 Milliarden Dollar schwer). Das ist kaum zu toppen. Grösser als Buffett ist nur – die Natur. Und die meldet sich bei mir mit Nachdruck. Milliarden hin oder her: Vor der Pressekonferenz muss ich noch in den *restroom* («Entspannungszimmer», so bezeichnen Amerikaner jede öffentliche Toilette, auch wenn die meisten eher abstossend als einladend daherkommen). Und wie ich da so stehe und mir überlege, welche meiner Fragen ich dem Investment-Papst denn stellen will – denn: mehr als eine Frage gestattet Buffetts Pressegarde nicht –, da höre ich an der Tür zwei Stimmen. Eine davon erkenne ich sofort: Sie gehört dem reichsten Mann der Welt. Der Bodyguard wartet vor der Tür. Das ist meine Chance, denke ich: Vielleicht kann ich Mr. Buffett ja überreden, mir später zwei oder drei Fragen zu beantworten. Doch erst mal sag ich gar nix. Das ist wichtig. An amerikanischen Pissoirs gibt es so etwas wie ein ungeschriebenes Gesetz: Schnauze halten. Ein Smalltalk zwischen dünnen Trennwänden hindurch, das gibt's höchstens in Hollywood-Filmen, wer im echten Amerika simultan pinkelt und plaudert, macht sich bloss verdächtig, auf mehr aus zu sein als auf einen kurzen Schwatz. Mir bleibt nur eine Chance: beim Händewaschen. Hier sind ein paar lockere Worte Usus, mit dem richtigen Timing kann man den Gesprächspartner sogar bis zum folgenden Anlass begleiten. Also lasse ich mir Zeit: Seife, Wasser, Seife, Wasser, etwas Seife … Mr. Buffett lässt sich auch Zeit. Für sein Geschäft, in Geschäftsdingen macht ihm schliesslich so schnell keiner was vor. Dann endlich erklingt die Spülung. Ich blicke auf – und sehe gerade noch im Spiegel, wie Buffett hinter mir vorbeihuscht. Der reichste Mann der Welt nimmt sich Zeit fürs Business; Zeit zum Händewaschen hat er offensichtlich nicht.

Burger

Dass Amerikaner Hamburger lieben, ist bekannt. Doch Burger ist nicht gleich Burger, keineswegs. So ist etwa die omnipräsente Variante von McDonald's für echte Burger-Fans eine reine Notfalloption. Ein guter Burger hat vor allem eins: Er hat Charakter. Will heissen: Er kommt am Strand in Malibu nicht gleich daher wie in den Hügeln von West Virginia. Den *local flavor,* das regionstypische Etwas, liefert in der Regel die Sauce. Die Einzigartigkeit aber liefert der Name: Ob «Super Scooby», «Arctic Roadrunner» oder «Black Sabbath Burger», die Kreativität zeigt sich auf der Speisekarte mindestens ebenso wie in der Küche. Echte Fans sind daran zu erkennen, dass sie eine genaue Vorstellung davon haben, wie ihr Burger daherkommen soll. Diese kommunizieren sie dann in der Geschwindigkeit einer aufgemotzten Corvette: «*Double-cheese-no-fries-big-time-lettuce-two-jalapeños-well-done-Buffalo-Extravaganza-with-two-cuke-*

slices-but-easy-on-the-sauce-aight?» So was geht bei standardisierten Burger-Ketten nicht, und deshalb sind wahre US-Hamburger genau wie wahre US-Motorräder: *custom made*. Bewundernswerte Einzelstücke.

Bürgerkrieg

Der Krieg in einem Satz: Norden und Süden lebten sich auseinander, wirtschaftlich und kulturell, und die Streitfrage der Sklaverei sorgte schliesslich für die Abspaltung des Südens im Jahr 1861 – was der Norden, namentlich Präsident Lincoln, nicht akzeptierte, so dass er die Südstaaten mit Gewalt in die Union zurückzwang. Es war der tödlichste Krieg der amerikanischen Geschichte, mit über 600 000 Opfern. Amerika ist nicht das einzige Land, das erst durch einen Bürgerkrieg seine heutige Form erlangt hat. Und doch ist es eines der wenigen Länder, in denen dieser Krieg auch noch 150 Jahre danach im Alltag gegenwärtig ist. So weht die Flagge der konföderierten Südstaaten nicht nur vor unzähligen Häusern südlich der *Mason Dixon Line,* sie wird auch auf offiziellen Nummernschildern und sogar in der Staatsflagge von Mississippi verwendet. Das ist nicht als Ablehnung des Bundesstaats zu verstehen, mehr als trotzige Verehrung der eigenen Vergangenheit (was die Bürgerrechtsorganisation NAACP nicht davon abhält, seit Jahrzehnten für die Verbannung der Flagge zu kämpfen, die als Affront gegen alle schwarzen US-Bürger empfunden wird). Nicht zuletzt bleibt der Bürgerkrieg auch deshalb in ständiger Erinnerung, weil einer der berühmtesten Hollywood-Filme darauf basiert: «*Gone with the Wind*» (Vom Winde verweht) ist in den USA etwa so bekannt wie Elvis, Star Wars und die Bibel.

Bush, Familie

Der Name Bush löst rund um den Erdball ähnliche Assoziationen aus: Der Cowboy-Präsident, grobschlächtig und dusselig, so ist George W. Bush der Welt in noch recht frischer Erinnerung. In Ohio allerdings steht der Name Bush auch für einen erfolgreichen Industriellen, Samuel Prescott Bush (1863–1948). Er ist der eigentliche Patriarch der zweitberühmtesten Politikerdynastie der USA (nach der Kennedy-Familie, vor den Clintons, bis jetzt zumindest). Während des Ersten Weltkriegs in der Regierung für die Beziehungen zur Munitionsindustrie verantwortlich, war dieser Ur-Bush auch Vater eines Senators (Prescott Sheldon Bush, 1895–1972). Dessen Sohn wiederum wurde der erste Bush-Präsident: George H.W. Bush (geboren 1924 in Massachusetts), im Volksmund heute *Bush I* oder *Bush 41* genannt, da er als 41. Präsident der USA amtete. Seine vier Jahre im Weissen Haus, inklusive Sieg im ersten

Golfkrieg, stehen indes gleich doppelt im Schatten: Erstens ist da Bushs Abwahl 1992 – militärischer Erfolg hin oder her, wenn's mit der Wirtschaft abwärtsgeht, hat jeder US-Präsident schlechte Chancen, seinen Job zu behalten; *it's the economy, stupid* heisst seither die Devise. (Es geht um Wirtschaft, Dummkopf!) Und dann schwebt über der Amtszeit von *Bush I* natürlich auch *Bush II* – womit wir wieder beim Image des dusseligen Cowboys wären. Bloss: Das Bild ist falsch. Sicher, George W. Bush war vor seiner umstrittenen Wahl im Jahr 2000 Gouverneur von Texas. Geboren ist er indes im typischen Neuenglandstaat Connecticut, 1946 als Sohn aus bestens vernetztem Ostküsten-Establishment. Auch der Besuch von Elite-Internat und zwei Ivy-League-Universitäten widerspricht der weit verbreiteten Vorstellung vom ahnungslosen Stiefelträger. Das Image des grob gestrickten *Redneck* wurde Bush vielmehr von seinen Beratern verpasst. Die Idee: mit Volksnähe Konkurrenten im Rennen ums Weisse Haus ausstechen. Neben *W* (sprich: *double-u*) sollten alle anderen elitär und abgehoben wirken, was prompt zweimal gelang. Auch nach Nine-Eleven kam die volksverbundene Bush-Art gut an. Als *Dubya* in Irak und Afghanistan aber in zwei ausweglosen Kriegen zusehends herumstolperte, wendete sich das Blatt: Sein Ruf als einfacher Western-Politiker wurde ihm zum

Verhängnis. Und der Name Bush nachhaltig beschädigt.

Business

«Das Vertrauen der Unschuldigen ist das beste Werkzeug des Lügners», hat Bestsellerautor Stephen King (geboren 1947 in Maine) einmal gesagt. Eine Weisheit, die man in der US-Geschäftswelt stets im Hinterkopf behalten sollte. Anders als in der Schweiz, wo jeder jeden über zwei Ecken kennt, kann man in den Vereinigten Staaten nicht davon ausgehen, dass der Businesspartner schon allein deshalb ehrlich ist, weil er sich um seinen Ruf sorgt – muss nicht mal ein richtiger Schlawiner sein, der das Gesetz mit Stiefelsporen tritt. Nein, auch Banken, Telekomkonzerne, ja sogar Quartierläden tun oft ihr Mögliches, um den Kunden über den Tisch zu ziehen. Gratis-Kreditkarten werden über Nacht kostenpflichtig. Wem der Lapsus unterläuft, seine Telefonrechnung doppelt zu bezahlen, der wird prompt mit einer Strafgebühr von 25 Dollar belastet. Und der Laden um die Ecke verrechnet schon mal den doppelten Betrag, der am Regal steht (in New York zumindest). Wer in der Businesswelt naiv vom Anstand der anderen Seite ausgeht, geht in den USA leider oft falsch; es gilt das Recht des Schlaueren. Firmen arbeiten nicht aus Gefälligkeit oder Tradition zusammen, sondern einzig und allein für den

Profit – Kapitalismus in Reinkultur, so wie's sich für das Eldorado der Marktwirtschaft gehört. Was möglich ist im Rahmen des Rechts, das wird auch gemacht, gnadenlos. Das Kleingedruckte muss deshalb routinemässig nicht nur gelesen, sondern von einem Anwalt unter die Lupe genommen werden. Das kann sich allerdings nicht jeder leisten, und so werden *ordinary folks,* die kleinen Leute, oft übers Ohr gehauen, wenn's darum geht, Geld zu machen; *sorry, strictly business.*

California

«Heureka – ich hab's gefunden!» Das ist das offizielle Motto von Kalifornien, und es passt perfekt. Möglich, dass auch Juan Rodriguez Cabrillo (ca. 1499–1543) so etwas in der Art gerufen hat, als er 1542 die Bucht von San Diego «entdeckte» und das Gebiet prompt zum Besitz der spanischen Krone erklärte (die Idee damals war, dass, wer etwas fand, es auch behalten durfte, Land und Leute inklusive, wie von Columbus vorgemacht). Später Teil von Mexiko, wurde Kalifornien Mitte des 19. Jahrhunderts in die Vereinigten Staaten aufgenommen, gerade rechtzeitig zum Goldrausch, der innert weniger Jahre zu einer Bevölkerungsexplosion führte. «Ich hab's gefunden!» war für die Neo-Kalifornier damals nicht nur Motto, sondern Lebensinhalt schlechthin. Auch wenn die wenigsten dank dem Gold tatsächlich reich wurden, der Pioniergeist ist in Kalifornien auch heute noch stärker ausgeprägt als im Rest des Landes – egal ob Software-Tüftler im Silicon Valley oder Möchtegernfilmstars in Hollywood: «Heureka!», das wollen alle 38 Millionen Kalifornier gerne rufen, einmal im Leben.

Car Sale

Wer in den USA ein Auto kaufen möchte, braucht vor allem eins: Zeit. Der Prozess vom «Ich bin an diesem Schlitten interessiert» bis zum «Glückwunsch, hier sind Ihre Schlüssel» kann gut einen ganzen Tag in Anspruch nehmen. Bei Gebrauchtwagen etwas länger, bei Neuwagen etwas weniger lang: Verhandelt wird immer. Ausgiebigst. Die Atmosphäre erinnert dabei an eine Geiselnahme: Zuerst macht der Händler klar, dass er auf keinen Fall günstiger verkaufen kann als zum ausgeschriebenen Preis. Das ist natürlich *bullshit,* um es mal amerikanisch zu sagen. Der Kunde sieht sich dann genötigt, Gründe aufzulisten, warum das Preisschild völlig fehl am Platz ist und warum er beim besten Willen nur (jetzt eigenen Preis hier einfügen) bezahlen kann. Der Trick dabei ist, mit dem Startangebot tief, aber nicht lächerlich tief zu liegen. Gar nicht so leicht, wenn man den wahren Wert des Autos schlecht beurteilen kann – was dank dem Internet heutzutage allerdings im Nu recherchiert ist. Also nennt man eine Zahl, die ein paar tausend Dollar unter dem Zielpreis liegt. Darauf folgt Schweigen oder auch ein Aufschrei des Verkäufers. Unmöglich! Unrealistisch! Unerhört! Ob man mit dem eigenen Angebot trotzdem im Zielbereich liegt, lässt sich daran ablesen, ob das Gegenüber aufsteht, zum Chef schlurft und fragt, was zu tun sei. Das ist immer so: Die Verkäufer können keinen Handel abschliessen ohne das Okay vom *big boss* (den man nie zu Gesicht bekommt, ein bisschen wie den Imperator im Original-«Star Wars»). Rausgehen und den Kunden warten lassen, das ist indes auch Taktik: Ziel ist, den Kaufinteressierten zu verunsichern. Ein Händler kann sich im Verkaufsgespräch ohne Weiteres fünf bis sechs Mal zurückziehen, um stets mit der gleichen Botschaft wieder aufzukreuzen: Der Chef sagt, das geht niemals; aber vielleicht geht es anders. Einziges Gegenmittel im Zermürbungskampf ums neue Gefährt: selbst rauslaufen. Und das funktioniert — schliesslich weiss jeder *car dealer* in den USA, dass er einen Kunden in der Regel nur einmal am Verhandlungstisch hat. Und auch wenn der Prozess nicht danach aussieht: Die Händler stehen unter grossem Druck, ihre Ware loszuwerden. Viele Hersteller winken mit enormen Prämien, wenn im Voraus bestimmte Verkaufszahlen bis Ende Monat erreicht werden. So kann ein Kunde, wenn er die Nerven dafür hat, durchaus ein Auto zu einem scheinbar unsinnig tiefen Preis ergattern. Steht dieser nach ewigem Hin und Her endlich fest, folgt der Papierkram: zwanzig Unterschriften auf allerlei Formularen und Zusatzblättern. Am Ende ist man so müde, dass man eigentlich gar nicht mehr fahren sollte.

Cascadia

«Wir haben sogar eine eigene Flagge», sagt Brandon und glüht vor Patriotismus – nicht etwa für die USA (das wäre amerikanischer Normalzustand). Nein, Brandons Nationalstolz gilt einem Land, das es gar nicht gibt: *Cascadia*. Diese hypothetische Nation umfasst grob die Gebiete, die als *Pacific Northwest* bekannt sind, hauptsächlich die Staaten Washington und Oregon. Brandon würde sogar Teile von Kanada in seinem Mutterland aufnehmen, und allein das zeigt: Hier im Nordwesten der USA herrscht ein anderer *vibe* als etwa in Texas oder Florida. «Wir legen weniger Wert auf Äusseres», ist etwa Brandons Freundin Naomi überzeugt. Mag sein, auf jeden Fall lassen sich *Northwesteners* nicht dazu drängen, irgendwelchen nationalen Trends hinterherzuhecheln. Man bestimmt hier lieber selber, wo's langgehen soll. Ganz wie die jahrhundertealten Bäume dieser Gegend vertrauen auch die Menschen darauf, dass sie sozusagen organisch wachsen können, um zu werden, was sie wollen; Geduld als regionale Tugend. Nirgends sticht dieser Wille zur gelassenen Andersartigkeit mehr ins Auge als in Portland, Oregon. Hier, so heisst es augenzwinkernd, lebe man immer noch in den Neunzigern – ein Paradies für alle, die sich fürs Älterwerden gern etwas Zeit lassen. Die *City of Roses* ist zudem der vielleicht europäischste Ort der ganzen USA: strikte Bauvorschriften machen die Innenstadt dicht und damit lebendig, Fahrräder und *trams* prägen das Strassenbild. Seattle, der grosse Bruder im Norden, gibt sich da schon eher klassisch amerikanisch und auch etwas erwachsener – klar, sind hier doch Weltkonzerne wie Amazon und Starbucks zuhause, Microsoft residiert gleich um die Ecke. Seattle wäre die Hauptstadt des Phantasielandes *Cascadia,* das damit eine schlagkräftige Volkswirtschaft von der Grösse der Niederlande vorweisen könnte. Dennoch wird der Traum von der eigenen Nation wohl auf ewig genau das bleiben: ein Traum. Für Brandon und andere *Northwesteners* ist das auch ganz okay so. Hauptsache, man schwimmt nicht mit dem *Mainstream* und hat den Mut, sprichwörtlich Flagge zu zeigen.

Cash, Johnny

Manche Stars sind besonders gute Sänger. Andere können ganz toll tanzen oder Gitarre spielen. Ein paar sehen vor allem gut aus. Und dann ist da noch Johnny Cash (1932–2003). Er war nichts von alledem. Der *Man in Black* zog das Publikum in seinen Bann mit der Kraft seiner Person. Seiner Stimme («wie ein zerfallender Fels», hat ein Musikkritiker mal gesagt) muss man einfach zuhören, wenn sie mit unerreichter Autorität die Geschichten aus dem Alltag Amerikas erzählt, vom Liebeslied bis zur Mörderballade. Das ist der Grund dafür, dass Johnny Cash, der sich selbst stets als Country-Musiker sah, die gesamte amerikanische Musik länger und nachhaltiger geprägt hat als so ziemlich jeder andere.

Kein anderer war während sechs Jahrzehnten Teil der Charts, doch trotz diesem beispiellosen Erfolg blieb sich Cash treu: Als etwa seine Lieder über das Schicksal der Ureinwohner am Radio nicht gespielt wurden, schaltete er im *«Billboard»*-Magazin eine ganzseitige Anzeige: «*Where are your guts?*» Zu Deutsch etwa: Wo bleibt euer Rückgrat? So etwas kann sich nur einer erlauben, dessen eigenes Rückgrat landesweit bekannt ist. Seine Ehrlichkeit ist und bleibt die grösste Stärke von Johnny Cash. Das wusste er auch selbst: «Wer einen Song aus tiefstem Innern singt, will, dass die Leute ihn im tiefsten Innern spüren. Sie müssen das Gefühl haben, man sitze dort draussen mitten unter ihnen.» In den USA wird Johnny Cash für immer mitten unter den Leuten sitzen. Und aus tiefstem Innern singen.

Change

Wandel! Mit diesem Wahlkampfspruch würde ein Politiker in der Schweiz wohl nie gewählt. Auch im Rest von Europa sind Begriffe wie Wandel oder Veränderung mehr negativ als positiv besetzt – was sich ändert, läuft Gefahr, sich zu verschlechtern, gar sein Wesen zu verlieren. Amerika folgt einer anderen Logik: *Change* ist ein Wort voller Versprechen, eine Vision von einem neuen Morgen, einer besseren Welt. Diese Aufgeschlossenheit gegenüber dem Wandel ist Teil der amerikanischen DNA. Das hat es etwa Barack Obama erlaubt, seine Reformideen 2008 mit dem Konzept des Aufbruchs zu verbinden, unter dem Slogan – wie könnte es anders sein – «Change». Das geht nur, weil die stete Veränderung der eigenen Gesellschaft von praktisch allen Amerikanern als selbstverständlich angesehen wird; die zentrale Frage ist nicht ob, sondern wie das Land sich verändern soll. *Change* wird prinzipiell als Chance verstanden. Genau daran appellierte Bob Dylan 1964, als er von *«Times They Are A-Changin'»* sang. Oder der Soul-Messias Sam Cooke (1931– 1964), als er im gleichen Jahr prophezeite: *«A Change Is Gonna Come»*. Das Bewusstsein über die eigene Veränderung ist einer der wesentlichsten Mentalitätsunterschiede zwischen Europa und den USA und führt immer wieder zu Reibereien. Die Offenheit für Wandel erlaubt es Amerika, Vorreiter diverser Trends zu sein – ist gleichzeitig jedoch auch Grund dafür, dass die Dinge öfter mal aus dem Ruder laufen. «Nichts ist so beständig wie der Wandel», hat der griechische Philosoph Heraklit einmal gesagt. Als amerikanische Antwort darauf kann der Spruch von Pop-Art-Künstler Andy Warhol (1928–1987) gelten: «Es heisst, die Zeit verändere die Welt. In Wahrheit musst du sie selbst verändern.»

Charles, Ray

Sieben Jahre alt war er, als er das Augenlicht verlor. Von da an erlebte Ray Charles Robinson (geboren 1930 in Georgia) die Welt vor allem durch die Musik, jede Art von Musik: Von Soul bis Country, von Gospel bis Pop, Ray Charles kannte keine Berührungsängste. «Was meinen Stil ausmacht, ist, dass ich verschiedene Dinge tue: Jazz, Blues, Country und so weiter – ein Mädchen für alles.» Diese Einstellung liess Charles zu einem der amerikanischsten Musiker überhaupt werden: Aus allerlei Einflüssen etwas Neues entstehen zu lassen, das ist der Kern der US-Kultur, und Ray Charles ist sozusagen das Kernkraftwerk. Das Land dankt es ihm: Georgia hat sein *«Georgia On My Mind»* zum offiziellen Staatslied erklärt. Sein Spitzname ist schlicht *Genius* – Genie. Mit der Filmbiographie *«Ray»* setzte ihm Hollywood ein Denkmal. Dessen Premiere verpasste Ray Charles nur um ein paar Monate, er starb im Sommer 2004. An seiner Trauerfeier lief Blues, Soul, Country und mehr. Ein passendes Dankeschön an den Mann, der, was musikalische Grenzen angeht, immer schon blind gewesen war.

Cheerleader

Cheerleader muss man bewundern. Da machen sich ein paar Girls einen Sport daraus, die Stimmung bei einem anderen Sport aufrechtzuerhalten. Irgendwo in der Grenzzone zwischen Show und Athletik legen sie einen Auftritt nach dem anderen hin, um Team und Publikum zu motivieren. Das geht sogar, wenn das Team gar nicht da ist: In Cleveland habe ich mal ein Finalspiel der Basketball-Serie NBA im Stadion auf einer Leinwand gesehen. Die Spieler waren weit weg in Orlando, die Cheerleader aber waren da und für viele Zuschauer Attraktion genug. Die Tanztruppen verkörpern das, was viele Amerikaner gern wären: sportlich, hübsch, bejubelt. Das ist schon in der High School so. Da lernen alle anderen: Cheerleader muss man bewundern. Sie stehen für Teamgeist und Eleganz, ja ganz generell für Erfolg. Die wenigsten machen dieses Hobby dann aber zum Beruf, warum auch: Selbst wer für ein Topteam tanzt, verdient nur einen Bruchteil dessen, was die Herren auf dem Spielfeld kassieren. Nein, Cheerleader leben vom Applaus. Von der Bewunderung.

Chicago

Sozusagen als ewige Nummer zwei trägt Chicago in den USA den Übernamen *The Second City*. Das geht auf einen Magazinartikel aus den Fünfzigern zurück, in dem ein Journalist aus New York (wie könnte es anders sein) Chicago als «zweite Stadt» im Land betitelte. Eingefleischte *Chicagoans* behaupten zwar bis heute trotzig, der Name nehme lediglich Bezug auf den Wiederaufbau der Stadt nach dem grossen Feuer von 1871. Im Grunde aber ist jedem klar:

Chicago schaut stets mit einem Auge nach New York – zwecks Inspiration, aus Neid oder einfach nur zum Amüsement. Fakt ist indes auch, dass die Metropole am Lake Michigan mit 2,7 Millionen Einwohnern rein zahlenmässig längst nicht mehr die Nummer zwei im Land ist; diesen Titel hat sich Los Angeles (knapp 4 Millionen Einwohner) schon vor Jahrzehnten geschnappt (New York ist und bleibt mit über 8 Millionen klar die Nummer eins). Chicago ist allerdings die zweitgrösste Stadt im Land, die sich – dicht, hoch, hektisch – auch nach Stadt anfühlt: L.A. ist mehr ein Flickenteppich, mit endlosen Autobahnen zusammengenäht. Wie dem auch sei: Man hat den Eindruck, der Status als Zweitstadt sei den Bewohnern von Chicago ziemlich schnurz – anders als etwa in Boston, wo die Rivalität mit New York auf Schritt und Tritt zu spüren ist (Stichwort Baseball). Vielleicht liegt das daran, dass die Leute im *Midwest* die Dinge etwas gelassener nehmen als an den beiden Küsten. Vielleicht auch daran, dass Chicago aus dem Indianischen übersetzt «Stinkzwiebel» bedeutet, was ja kaum schmeichelhafter ist als «Die zweite Stadt». Zu guter Letzt gewinnt in Chicago so oder so meist der Humor die Oberhand: Ein landesweit bekanntes Comedy-Theater hat sich gleich selbst *The Second City* getauft.

Clinton

«Sie! Lassen Sie mich Ihre Hand schütteln.» Die Aussenministerin kommt schnurgerade auf mich zu. «Sie machen einen tollen Job hier!» Nur zu gerne hätte ich dieses Kompliment von Hillary Clinton (geboren 1947 als Hillary Rodham in Chicago) auf mich und meine Arbeit bezogen, schliesslich war es erst die zweite Uno-Generalversammlung, über die ich berichtete, und somit jeder Zuspruch willkommen. In Wahrheit hatte sich Hillary, wie sie im ganzen Land genannt wird, einfach geirrt: Da ich spätabends noch beim Diplomaten-Ausgang anzutreffen war, hielt sie mich für einen Sicherheitsmann. «Sorry, Frau Aussenministerin, ich bin nur Journalist.» – «Oh? Auch wichtig, dann wünsche ich dort viel Erfolg.» Da blitzt es auf, dieses Clinton-Ding: die Gabe, mit jedem Menschen ins Gespräch zu kommen, innert Sekunden eine Mini-Intimität aufzubauen. In der US-Politik ist das Gold wert, wenn im Wahlkampf zum Beispiel tausende Hände pro Tag geschüttelt werden wollen – *pressing the flesh* heisst das im Politiker-Slang, Fleischdrücken. Und der Meister der Fleischdrücker ist Hillarys Eheman Bill Clinton (geboren 1946 als William Jefferson Blythe III in Arkansas), seines Zeichens 42. Präsident der Vereinigten Staaten. Wer Bill Clinton begegnet, hat das Gefühl, der Mann interessiere sich ausschliesslich für die Probleme seines Gegenübers. Es ist, als wäre man allein mit ihm und hätte alle Zeit der Welt. Diese Instant-Empathie hat ihm den Weg ins Weisse Haus geebnet. Wie sie funktioniert, habe ich lange vor meiner USA-Zeit erlebt, als ich Clinton am Rande des World Economic Forum in Davos getroffen habe. Ein Heimspiel sozusagen, schliesslich bin ich dort geboren und aufgewachsen. Genau das habe ich ihm dann auch gesagt, als ich mich neben Mr. President an die Bar einer Pizzeria setzte. «Wirklich? Wie wundervoll! Ich liebe diesen Ort!», antwortete er prompt, in bester Ami-Manier. Meine Hand liess er gar nicht mehr los. «Leider habe ich keine Zeit zum Skifahren. Wo gibt's denn hier die besten Pisten?» Bill Clinton hat diesen Instinkt, welches Thema zu welcher Situation und Person passt. In gewisser Weise hat er den Smalltalk perfektioniert, ja professionalisiert. Trotz Oralsex-Skandal gleich neben dem Oval Office schaffte er es so, sich immer wieder neu in die Herzen der Nation zu plaudern. Kein Wunder, nennt Amerika den Mann auch *The Comeback Kid*.

Coke

Gleich vorneweg: Ja, am Anfang war Kokain drin. Der Name Coca-Cola (den niemand in Amerika je in voller Länge ausspricht, da's ja auch ein simples *Coke* tut) kommt von den beiden Urzutaten, Kokablättern und Kolanüssen.

Seit über hundert Jahren schon kommt das braune Wunder allerdings ohne Kokain daher. Dafür mit zehn Zuckerwürfeln pro Dose – sinnbildlich, denn seit Mitte der Achtzigerjahre wird mit künstlichem Maissirup statt echtem Zucker gesüsst. Seinem Status als Nationalgetränk der USA tat das indes keinen Abbruch: *Coke* ist Nummer eins, gefolgt von *Diet Coke* (in Europa Cola light genannt) und Brausebruder Pepsi. Woher die US-Vorliebe für dunkelbraunes Zuckerwasser? Zum einen hilft Cola bei der Verdauung, und wer ein *T-Bone-Steak* samt frittierten Shrimps und Bratkartoffeln weghauen will, kann jede Hilfe gebrauchen. Zum anderen ist *Coke* das beste Beispiel für die grösste Stärke der US-Wirtschaft: Marketing. Der Schriftzug, eigentlich die Handschrift des Buchhalters von *Coke*-Erfinder John Pemberton (1831–1888), ist die bekannteste Marke der Welt. Alte Werbeschilder sind tausende Dollar wert, und die Werbespots von Coca-Cola sind seit Jahren Ausdruck des aktuellen amerikanischen Zeitgeists. Die Ironie dabei: Auch der grösste Marketingflop der US-Geschichte geht auf das Konto der Soda-Könige aus Atlanta. Als sie 1985 *New Coke* lancierten, mit neuem Rezept und jüngerem Image, ging ein Aufschrei durchs Land. Nach wenigen Monaten war die vertraute Formel wieder in Gebrauch. Wie mittlerweile ans Licht kam, wurde die Kritik der Cola-Fans gezielt geschürt – von Marketingstrategen bei Konkurrent Pepsi.

College

Die USA sind eines der vielfältigsten Länder der Welt. Trotzdem teilt sich die Nation wie selbstverständlich in zwei Kategorien ein: *College*-Amerikaner und solche ohne universitäre Bildung. Die Tatsache, dass jemand studiert hat (egal ob mit oder ohne Abschluss), hebt in den Augen der Gesellschaft sofort sein Erfolgspotenzial – und tatsächlich, die Arbeitslosenrate ist bei Leuten mit Unirucksack deutlich tiefer als bei anderen. Entsprechend gilt *College* als *must* für Menschen mit Ambition, und da gehört so ziemlich jeder Amerikaner dazu. Alternativen zur Uni gibt's kaum: Praxisorientierte Ausbildung, eine Berufslehre zum Beispiel, ist in den USA Mangelware. Und so klopfen so gut wie alle High-School-Absolventen mit 18 an die Pforten der höheren Bildung – sofern sie, respektive ihre Eltern, das nötige Geld auftreiben können: zwischen 10 000 und 15 000 Dollar im Jahr an öffentlichen Hochschulen, mehr als 30 000 Dollar an Privatunis. Doch weil das Emblem auf dem Diplom für künftige Arbeitgeber faktisch ebenso wichtig ist wie das Papier selbst, soll es wenn möglich ein *College* mit ordentlichem Renommee sein, und exklusive Universitäten wie jene der Ivy League verlangen über 60 000 Dollar im Jahr. Das sprengt sogar die *college funds,* die Mittelklasse-Eltern von Geburt an für ihre Sprösslinge gefüttert haben. Also wird das Geld gepumpt, und die Folge ist der grösste Schuldenberg der USA: über eine Billion Dollar insgesamt, weit höher als etwa die ausstehenden Beträge für Kreditkarten. Selbst wer nach dem Studium einen gut bezahlten Job findet – was immer schwieriger wird, wenn vier von zehn Arbeitnehmern Uniabschlüsse vorweisen können – kann seine Schulden erst im Alter von vierzig oder fünfzig Jahren zurückzahlen. Trotz allem bleibt das *College* ein Magnet für jeden jungen Amerikaner, auch weil das Leben auf dem Campus dem Teenagertraum einer niemals endenden Party ziemlich nahekommt, illegaler Alkohol und schneller Sex inklusive. Kombiniert mit den Ritualen irgendeiner Studentenverbindung aus dem griechischen Alphabet, entstehen daraus jene Geschichten, die man Bürokollegen Jahre später an der Bar erzählen kann – auch um klarzumachen: Ich gehöre dazu. Zum *College*-Amerika.

Columbus

Lassen Sie sich nichts vormachen: Auch wenn Städte, Flüsse und Raumfähren seinen Namen tragen, Christoph Columbus (1451–1506), bekannt als «Entdecker Amerikas», ist in den USA kein Held. Die Verehrung des Seefahrers überlebte nur bis zirka 1900, seitdem geht es mit seinem Image bergab. Mit gutem Grund: Getrieben vom Hunger nach Macht und Reichtum für sich und die spanische Krone, unterwarf der Mann aus Genua die Ureinwohner der Neuen Welt mit unerbittlicher Härte: Enteignung, Versklavung, Massaker, Massensterben waren die Folgen. In Kombination mit europäischen Krankheiten rafften die «Eroberer» eine Unzahl Menschenleben dahin; Schätzungen reichen von zwei bis zwanzig Millionen. Die historische «Leistung» von Columbus ist demnach nicht die Entdeckung Amerikas (der Wikinger Leif Eriksson war rund 500 Jahre zuvor bereits da), es war die Kolonialisierung des Kontinents. Er kam nicht einfach 1492 mit drei Schiffen, er kam 1493 mit einer kleinen Armee zurück, um zu bleiben. So eignet er sich schlecht als Vorbild für ein Land, das sich heute als Bannerträger der Freiheit definiert, als *force of good* gegen Unterdrückung in der ganzen Welt. Columbus erinnert die Amerikaner mehr an die tief vergrabene Leiche im Keller der eigenen Geschichte, an die annähernd vollständige Ausrottung jener, die eigentlich die ersten Amerikaner waren, die *Native Americans.*

Community

Manche Begriffe kann man einfach nicht treffend übersetzen. Für *community* schlägt mir das Lexikon zum Beispiel Gemeinde, Öffentlichkeit oder

Sippe vor. Nichts davon trifft den Kern dessen, was Amerikaner meinen, wenn sie von *community* sprechen: eine Gemeinschaft, verbunden durch Lebenslage, Herkunft oder Interesse – organisierte Gemeinsamkeit, wenn man so will. Das kann dann eine Hand voll Familien sein, die sich in einer Nachbarschaft zusammentun, um einen Spielplatz zu bauen. Genauso gut kann der Begriff aber auch eine Volksgruppe beschreiben, die ihre Traditionen pflegt, wie etwa die *Asian* oder Latino *community*. Oder es ist der Zusammenschluss von Gleichgesinnten, geformt, um politisch oder wirtschaftlich Einfluss zu nehmen, wie etwa bei der *LGBT community* oder der *financial community*. Was auch immer dieses Wort beschreibt, es bildet einen Schwerpunkt im amerikanischen Gesellschaftsverständnis: Das Schlaraffenland der Individualisten kann nur bestehen, wenn man sich hier und dort in Gruppen zusammenfindet. Flexibel, oft nur für eine begrenzte Zeit, aber mit einem ganz bestimmten Gemeinschaftssinn. So kann die *community* dort einspringen, wo sie gebraucht wird – wenn der Staat versagt (bei der Armutsbekämpfung etwa) oder ihm die Hilfestellung politisch untersagt wird (zum Beispiel bei der Kinderbetreuung). Zusammen mit dem Freiwilligen-Ethos des Volunteering bildet das *Community*-Verständnis deshalb das soziale Rückgrat der Vereinigten Staaten von Amerika.

Confirmation

Nein, die Rede ist hier nicht von jener Konfirmation, bei der Christen ihren Glauben vor versammelter Gemeinde bekräftigen. Es geht um die profane Variante der einfachen Bestätigung, eines Termins beispielsweise. Anders als in Europa üblich ist ein Termin in den USA nämlich nicht fix, solange er nicht bestätigt wird, sei es per E-Mail oder Telefon. Der Handwerker kommt nicht wie geplant, der Zahnarzt behandelt nicht, wenn nicht x-fach bestätigt wird, dass ein Termin – halt einfach ein Termin ist. Woher diese Bekräftigungswut kommt, konnte mir noch niemand erklären. Irgendwann hat jemand damit angefangen, und heute gehört das ganz selbstverständlich dazu. Wenn jemand Sie also wieder und wieder darum bittet, ein geplantes Treffen zu bestätigen, dann ist das kein Grund, an seinem Engagement zu zweifeln. Im Gegenteil, dieses wird, na ja, bestätigt.

Cops

Die USA haben ein zwiespältiges Verhältnis zur Polizei: Einerseits sind da die Helden in Film und Fernsehen, der Sheriff im Western kommt einem in den Sinn. Andererseits regt man sich gerne auf über den Cop an der Strassenecke, der einem einen sinnlosen Strafzettel aufbrummt. Ist mir auch schon passiert. Mein «Verbrechen» war keines, dem wochenlange Planung vorausging, es kam spontan, im Affekt sozusagen: Velofahren auf dem Gehsteig. Sie werden schmunzeln, schliesslich hat das jeder schon mal gemacht. Gerade in New York ist es zudem eine gute Idee: Die Autofahrer sind auf Velos nicht gefasst, da ist man auf dem Trottoir sicherer als daneben, keine Frage. Das *New York Police Department* sieht das anders: «Sir!» – «Oh, hallo, ich ...» – «Stopp, bleiben Sie, wo Sie sind. Ausweis!» – «Ich wollte nur ...» – «Ausweis!» Ja, mit New Yorker Cops ist nicht gut Kirschen essen respektive Velo fahren. Der Polizist hat seinen Dienstwagen neben mir auf dem Gehsteig geparkt (er darf das ja), und das rotierende Blaulicht zieht schon die ersten Kollegen an; nach drei Minuten sind's bereits drei Polizeiautos, alle mit Blaulicht, und ich, der Verbrecher, mittendrin. Der erste Polizist lässt mich nicht aus den Augen, während sein Kollege abklärt, was es mit dem befremdlichen roten Pass auf sich hat. Ich möchte lachen, aber wahrscheinlich ist das verboten. Ich warte auf eine Busse – stattdessen kriege ich eine Gerichtsvorladung. Wegen sträflichen Pedalierens auf dem falschen Asphalt; da bin ich erst mal baff. Ein paar Wochen darauf im Gericht warten bereits an die sechzig andere «Verbrecher». Ich setze mich zwischen zwei Jungs, die aus einem Hip-Hop-Video entflohen sind, und warte. Da plötzlich: «Sie! Sie da!» – «Ja?» – «Sie können ge-

hen.» Einfach so. Draussen warten schon ein Dutzend andere Velosünder. Alle begnadigt. Und einer weiss auch warum: Die Polizei hat uns zum falschen Richter geschickt, das Kriminalgericht ist nicht zuständig! Ich lerne: Mit US-Cops ist nicht gut Kirschen essen, Velo fahren – und Strafzettel schreiben.

Country Music
Was ist Country? Die Frage ist gar nicht so leicht zu beantworten. Nicht einmal die Country-Musiker selbst sind sich da einig. Während jedem Amerikaner mit funktionierendem Gehör klar ist, was er sich unter Hip-Hop oder Jazz vorzustellen hat, kommt *country music* in vielen verschiedenen Outfits daher (nein, der Cowboyhut ist nicht zwingend). Die Hitfabrik Nashville etwa produziert Songs, die man als musikalische Zuckerwatte bezeichnen könnte: süss, aber frei von Nährstoffen. Überzeugte Country-Musiker schauen denn auch herab auf das System, das nur nach dem blondesten Girl und dem gestiefeltsten Kerl Ausschau hält, um diese mit Schubladensongs auszustatten, die garantiert in den Charts landen. Echter Country kommt von Herzen, in aller Regel singen die Songschreiber selbst und vor allem: Echter Country erzählt Geschichten. Darum geht es letztlich, und das unterscheidet diese Musik von Rock'n'Roll, Blues und anderen nahen

Verwandten. Country-Stücke erzählen meist Storys aus der Vergangenheit, kein Wunder, ist der Blick stets verklärt. Am besten bringt das ein Witz auf den Punkt, den ich einmal in Nashville gehört habe: «Wie viele Country-Sänger braucht man, um eine Glühbirne zu wechseln? Antwort: fünf. Einer schraubt die alte raus, einer schraubt die neue rein. Und die drei anderen singen eine Ballade über die alte.»

D-Day

Steht der Feind vor der Tür, greift so ziemlich jedes Volk der Welt zu den Waffen. Für Amerikaner aber ist es genauso selbstverständlich, die Ideale der Nation notfalls am anderen Ende der Welt zu verteidigen. Oder jenseits des Atlantiks: Am 6. Juni 1944 landeten über 70 000 US-Soldaten am Strand der Normandie. Zusammen mit alliierten Truppen aus England und Kanada läuteten sie damals die Befreiung Europas von den Nazis und das Ende des Zweiten Weltkriegs ein. Eines der bewegendsten Interviews meiner USA-Zeit war denn auch das Gespräch mit dem Veteranen Bob Sales. Der heute 88-Jährige hielt am *Omaha Beach* seinen verletzten, schwer blutenden Kameraden in den Armen, als er seinen letzten Atemzug tat. Dreissig Minuten lang konnte Sales sich nicht bewegen, dann erst gelang es ihm, sich in Sicherheit zu bringen. Es sind Geschichten wie diese, die jenen Tag, den *D-Day,* in Amerika zum leuchtenden Beispiel der wohlwollenden Militärmacht machen; egal um welchen Konflikt es geht, ob Vietnam, Afghanistan oder Irak. Vor allem US-Soldaten selbst sehen sich in der Tradition der Befreier am *D-Day* und sind deshalb bereit, fernab der Heimat ihr Leben zu lassen. Diese Opferbereitschaft respektiert die gesamte US-Gesellschaft, unabhängig von politischer Gesinnung, Wohnort oder Rasse. *«Support Our Troops»* ist ein Slogan, dem so gut wie jeder zustimmt – selbst wenn er, wie etwa im Fall Irak, den eigentlichen Konflikt ablehnt. Schliesslich können die Männer und Frauen an der Front nichts für die Entscheidungen, die «von oben» kommen. Die Motive von Politikern und Generälen darf man in Frage stellen, die Ehre des einfachen amerikanischen Soldaten aber ist in den Augen der Nation seit dem *D-Day* unantastbar. Das ist das Vermächtnis von Bob Sales und seinen Kameraden.

Dallas

Dallas, das ist entweder oder. Entweder eine der zehn grössten Städte im Land, genannt *Big D,* zu ihrem Leidwesen vor allem bekannt als Ort, wo JFK erschossen wurde. Oder aber: Dallas ist eine TV-Serie, eine der erfolgreichsten aller Zeiten, eine echte Ikone amerikanischer Kultur. Zwar gab es Shows, die länger liefen (*«Bonanza»* zum Beispiel) oder die mehr Zuschauer hatten bei ihrem Finale (*«M*A*S*H»*). Doch *«Dallas»,* mit seinen Ölintrigen, Anzug-Cowboyhut-Kombinationen und fiesen Sprüchen von *J.R.*, hat das Image der USA in der Welt nachhaltiger geprägt als jede andere Sendung. In Rumänien soll die Serie sogar dazu beigetragen haben, den Kalten Krieg zu gewinnen: Das kommunistische Regime dort liess die Texas-Saga als abschreckendes Beispiel von Igitt-Kapitalismus zeigen.

Das Publikum aber liebte, was es da sah. Und es wollte mehr davon. Prompt wurde «*Dallas*» von den kommunistischen Machthabern wieder gestrichen. Nach deren Sturz dann war eine der ersten ausländischen Sendungen im rumänischen Fernsehen – «*Dallas»*, was sonst.

Dating

«Aber natürlich weiss ich alle Namen noch», versichere ich meinem Freund S. mit Nachdruck. Die Namen aller Freundinnen, die ich in der Schulzeit hatte (ehrlich gesagt, es waren auch nicht besonders viele). Als Amerikaner versteht S. das überhaupt nicht. Schon das Konzept «Freundin» oder «Miteinander gehen» ist an einer amerikanischen High School eher exotisch. US-Kids gehen selten fest miteinander, sie sammeln ihre Erfahrungen beim *dating*. Man geht zusammen aus, zum Essen oder ins Kino, das heisst aber nicht, dass man deshalb eine Beziehung hat, oh nein. Man verkehrt einfach miteinander – und tatsächlich gibt es beim *dating* auch so etwas wie Verkehrsregeln. Erst mal bezahlt immer der Herr, um sein Interesse am Gegenüber monetär zu unterstreichen. Besteht die Dame wider Erwarten auf Zweiteilung der Rechnung, ist dies als Erklärung der persönlichen Unabhängigkeit zu verstehen, auch bekannt als: Vergiss es, Kleiner. Lässt sie sich aber einladen, dann darf der junge Mann auf mehr hoffen als Händchen halten. Und weil er alles seinen Freunden bei nächster Gelegenheit brühwarm berichten wird, ist auch die Antwort auf die Frage «Wie weit ging's denn?» genauestens eingeteilt, und zwar nach bester US-Manier in der Sprache des Baseball. *First base*, erste Station also, bedeutet: Kuss. *Second base* beschreibt Brustkontakt. *Third base* geht buchstäblich unter die Gürtellinie. Und *home run* ... das bedarf wohl keiner Erklärung. Im College wird das ganze System dann auf den Kopf gestellt oder passender: aufs Kreuz gelegt.

Declaration of Independence

«Leben, Freiheit und das Streben nach Glück» – so einfach ist das. So einfach ist es, genauer gesagt, die fundamentalen Rechte eines Menschen zu beschreiben. Einfach, zumindest sofern man das Schreibtalent eines Thomas Jefferson besitzt. Mit der Erklärung ihrer Unabhängigkeit im Jahr 1776 machten die USA quasi jene Drohung wahr, die so mancher Teenager seinen Eltern gern an den Kopf wirft: «Ich ziehe aus! Ihr seid nicht meine richtigen Eltern!» Okay, 1776 ging es nicht ums Ausziehen, aber doch um einen Prozess der Ablösung; hier wurde ein Volk flügge. Die britische Krone empfanden viele in den amerikanischen Kolonien durchaus als eine Art elterliche Gewalt: wohlmeinend vielleicht, doch ohne Legitimation, weil sie einen Haufen unsinnige Regeln aufgestellt hatte. (Eine Steuer auf alles Gedruckte? Schlechte Idee im Mutterland der Flyer.) So kam der Bruch, in Form der *Declaration of Independence,* eines politischen Schriftstücks von bemerkenswerter philosophischer Eleganz. Auch wenn die Ideale der Freiheit, die in der Erklärung so gradlinig beschrieben sind, im späten 18. Jahrhundert alles andere als erfüllt waren – Sklaven und Frauen fühlten sich damals wohl alles andere als frei –, so legte Jefferson mit seinem Text doch das Fundament für eine Gesellschaft, die bis heute versucht, jene Ideale Stück für Stück Wirklichkeit werden zu lassen. Das ist es, was die Unabhängigkeitserklärung auch heute noch so wichtig macht für das Selbstverständnis der Vereinigten Staaten.

Demokraten

Während jeder aufrechte Amerikaner sich zur Demokratie bekennt, winkt mehr als die Hälfte schnell ab, wenn man sie als «Demokrat» bezeichnet, also als Mitglied oder zumindest Sympathisant der Demokratischen Partei. Gegründet von keinem Geringerem als Thomas Jefferson und das politische Zuhause von amerikanischen Überfiguren wie Roosevelt, Kennedy und Obama. Die Zurückhaltung liegt darin begründet, dass das Label *Democrat* längst zum Synonym geworden ist für «Biomilchtrinker mit Klassenkampf-Ambitionen und Toyota Prius in der Garage». Mit anderen Worten: Demokrat, das klingt in den Ohren vieler Amerikaner ein wenig, nun, unamerikanisch. Dabei spiegelt die Partei die USA von heute deutlich besser als der ewige Konkurrent, die Republikaner. Die «Blauen», wie sie dank den Wahllandkarten auch genannt werden, sind jünger, bunter und dynamischer als die «Roten» (dass die Republikaner in der politischen Farbenlehre die aus europäischer Sicht eindeutig linke Farbe Rot verpasst bekamen, ist ein unglücklicher Zufall). Warum gewinnen die Demokraten trotzdem nicht jede Wahl? Weil sie ihr Potenzial selten ausschöpfen: Die Koalition ist gross, aber eben auch locker (kein Wunder, wenn sich kaum jemand als Demokrat outen will). Dazu passt, dass die Demokraten oft durch einen Esel symbolisiert werden – eigenwillig, bei grosser Anzahl aber fast jeder Aufgabe gewachsen.

Disney

Disney ist ein Name, klar – jener von Unterhaltungspionier Walt Disney (1901–1966). Disney ist eine Marke, als solche die stetig strahlende Nummer eins im Entertainment. Doch Disney, das ist auch ein Verb: To *disneyfy* (disneyfizieren) umschreibt einen Prozess, der tief in der amerikanischen Kultur verankert ist: die konsequente Verniedlichung einer Geschichte zwecks grösstmöglicher Massentauglichkeit. Das geht in der Regel schamlos auf Kosten des Originals. Bei Märchen zum Beispiel: Schon 1937 renovierte Disney Schneewittchen, wo auf einmal die Zwerge im Mittelpunkt stehen (putzig kommt immer gut) und die Königin vom Blitz getroffen wird, statt sich in den Tod zu tanzen (wäre ja auch ein denkbar schlechtes Ende für einen Kinderfilm gewesen). Humor, Helden, Happy End: Das ist das Rezept zum Erfolg – nicht nur bei Disney. Insbesondere der Drang, das Publikum mit einem positiven Ende zu verabschieden, führt teilweise zu schrägen Adaptionen. Wir haben zum Beispiel ein Kinderbuch im Regal, wo Rotkäppchen nicht vom Wolf gefressen wird (viel zu brutal!), sondern das Raubtier mit Hilfe ihres Vaters vertreibt (aktiv vermittelte Familienwerte). Die Disneyfizierung geht so weit, dass selbst Weltliteratur ratzfatz auf den Kopf gestellt wird: Homers «Ilias» zum Beispiel. Der Krieg um Troja dauert in der Hollywood-Version siebzehn Tage statt zehn Jahre, und zentrale Figuren leben schon mal länger oder sterben gar nicht, um das Publikum nicht vor den Kopf zu stossen. Fehlen nur noch ein paar putzige Zwerge.

DMV

Wer in den USA seinen Führerschein verlängern muss, erntet Mitleid von allen Seiten: *I feel so sorry for you!* Denn jeder weiss: Der Weg zum neuen Fahrausweis führt übers Verkehrsamt, das *Department of Motor Vehicles*, kurz *DMV*. Und dieser Weg ist lang. Ich habe schon ganze Tage auf dieser Behörde verbracht, vielleicht die sinnlosesten Stunden meines Lebens. Anstehen. Hinsetzen. Wieder anstehen. Kommandos der Beamten entgegennehmen. Noch mehr anstehen. Jeder Bewohner einer US-Grossstadt hat ähnliche Leidensgeschichten vorzuweisen, und so wagt sich niemand ohne ein gutes Buch oder ein randvoll aufgeladenes *Smartphone* in diese Zone exakt geregelter amtlicher Willkür. Doch keine Ablenkung der Welt kann die charakteristische Unfreundlichkeit der *DMV*-Mitarbeiter übertünchen: *Come here! Sit down! Go there! Move! Next!* So tönt das ohne Unterbruch, die Bürger fühlen sich wie Schlachtvieh. Obwohl: Für die Tiere ist's irgendwann vorbei. Wer im *DMV* Pech hat, wird nach sechs Stunden ohne Führerschein heimgeschickt, weil ein Dokument fehlt oder so. Dann muss er wieder antraben (Anrufe werden nicht angenommen) und einen weiteren Tag auf dem Altar notorischer bürokratischer Ineffizienz opfern, jedem Amerikaner bekannt als *DMV*.

Dollar

Da nennt er sich Weltwährung und kommt doch so, ja, provinziell daher: Der US-Dollar ist, als gedruckter Geldschein vor einem liegend, alles andere als beeindruckend. Das Papier erinnert eher an Servietten als an Zahlungsmittel. Und dann sehen die Noten auch noch alle fast gleich aus, unabhängig vom Wert – was USA-Touristen regelmässig in Bedenken versetzt: «Haben wir ihm jetzt fünf oder fünfzig gegeben?» Und doch ist dieser Dollar das Rückgrat des globalen Währungssystems; jedes umsichtige Land legt Dollar-Reserven an. Erstens weil man diese im Notfall dank der Grösse der US-Wirtschaft ohne Probleme loswird, schliesslich werden unzählige Wertpapiere in Dollar gehandelt. Zweitens weil man auch eine grosse Menge Dollar abstossen kann, ohne die Märkte ins Trudeln zu bringen. Und drittens: Es gibt kaum Alternativen. Die Währungen von China, Europa oder Japan dienen allenfalls als Ergänzung, gelten für sich allein genommen aber als weit riskanter denn der gute alte *Greenback* (ein Ausdruck, der nur in Finanzkreisen Beliebtheit geniesst, der Alltagsamerikaner nennt den Dollar schlicht *buck*). Und so horten Länder rund um die Welt enorme Dollar-Beträge, was nur möglich ist, indem sie US-Staatsanleihen kaufen. Die Dominanz ihrer Währung erlaubt es den USA deshalb, ihre wachsenden Staatsschulden reibungslos zu finanzieren. Dass der Dollar als Geldschein keinen Schönheitswettbewerb gewinnt, nimmt Amerika da gerne hin.

Downtown

«Bist du allein? Macht das Leben dich einsam? Geh nach *Downtown!*» So beginnt ein klassischer Popsong, der 1965 Nummer eins in den US-Charts war. Da war ich noch nicht auf der Welt. Heute jedenfalls würde niemand in Amerika so was singen. *Downtown* ist nicht die Alternative zum Alleinsein, es ist Beton gewordene Einsamkeit (die Ausnahme ist, wie sowieso in jeder Hinsicht, New York City). Das, was in Europa «Stadtzentrum» heisst, mit Kathedrale und Bahnhof und Einkaufsmeile und so, sucht man in den meisten US-Städten vergebens. Bummeln? Fehlanzeige. Wer ein Café finden will oder einen Buchladen, der googelt sich besser ans Ziel, so was kann irgendwo in der Stadt liegen. In *Downtown* derweil dominieren meist fünfzigstöckige Businesstempel, die sich nach Büroschluss schneller entvölkern als ein Kreuzfahrtschiff im Hafen von Miami. Ziemlich genau seit jener Zeit, als der «*Downtown*»-Song der Top-Hit im Land war, zieht es Amerikaner raus aus der Stadt, nach Suburbia oder weiter nach *Exurbia*. Die konsequente Trennung von Arbeits- und Lebenswelt möglich gemacht hat das Auto respektive der exzessive Strassenbau. Es gehört zum Wesen der USA, dass, was möglich ist, auch ermöglicht wird. Das Resultat: *urban sprawl,* die unaufhaltsame Ausbreitung von Städten in geringer Dichte, dafür umso grösserer Fläche. *Downtown* ist längst nicht mehr pulsierender Mittelpunkt der Spassgesellschaft. Was nicht heisst, dass es kein Nachtleben mehr gibt. Es hat sich in der Regel einfach etwas abseits des Zentrums breitgemacht, in alten Industriequartieren oder Lagerhallen zum Beispiel. Dort finden sich Clubs, Restaurants und Karaoke-Bars: Wer will, darf dort gern auch «Downtown» singen.

Drogen

Kriegsrhetorik ist in den USA ja so was wie Standardsprache, jeder einigermassen ernst geführte Kampf wird als *war* bezeichnet. So führt Amerika seit über vierzig Jahren auch einen *war on drugs,* einen Krieg gegen Drogen (obwohl der Begriff in den letzten zehn Jahren immer seltener gebraucht wird, vielleicht weil man genug mit anderen Kriegen zu tun hat). Nun sind Drogen aber nicht gleich Drogen, das ist in den USA nicht anders als in Europa. Bei den illegalen Rauschmitteln liegt Marihuana mit gegen zwanzig Millionen «Nutzern» klar an der Spitze, was in immer mehr Teilstaaten zu einer Liberalisierung oder gar Legalisierung geführt hat; gegen die eigenen Kids kann man schliesslich schlecht Krieg führen. Anders als *Mary Jane* sind die meisten anderen illegalen Drogen auf dem Abstieg, so auch Kokain (interessant dabei ist, dass sich der Rückgang ziemlich genau mit der Ausbreitung der wirtschaftlichen Krise

deckt). Doch auch Koks ist nicht gleich Koks: In Pulverform, sozusagen in der Yuppie-Variante, wird die Droge von einem gewissen Glamour umweht, Hollywood lässt grüssen. Wird Koks allerdings mit Backpulver zu *Crack* vermischt und geraucht, gilt es als üble Ghetto-Droge. Nichts führt den klaffenden Unterschied in der sozialen Wahrnehmung der beiden Kokain-Typen besser vor Augen als die Ungleichbehandlung durch das Gesetz: Wer in den Achtziger- und Neunzigerjahren mit *Crack* erwischt wurde, musste mit einer hundert Mal härteren Strafe rechnen als ein Pulverkoks-Dealer. Heute liegt das Verhältnis «nur noch» bei 18:1 – trotzdem bleibt der *war on drugs* der Hauptgrund dafür, dass die Gefängnisse in den USA aus allen Nähten platzen und dass dort vor allem Schwarze und Latinos eingebuchtet werden. Kriegsgefangene, sozusagen.

Dustbowl

Es war das Ende der Welt. Der Zorn des Himmels. So muss es jedenfalls ausgesehen haben: grauschwarze Staubwolken, die vom Boden bis in den Himmel reichen. Statisch aufgeladen, von Blitzen durchzuckt. Wer in diese Hölle auf Erden gerät, kann keinen Meter weit mehr sehen – und hält besser den Atem an. So sah sie aus, die *Dustbowl*, die schwerste Umweltkatastrophe der US-Geschichte. Nicht durch Gottes Wut entstanden, sondern von Menschenhand: Vier Generationen von Farmern hatten die Böden in Oklahoma, Texas, Kansas und Colorado ausgelaugt. Natürliche Gräser waren grösstenteils weggepflügt, da begann 1931 eine Dürre, die jahrelang anhalten sollte. Resultat: Die kräftigen Winde der Region peitschten die staubige Erde in die Luft, immer mehr und mehr davon, es entstanden sogenannte *black blizzards;* der Tag wurde zur Nacht. Hunderttausende Amerikaner flohen vom Landesinnern in die Städte an den Küsten. Ein Exodus, den Autor John Steinbeck (1902–1968) in seinem Buch «*The Grapes of Wrath*» (Früchte des Zorns) so beschreibt: «Sie strömten über die Berge, hungrig und ruhelos – ruhelos wie Ameisen, hastig nach Arbeit suchend.» Arbeit fanden die *Dustbowl*-Flüchtlinge allerdings kaum: Die wirtschaftliche Depression der Dreissigerjahre war in vollem Gang. Eine ganz andere Hölle auf Erden.

Dylan, Bob

Diese Stimme. Dünn zuerst, später krächzend. Das schreckt viele ab, wenn sie die Songs von Bob Dylan (geboren 1941 als Robert Allen Zimmerman in Minnesota) hören. Doch bei Dylan geht es gar nicht ums Singen, es geht ums *Songwriting,* was in den USA mindestens ebenso wichtig ist. Ein Lied schön daherträllern können schliesslich viele, mit Musik die Seele bewegen nur sehr wenige. *Singer-Songwriter* geniessen darum ungleich höheres Ansehen als Popsternchen, und der König dieser Liedermacher ist eben Bob Dylan. Das stellt er unter Beweis, indem er seit 1988 quasi nonstop auf Tour ist, was ihn zu einem der meistgesehenen Live-Acts der USA macht. Ein *Singer-Songwriter* zeichnet sich aber auch dadurch aus, dass er Debatten auslöst, und Dylan ist schon fast eine Debattenmaschine. In den Sechzigern mit Texten, die zu Hymnen der Bürgerrechtsbewegung wurden – oder mit der Entscheidung, am legendären *Newport Folk Festival* mit einer E-Gitarre aufzukreuzen. Später sorgte er mit seiner «Wiedergeburt» als gläubiger Christ für Diskussionen, ebenso mit unendlich vielen Pseudonymen (schon mal von Tedham Porterhouse gehört?). Trotz allem: Amerika respektiert diesen Mann, weil es eben den *Singer-Songwriter* an sich respektiert. Es scheint teilweise, als wisse man gar nicht, welchen Preis man Bob Dylan noch verleihen soll. Liegt vielleicht auch daran, dass seine Dankesworte ähnlich denkwürdig sind wie seine Songtexte.

Earhart, Amelia

Drei Charakterzüge lieben Amerikaner über alles: Kühnheit, Beharrlichkeit und Pioniergeist. Die Summe dieser drei Eigenschaften heisst Amelia Earhart (1897–1937). Als erste Frau flog sie 1928 über den Atlantik – als Passagierin. Doch so eine passive Rolle entsprach nicht ihrer Natur: «Ich war nur Ballast, ein Sack Kartoffeln», gab sie nach der Landung zu Protokoll. «Vielleicht probier ich's mal allein.» Vier Jahre später tat sie genau das, und sie schaffte es. Earhart wurde damit in den USA zur Ikone der Aviatik und des Feminismus. Ihre Bücher wurden Bestseller. «Frauen wie Männer sollten das Unmögliche versuchen. Und wenn sie scheitern, sollte es eine Herausforderung für andere sein», hat Amelia Earhart einmal gesagt. Sie selbst scheiterte beim Versuch, als erste Frau die Welt in der Luft zu umrunden. Verschollen über dem Pazifik, noch bevor sie vierzig Jahre alt war. Seitdem ranken sich Mythen um die Frau, die der Nation und der Welt tatkräftig bewies: Kühnheit, Beharrlichkeit und Pioniergeist kennen keine Geschlechtergrenzen.

Edison, Thomas

Amerika ist das Land der Ideen. Jeder träumt davon, einmal eine ganz grosse zu haben und damit wenn nicht gleich die Welt, dann doch zumindest den eigenen Kontostand zu verbessern. Und der Meister der Ideen heisst Thomas Alva Edison (1847–1931). Ohne seine Geistesblitze wäre die Welt ein anderer Ort. Tonaufnahmen, Glühbirnen, Batterien – Edison sei Dank. Die Liste seiner Erfindungen ist schier endlos. Besonders cool: Die Tätowiermaschine, die moderne Tattoos erst möglich macht, geht auf ihn zurück. Logisch ist die Ideennation USA diesem Edison dankbar für solch bahnbrechende Innovationen und zollt ihm gebührend Respekt. Die tausendfach gesehene Glühbirne als Zeichen einer Idee in Comics – ping! – zum Beispiel, das ist eine Hommage an Edison. Das Militär hat ein Schiff und ein U-Boot nach ihm benannt. Die Disco-Band Bee Gees hat einen Song über ihn geschrieben. Und Millionen Kinder, die, statt zur Schule zu gehen, zuhause von ihren Eltern unterrichtet werden *(homeschooling),* nehmen sich Edison zum Vorbild: Auch ohne eine reguläre Schule zu besuchen, hatte er doch ein paar ganz gute Ideen.

Einzigartigkeit

Wahrscheinlich glaubt man in jedem Land der Welt, irgendwie ein Spezialfall zu sein. Kein anderes Land indes betont seine historische Sonderrolle so lautstark wie die USA, ja man hat hier sogar ein eigenes Wort dafür: *exceptionalism,* was in etwa «Glaube an Einzigartigkeit» bedeutet. Das wird in anderen Ländern oft als überheblich empfunden, als

Wir-sind-besser-als-alle-anderen-Gehabe. Doch beim *exceptionalism* geht es mehr ums Selbstverständnis als um den Vergleich mit anderen. Man kann sich das so vorstellen: Morgen heben ein paar Raumfähren ab, ein paar tausend Passagiere dabei, und sie landen auf einem neuen Planeten. Dort leben die Siedler eine Zeit lang als Bürger ihrer alten Heimat Erde, aber irgendwann entscheiden sie sich, dass ihr Planet unabhängig sein soll, weil er ein völlig neues Zuhause ist für die Menschheit. Sie kämpfen, siegen, erschaffen dann ihr ganz eigenes Gesellschaftssystem; basierend auf Idealen, die sie als universell betrachten. Genau so fühlt sich Amerika: als sprichwörtliche «Neue Welt». Ein Update der Geschichte. Diese Haltung erklärt, warum die USA Jahr für Jahr über 50 000 Aufenthaltsbewilligungen *(green cards)* für Immigranten verlosen. Warum sie bereit sind, im Namen der eigenen Ideale am anderen Ende der Welt in den Krieg zu ziehen. Und warum dieses Land unerschütterlich daran glaubt, an der perfekten Gesellschaft der Zukunft zu arbeiten, mag die reale Gesellschaft der Gegenwart auch noch so unvollkommen sein. Der Traum als soziales Konzept: In dieser Hinsicht sind die USA tatsächlich einzigartig.

Eisenbahn

Der Kluge reist besser nicht im Zuge im Auto-Land USA. Das Schienennetz ist im Osten veraltet und fehlt im Westen vielerorts völlig. Kommt hinzu: Bei Alltagsdistanzen von mehreren tausend Kilometern zieht die Eisenbahn zwangsläufig den Kürzeren gegenüber dem Flugverkehr. Vielleicht ist das der Grund, warum Bahnhöfe in den USA oft an Flughäfen erinnern. Statt Gleise gibt's hier *Gates,* genau wie am Airport: dutzende festgeschraubte Sitzreihen und hunderte Passagiere, die warten – auf ihr Boarding. Andere Länder, andere Sitten. Passagiere der *Business Class* dürfen dann zuerst einsteigen; man stelle sich das mal in Europa vor, der Klassenkampf wäre vorprogrammiert. Irgendwie wirkt es in den USA, als wolle man die Schiene als Reisemittel bewusst ignorieren. Dabei hat diese Nation der Eisenbahn mehr zu verdanken als jedes andere Land der Welt: Die Schienen verbanden den Osten mit dem Westen, sie machten damit Amerika erst möglich. Sie hielten das Land zusammen, weil sie im Bürgerkrieg dem Norden entscheidende Vorteile in Sachen Logistik verschafften. Und die Züge waren es, die unzählige Country-Balladen inspirierten (etwa mit der wildromantischen Wanderarbeiter-Kultur der sogenannten *hobos).* Doch auch wenn eine Zugreise für die meisten Amerikaner heute so nostalgisch anmutet wie ein Schwarzweiss-Western: Die Gleise haben längst nicht ausgedient. In Sachen Gütertransport ist die US-Eisenbahn

Weltspitze, mit einem Marktanteil von über vierzig Prozent. So spielt die Schiene nach wie vor eine wichtige Rolle, einfach mehr im Hintergrund. Das spürt jeder Autofahrer am eigenen Leib, wenn er an einer Schranke wieder mal zehn Minuten lang warten muss, bis ein nicht enden wollender Güterzug vorbei ist. Veraltetes Schienennetz hin oder her.

Ellis Island

Sein Name war Ernst. Ernst Honegger. Bereit, mit 26 Jahren ein neues Leben zu beginnen an diesem 15. September 1893, als er zum ersten Mal Lady Liberty erblickte. Ich weiss nicht, warum er damals in die USA kam, ob er sein Glück suchte oder vor Unglück floh, und doch fühle ich eine innere Verbundenheit zu diesem «anderen Honegger». So geht es vielen, die auf Ellis Island die Einwanderungsregister aus den Jahren 1892–1924 durchforsten. Über zwölf Millionen Menschen kamen in dieser Zeit hier durch, für viele war die Insel in der Bucht von New York die erste Station im gelobten Land: Amerika. Hier entfalteten sie sich, hier bauten sie ein Land mit auf, gründeten Firmen und Familien; rund die Hälfte aller Amerikaner kann heute ihre Wurzeln auf einen oder mehrere Immigranten zurückführen, die über Ellis Island in die Vereinigten Staaten kamen. Das macht diesen Ort für die USA zu einer Art Tempel des amerikanischen Traums: Nirgends wird die Hoffnung auf ein besseres Leben so greifbar wie hier. Vor allem wenn man in den Akten auf einen Namensvetter stösst wie Ernst Honegger.

Eltern

«Good job!» – «Go for it!» – «You can do it!» – «Good job!» Wer einen Spielplatz in den USA besucht, fühlt sich an ein Motivationsseminar erinnert. Alles – wirklich alles –, was der Sprössling dort vollbringt, wird ausgiebig gefördert, um nicht zu sagen, explizit gefordert (ohne laute Worte, sondern stets mit geduldigem Beharren: «Sweetie, let me show you again»). Buchstäblich von Kindesbeinen an zeigt sich hier die amerikanische Weltsicht, beim Leben handle es sich im Wesentlichen um einen grossen Wettbewerb: schneller, höher, weiter, egal, Hauptsache Komparativ, Hauptsache kompetitiv. Schliesslich warten auf den Nachwuchs bereits die Selektionsfabriken High School und College. Das führt dazu, dass Alphabet und Einmaleins oft schon in der Kinderkrippe auf dem Plan stehen; spielerisch vermittelt, aber mit klaren Erwartungen an Winzlinge, die eben erst gelernt haben, wie man ohne Windeln durch den Tag kommt. So weit geht der elterliche Drang, die Kleinen in der gesellschaftlichen *pole position* zu wissen, dass einige Eltern ihre Kinder absichtlich mit einem Jahr Verspätung einschulen; *redshirting* nennt sich die

Praxis, und dieses «Rothemdeln» soll sicherstellen, dass die eigenen Kids vom ersten Schultag an herausstechen – also grösser, stärker und vermeintlich schlauer sind als alle anderen und deshalb zwangsläufig zu Leaderfiguren werden, die irgendwann Bank-Manager oder Anwalt für multinationale Konzerne werden. Elternlogik *made in USA*.

Englisch, auf Amerikanisch

Quizfrage: Was ist die offizielle Sprache der USA? Englisch, denkt man spontan. Doch die Antwort ist: Es gibt keine. Zwar ist Englisch die Hauptsprache, auch wird sie in über der Hälfte aller Staaten als offiziell angesehen, aber eben nicht landesweit. Und wenn, dann ist die Rede von amerikanischem Englisch, das mit der britischen Variante wohl eng verwandt, deshalb aber nicht unbedingt auch befreundet ist. Amis reden so, wie sie wollen. In Europa wird das teilweise als «falsches» Englisch angesehen, aber die Sprache der Cowboys hebt sich durchaus mit Absicht ab von jener der Royals; mit ihrem *slang* erklären sich Amerikaner quasi minütlich für unabhängig. Wesentlich an dieser sprachlichen Eigenständigkeit beteiligt ist Sprachforscher Noah Webster (1758–1843), dessen Name heute in den USA ein Synonym für «Wörterbuch» ist, ähnlich dem «Duden» bei uns. Webster sah das klassische Englisch als degeneriert

an, und so sammelte er echt amerikanische Wörter: *applesauce* (Apfelmus) etwa oder *handy* (praktisch). Er vereinfachte radikal, buchstabierte *honor* statt *honour* und *center* statt *centre*. Die Briten waren mehr als *not amused*, sie kochten vor Wut: «Barbarisch» klang in ihren Ohren diese Sprache der ehemaligen Kolonien. Doch die machten munter weiter, sagten zum Beispiel statt *suppose* (mutmassen) mal *expect*, mal *reckon* oder ganz frech: *guess*. Solch Schabernack verleitete den irischen Dichter George Bernard Shaw (1856–1950) zur spitzen Bemerkung: «England und Amerika sind zwei Länder, getrennt durch eine gemeinsame Sprache.» Auch heute werden in den USA nonstop neue Wörter mit pragmatischer Lässigkeit erfunden: *couch potato* (Stubenhocker), *digerati* (Computer-Adel), *retweet* (äh … Internetkurznachrichtenweiterleitung?) und ein persönlicher Favorit von mir: *ginourmous* (gigantisch und enorm in einem – also sehr, sehr gross. Und sehr, sehr amerikanisch).

Essen

«Ganz einfach: Man stopft sich so viele *marshmallows* wie möglich in den Mund, und wer die meisten reinbekommt und immer noch *chubby bunny* sagen kann, hat gewonnen!», klärt uns unsere Freundin J. strahlend auf. Aha, so spielt man also *chubby bunny,* übersetzt «fetter Hase». Ein beliebter Zeitvertreib zum Beispiel beim Camping, wie wir erfahren. Da bleibt uns als Europäern der (leere) Mund erst mal offen stehen: spielen mit Essen? Das war zuhause stets tabu. Amerikaner allerdings pflegen ein anderes Verhältnis zur Nahrungsaufnahme. Sie ist oft mehr Nebenbeschäftigung als singuläre Tätigkeit. Mittags gibt's laut Umfragen für über sechzig Prozent der Büroarbeiter keine Pause, sondern höchstens einen *desk lunch*. Abends verspeisen dann rund zwei Drittel aller Amerikaner ihr Essen regelmässig vor dem Fernseher, eine Gewohnheit, die als *TV dinner* bekannt ist – nur logisch, dass da auch in vielen Restaurants die Flimmerkiste nonstop läuft. So wenig Essen den Amerikanern im Alltag bedeutet, so wichtig ist es ihnen an Feiertagen: Zu Thanksgiving zum Beispiel wird in jedem US-Haushalt um die Wette gekocht, auch mengenmässig. Und am July 4th erfordert das Barbecue oft mindestens ebenso viel Sorgfalt wie seinerzeit das Verfassen der Unabhängigkeitserklärung. Ja, die Esskultur in den USA spiegelt die Gesellschaft als Ganzes recht gut wider: Der Alltag wird husch, husch erledigt – Hauptsache schnell und einfach. Bietet sich aber die Chance auf Aussergewöhnlichkeit, wird sie mit Begeisterung in Angriff genommen. Und zwischendurch bleibt Zeit für Spässchen, zum Beispiel *chubby bunny*.

Europa

Der Blick über den Atlantik löst bei *Mr. and Mrs. America* gemischte Gefühle aus: Einerseits ist Europa so – etabliert. So viel Tradition, so viel Charakter. Andererseits ist Europa auch – abgestanden, irgendwie. So viel historischer Ballast, so viel Eigenartigkeit. Haben Sie's gemerkt? Das sind exakt die gleichen Gedanken, einfach mit anderen Vorzeichen. Die Einstellung gegenüber dem alten Kontinent hängt in den USA denn auch entscheidend davon ab, wer da über den Atlantik guckt: Der Nordosten etwa sieht in Europa seine Wurzeln, hier bleiben Einwanderer der alten Heimat oft emotional verbunden (Polen, Italiener und Iren, ganz besonders die Iren und ganz besonders am 17. März, *St Patrick's Day. Cheers!*). Im Süden gilt Europa mehr als Gegenentwurf zu den USA, und wo da die Sympathien liegen, dürfte ausser Frage stehen. Im Westen schliesslich ist Europa einfach nur ziemlich weit weg, ein Nachgeschmack der Geschichte. Ganz egal allerdings, wie sich Amerikaner zur transatlantischen älteren Schwester stellen: Hin wollen alle mal. Und sei es nur, um herauszufinden, ob's wirklich so ist wie im Film. Das geht vielen Europäern mit Amerika ja auch nicht anders.

Exciting!

Stolz, Geiz und Zorn? Das sind vielleicht für die katholische Kirche Todsünden. Für Amerikaner gibt es nur eine: Langeweile. Alles muss immerzu *exciting* sein. Deshalb wird jede freie Minute mit irgendwelchen Aktivitäten zugepflastert. Ein gemütlicher Tag zuhause, das ist für die US-Durchschnittsfamilie eine Horrorvorstellung (vielleicht ist das der Grund, warum viele Leute ihre *Sneakers* auch zuhause anbehalten? Um jederzeit losrennen zu können, wenn etwas Spannendes passiert? Wer weiss). Als Faustregel gilt: Während Europäer ihr Glück suchen, indem sie immer weniger tun, wollen Amerikaner happy werden, indem sie immer mehr tun. So flüchten sie sich entweder allseits in Alltagsaction, wenn die Kids etwa von einem Sporttraining zum nächsten kutschiert werden, während die Eltern sich an immer neuen Hobbys versuchen. Oder aber, das ist quasi der Normalfall, man stürzt sich in den Konsum: Shopping gehört in weiten Teilen des Landes fix zu einem Wochenende dazu *(it's so exciting!)*, die Läden sind ja fast durchgehend geöffnet. Ob neues T-Shirt, Smartphone oder Auto: Der Amerikaner lebt nach dem Grundsatz «Ich kaufe, also bin ich» (selbst wenn man sich längst nicht alles leisten kann, was da angeschafft wird, aber dafür gibt's schliesslich Kreditkarten). Selbst Entspannung ist dann am besten, wenn mit einem Erlebnis verbunden, einem Spa-Besuch oder Violinkonzert oder so. Wer am Montag dann von seinen Abenteuern im Konsu-merismus erzählen kann, darf auf ein *«that's so exciting!»* hoffen – wer (wie wir) öfter mal zugibt, dass er das Weekend gemütlich zuhause verbracht hat, erntet betretenes Schweigen.

Excuse me

«Alle sind so höflich hier, das hätte ich gar nicht gedacht!», sagt unsere Freundin D., die aus Deutschland kommt. Ja, die New Yorker haben sie schwer beeindruckt, weil sie selbst im dichtesten Gedränge stets *excuse me* sagen, wenn sie mal kurz an einem vorbeiwollen. Wer allerdings genau hinhört, respektive hinschaut, stellt fest: *Excuse me* heisst eigentlich «aus dem Weg, ich hab's eilig». Der permanent Zeit jagende New Yorker (wie auch sein Cousin, der chronisch terminfixierte Washingtonianer) hat nach meiner Erfahrung für Höflichkeiten wenig übrig. So zischen beide ihr *«excuse me»* bereits aus drei Metern Entfernung. Der Schritt wird nicht verlangsamt, auch wenn da eine schwangere Frau mit Kinderwagen im Weg steht – hey, man hat ja um Verzeihung gebeten, also: Platz da. Es geht darum, möglichst wohlerzogen zu wirken, auch wenn man in gröbster Flegelhaftigkeit durchs Leben stapft. Wer wirklich anständig ist, wartet ein paar Sekunden und sagt dann vielleicht *«May I pass quickly?»*. Das haben wir D. aber nicht erzählt. Die Freude an der Instant-Höflichkeit wollten wir ihr nicht nehmen.

ExxonMobil

Den Titel «Meistgehasstes Unternehmen der Welt» muss man sich erst mal verdienen. Bei ExxonMobil kommen alle Pfui-Faktoren zusammen, die einen Multi zum Feindbild werden lassen. Das fängt schon bei der Entstehung an: Als die beiden Ölriesen Exxon und Mobil 1999 fusionierten, fanden zwei zusammen, die knapp neunzig Jahre zuvor per Gerichtsbeschluss getrennt worden waren, als John D. Rockefellers Konzernkoloss Standard Oil zerschlagen wurde. ExxonMobil war in den Augen seiner Kritiker somit von Beginn an ein Unding. Dazu kommt das dreckige Image, das dem Namen Exxon seit der Ölkatastrophe der *Exxon Valdez* 1989 anhaftet. Kaum ein Jahr vergeht, in dem der Petro-Koloss aus Texas nicht in irgendeinen neuen Skandal verwickelt ist: Korruption, Steuertricks, Anti-Klimawandel-Propaganda, die Liste ist lang. Egal wie viel Geld der Konzern macht, egal wie viele Jobs von ihm abhängen: Vom Wohlwollen, das US-Konsumenten andern Business-Giganten wie Apple oder Walmart entgegenbringen, kann ExxonMobil nur träumen.

F-150

Wer wissen will, wie es um die US-Wirtschaft steht, kann das «*Wall Street Journal*» nach Daten durchforsten. Oder er kann sich an die Hauptstrasse stellen und zählen: Je mehr *Pickup-Trucks* vorbeifahren, desto besser (ökonomisch gesehen, ökologisch sieht's da etwas anders aus). Die Allzweck-Transporter sind ideal für Firmen im Baugewerbe und damit ein recht zuverlässiger Konjunktur-Indikator. Der beliebteste *pickup* ist der Ford F-150 (ausgesprochen *F One-Fifty*). Er steht stellvertretend für eine ganze Auto-Gattung, die das Strassenbild in Amerika wesentlich prägt: Die Motorhaube reicht bis zur Brust, vier Türen plus Ladefläche sind der Normalfall. Der Kühlergrill ist so massiv, dass er selbst die kuhkopfgrossen Scheinwerfer beinahe verschluckt. Ein Machotraum. Der F-150 ist denn auch seit Jahrzehnten das meistverkaufte Auto der USA – einzige Ausnahme: nach der Finanzkrise, als die US-Wirtschaft am Boden lag, liefen kleinere Japaner dem grossen Ami kurzzeitig den Rang ab.

Fahneneid

Gelöbnis auf Gefolgschaft – klingt auf Deutsch beinahe beängstigend pathetisch. Auf Englisch aber, als *Pledge of Allegiance,* gehört der Fahneneid einfach dazu, sei's im Kongress oder in der Grundschule. Als Schweizer mit angeborenem Neutralitätsgen halte ich mich da natürlich raus. Umso schwieriger wurde damit für mich eine Situation, die mir wohl als mein peinlichster Amerikamoment in Erinnerung bleibt: September 2008 in Saint Paul, Minnesota. Der Parteitag der Republikaner, an dem John McCain nominiert wird, gegen Barack Obama ins Rennen zu steigen. Da steh ich also, als zur feierlichen Eröffnung der Fahneneid durch die Halle schallt. Rund um mich herum schnellen Hände auf Herzen, der Treueschwur wird mit patriotischer Leidenschaft aus tausend Kehlen gleichzeitig rezitiert. Hand aufs Herz: Was hätten Sie da getan? Ich bin kein Amerikaner, und darum blieben meine Hände in den Hosentaschen. So wurde ich, für rund zwanzig Sekunden, zum Staatsfeind Nummer eins in der Arena; die Blicke, die ich damals kassiert habe, brauchen einen Waffenschein. Ja, bei der *pledge* hört für aufrechte Amerikaner der Spass auf. Dass ich Ausländer bin, wusste zwar niemand, hätte aber wohl kaum einen Unterschied gemacht. Seitdem halte ich während des Fahneneids jeweils meinen Presseausweis fest und lächle freundlich. Der Schweizer halt.

Fassaden

Kennen Sie das? In alten Western-Filmen sieht man im Hintergrund manchmal, dass da keine echten Häuser stehen, sondern lediglich Fassaden. Irgendwie hat das wohl nachgewirkt auf die Architekten von Eigenheimen in den USA: Von vorne sehen die Vorstadtpaläste in Suburbia hübsch geschniegelt aus, mit Naturstein, Fensterfront, Säulenportal und so. Wer allerdings um die Ecke äugt, erkennt das Haus oft kaum wieder – Fensterläden sind schon die Ausnahme. Und der Naturstein offenbart sich als dünne Show-Schicht auf Billigholzkern, ein Immobilien-Make-up, wenn man so will. Das suburbane Utopia stellt damit einen Widerspruch zur Schau, der sich durch die gesamte US-Gesellschaft zieht: vorne fix, hinten nix. Der Schein ist nicht wenigen Amerikanern ihr Ein und Alles: zwei Autos, je deutscher, desto besser, die man sich eigentlich nicht leisten kann. Dazu der Rasenmäher im Kleinwagenformat, obwohl es auch die gute alte Schubvariante täte. Bescheidenheit ist wahrlich keine Tugend im Land der Superlativen, warum auch. Wer hat, der zeigt, und wer zeigt, der hätte zumindest gern. Wenn wenigstens eine Seite des Heims aussieht wie ein Traumhaus, immerhin: Hey, die *Golden Gate Bridge* ist ja auch nicht aus Gold.

Faulkner, William

Wer den Süden der USA kennenlernen, vielleicht sogar verstehen will – etwas, womit selbst viele Amerikaner Mühe bekunden –, der reist am besten nach Yoknapatawpha County. Bevor sie das jetzt auf einer Landkarte suchen, sei verraten: Den Ort gibt es gar nicht. Er ist eine Kopfgeburt des Schriftstellers William Faulkner (1897–1962), der seine berühmtesten Werke dort spielen liess. «Schall und Wahn» oder «Absalom, Absalom!» bieten tiefe Einblicke in das Lebensgefühl der amerikanischen Südstaaten. Faulkner beschrieb dieses so vielschichtig und facettenreich wie kein anderer. Das bescherte ihm 1949 den Nobelpreis für Literatur – zu seinem Unmut, wie man sich erzählt. Seine Tochter soll von der Ehrung nicht vom Vater, sondern durch den Schulrektor erfahren haben. In der Folge wurde William Faulkner noch mit diversen anderen Literaturpreisen eingedeckt, seinen südstaatlich-üppigen Lebensstil konnte er damit indes nicht finanzieren. Zum Geldverdienen wandte sich der Schriftsteller, ganz Amerikaner, an Hollywood: Seine Drehbücher wurden unter anderem mit Gary Cooper (1901–1961) und Humphrey Bogart (1899–1957) verfilmt. Selbst wollte Faulkner allerdings nicht nach California ziehen; er war, und bleibt, ein Teil des Südens der Vereinigten Staaten.

Flagge

Die Legende besagt, dass der Näherin Betsy Ross (1752–1836) eine entscheidende Rolle bei der Kreation der US-Flagge zukam. Betsy lebte mit ihrem Mann John in Philadelphia, wo die beiden ein Geschäft für Sitzbezüge aufbauen konnten. Dann starb John im Revolutionskrieg 1776, und die junge, kinderlose Witwe war plötzlich auf sich allein gestellt. Im gleichen Jahr noch soll sie von General George Washington persönlich einen Entwurf für eine Flagge erhalten haben. Die pragmatische Betsy änderte das Design jedoch ab, schlug zum Beispiel Sterne mit fünf Zacken statt sechs vor, weil leichter zu schneidern. Ihre Flagge war die erste von Millionen Sternenbannern: Heute wehen die *Stars and Stripes* in den USA über öffentlichen Gebäuden und vor Privathäusern, Politiker tragen Flaggenpins und Patrioten Flaggentattoos. Ein universelles Symbol, das in New York ebenso selbstverständlich ist wie in Texas. Akzeptiert von Alteingesessenen wie Neuankömmlingen. Denn *the flag* respektive *old glory,* wie besonders patriotische Zeitgenossen ihr gutes Tuch nennen, steht nicht für ein Land, sondern für die Idee Amerika, für Freiheit, für Recht und für den Traum einer immer besseren Zukunft. Amerikaner würden sagen: *good job, Betsy.*

Fleisch

Der Homo americanus ist von Natur aus ein Fleischfresser. Amerikaner verdrücken pro Kopf mehr Fleisch als so ziemlich jedes andere Volk der Welt (um die 120 Kilo, nur Luxemburger schaffen in manchen Jahren mehr – vielleicht weil sie den Burger bereits im Namen tragen?). Traditionell ist Fleisch in den USA gleichbedeutend mit Rindfleisch. *«Beef – it's what's for Dinner»* (Rind – das gibt's zum Abendessen) lautete jahrelang der selbstbewusste Werbeslogan der Rindfleisch-Industrie. Er gehört zu den bekanntesten im ganzen Land. Das Problem: Das geflügelte Wort wurde von der Realität überflügelt. Vom Geflügel, um genau zu sein; seit einigen Jahren ist *chicken* die Nummer eins. Bewusstere Ernährung mag dabei eine Rolle gespielt haben, die günstigeren Preise ebenso. Erstaunlich ist der Wandel dennoch, nicht zuletzt weil *chicken* in den USA primär als Lieblingsfleisch der Schwarzen gilt. Eine besondere Vorliebe wird ihnen zu *fried chicken* nachgesagt. Statistisch steht diese Behauptung auf wackligen Beinen, als Rassen-Stereotyp hält sie sich indes hartnäckig. Ethnologen verweisen darauf, dass Hühnerbeinchen oft mit der Hand gegessen werden und dass die Verbindung zum schwarzen Amerika deshalb primär Unreinheit suggerieren soll. Einen Afroamerikaner zu *fried chicken* einzuladen, ist jedenfalls tabu, das würde annähernd so rassistisch interpretiert wie das N-Wort. Also Vorsicht bei der Fleischwahl: Huhn ist heikel. Allerdings nicht so heikel wie Pferd, da sind sich alle Amerikaner einig. Dass wir in Europa hin und wieder Pferdefleisch essen, sorgt bei unseren amerikanischen Freunden für eine Mischung aus Ekel und Entsetzen, so als würde man Hund oder Katze aufs Menü setzen. Im Land der Cowboys und Pferdehelden (*Fury! Mister Ed! Hidalgo!*) ist ein *horse burger* einfach unvorstellbar. Fleischfresser ja, aber doch nicht alles.

Florida

«Mann (48) adoptiert Partnerin (42) – um Geld zu schützen» – «Falscher Zahnarzt küsste Patientinnen auf den Po» – «Drogenrausch: Nackter Mann isst Gesicht eines Obdachlosen». Was haben diese drei Schlagzeilen gemeinsam? Mal abgesehen von der Tatsache, dass alle reichlich bizarr sind? Sie kommen aus Florida. Der *Sunshine State* ist in US-Medienkreisen bekannt für die schrägsten Storys des ganzen Landes (und schräge Storys haben die Vereinigten Staaten jede Menge zu bieten). Was macht diesen Staat zum idealen Biotop der Eigenartigkeit? Ein Journalistenkollege aus Florida hat die Gründe einmal aufgelistet. Erstens: das Wetter. Entweder warm oder wärmer, da bleiben die Leute rund ums Jahr draussen und stellen allerlei befremdliche Dinge an. Zweitens: die Geographie. Hierher, in den Südostzipfel des Landes, verziehen sich seit jeher allerlei zwielichtige Gestalten – auf einer schmalen Halbinsel werden sie mit Rentnern und Touristen zusammengepfercht. Eine gelinde gesagt spezielle Mischung. Drittens:

Flora und Fauna. In Florida gedeiht eine Vielzahl widerstandsfähiger tropischer Pflanzen, also sind viele Bewohner mit einer Machete ausgerüstet, was unter Umständen ins Auge gehen kann. Buchstäblich. Die Tierwelt ist nicht minder exotisch, von Alligatoren über Riesenschlangen bis zum Haifisch bietet Florida so ziemlich jeder Schockspezies ein Zuhause. Nimmt man alle aufgelisteten Umstände zusammen, müsste die ultimative Florida-Schlagzeile somit lauten: «Sonnenstich: Pensionierter Alligator greift Python mit Machete an». Gar nicht so abwegig, für Florida-Verhältnisse zumindest.

Football

Nein, man spielt eigentlich nicht mit den Füssen. Der Name ist auch mehr so was wie ein historischer Zufall, wie wenn jemand Schneider heisst und doch keine Ahnung vom Nähen hat. Football wird mehr mit dem ganzen Körper gespielt: Da sind schnelle Beine genauso gefragt wie starke Arme – und ein kühler Kopf. Die taktische Komponente des Spiels wird von aussen oft unterschätzt: Alle paar Sekunden steht die Action still, und dann zählt Grips statt Bizeps. Der *coach* muss den Gegner mal offensiv, mal defensiv, auf jeden Fall Spielzug für Spielzug schlagen; fast wie beim Schach. Feine Analytik prallt auf rohe Athletik: In kaum einem anderen Teamsport geht es so hart zur

Sache. Gehirnerschütterungen und ausgekugelte Schultern sind an der Tagesordnung. Es ist diese Kombination von Hirn und Hauruck, von Kopf- und Körpereinsatz, welche Football zum beliebtesten Sport der USA macht. Wobei «Sport» als «Fernsehsport» zu verstehen ist, selbst spielen kann nämlich nur, wer jung und fit genug ist. Wer allerdings dazugehört zu diesen Sportskanonen, die in ihrer Ausrüstung wie Übermenschen aussehen, dem ist die Bewunderung sicher; weil er, weil das Team für mehr steht als eine Mannschaft: für eine Schule, eine Stadt, eine ganze Region. Das trifft zu von der High School übers College bis zur *NFL,* wo sich die Besten der Besten messen (solange sie verletzungsfrei bleiben). Anders als bei Baseball oder Basketball bestreitet ein Team dort aber nicht dutzende Spiele pro reguläre Saison, sondern lediglich sechzehn. Das bedeutet: Jedes Game zählt. Das macht Football als TV-Sport so attraktiv, was dann im alljährlichen *Superbowl* gipfelt, dem weitaus meistgesehenen Fernsehereignis des Jahres. Keine Endserie von sieben Matches wie in anderen Sportarten. Ein Tag. Ein Spiel. Ein Sieger. Alles oder nichts, mit Geschick und Gewalt – kein Wunder, liebt Amerika diesen Sport.

Ford, Henry

Er war zwar schon über sechzig Jahre tot, und trotzdem verkaufte Henry Ford (1863–1947) mir quasi mein erstes Auto. Mein erster Wagen auf US-Boden, das wusste ich bestimmt, sollte ein Amerikaner sein. Nun gibt es diverse US-Automarken, Ford aber gibt's nur einmal: Gegründet vom Pionier des Jedermannwagens *(Model T),* Vater der modernen Produktion (Fliessband) und des gerechten Arbeiterlohns (Fordismus). So ein Mann, so ein Unternehmen verdienen Respekt – und mein Geld, dachte ich mir. Die Lebensgeschichte des Autobauers liest sich zunächst wie ein Märchen: Ein Bauernjunge zieht aus und heuert beim grossen Edison an, daneben tüftelt er so lange, bis er das beste Fahrzeug zum besten Preis gebastelt hat, und geht damit in Massenproduktion. Betonung auf Masse: Über 15 Millionen Stück des *Model T* verkaufte Ford in knapp zwanzig Jahren. Seine Kiste auf Rädern erschloss dem einfachen Bürger sein Land. Es gab Zeiten, da war jedes zweite Auto in den USA ein *Model T,* fast alle davon schwarz: «Man kann jede Farbe haben, solange es Schwarz ist», soll Mr. Ford einst gesagt haben. Eine schwarze Seite hat allerdings auch er: Auf dem Höhepunkt seines Erfolgs wurde er von einem regelrechten Kontrollwahn getrieben, liess Mitarbeiter überwachen, gar zuhause ausspionieren. Im Amazonas stampfte er eine ganze Stadt aus dem Boden, um die Gummiproduktion zu sichern – *Fordlandia,* echt wahr. Ein Fiasko, das in einer Ruinensiedlung mitten im Urwald endete. Misserfolge hatte Ford einige zu verkraften, und meistens machte er einen dafür verantwortlich: den bösen Juden. Er war ein überzeugter Antisemit, der deshalb auch die Sympathien von Adolf Hitler genoss. Diese düsteren Kapitel in der Erfolgsgeschichte des Henry Ford sind den meisten Amerikanern nicht bekannt. Ich wusste davon auch nichts, als ich mein Auto gekauft habe. Vielleicht hätte ich den Namen Ford dann als etwas weniger glänzend empfunden. Das Auto hätte ich wohl trotzdem genommen, einfach ohne historische Überlegungen und mehr weil's ein echt cooler Schlitten war.

Franklin, Benjamin

Wer als fünfzehntes Kind einer Familie zur Welt kommt, lernt früh, sich zu behaupten, ohne den Grossen zu sehr auf die Füsse zu stehen. In der Politik wäre das dann die Kombination aus Souveränität und Diplomatie, und der Sinn für genau diese Balance zeichnete Benjamin Franklin (1706–1790) zeit seines Lebens aus (ob er sich bei seinen vierzehn älteren Geschwistern dafür bedankt hat, ist nicht bekannt). Franklin gehört zu den wichtigsten Gründervätern der USA. Dies obwohl er einen Grossteil der Revolutionsjahre gar nicht auf amerikanischem Boden verbracht hat, sondern in Paris. Dort konnte der *elder statesman* mit über siebzig Jahren seine

politisch-diplomatischen Stärken voll ausspielen, und Franklins Geschick ist es zu verdanken, dass Frankreich auf der Seite der USA in den Krieg eintrat, was diesen wesentlich zum Sieg über die Briten und damit zur Unabhängigkeit verhalf. Doch Ben Franklin hat Amerika noch mehr gegeben: Er erfand, so nebenbei, die Zweistärkenbrille, einen Ofen sowie den Blitzableiter; alles notabene, ohne Patente dafür zu beanspruchen, seine Ideen waren quasi *open source*. Zudem begründete Franklin eine Tradition des politischen Humors (Humor ist wohl auch eine gute Idee, wenn man über ein Dutzend Geschwister hat). Seine geistreichen Kommentare sind legendär. Hier nur ein Beispiel: «Drei können ein Geheimnis wahren – solange zwei von ihnen tot sind.» Als zentrale Figur der amerikanischen Geschichte ziert Franklins Gesicht seit hundert Jahren die 100-Dollar-Note, den heute wertvollsten Geldschein der USA. Im Zeitalter der Kreditkarten sind *hundred dollar bills* zwar eine Seltenheit im amerikanischen Alltag geworden, umgangssprachlich nennt man den Hunderter aber heute noch schlicht «Benjamin».

Freiheit

Die USA bezeichnen sich gern als «Land der Freiheit». Freiheit ist quasi der zweite Vorname der Nation. Echt jetzt: Wer eben mal *United States of Free America* sagt, der wird von niemandem korrigiert werden, er erntet allenfalls wohlwollendes Nicken. Komisch, dachte ich mir, wir Schweizer sind ja auch frei, Österreicher und Finnen ebenso. Die gebetsmühlenartige Wiederholung des Ideals der Freiheit in Amerika hat allerdings ihre Gründe: Die Freiheit spielt und spielte immer die Hauptrolle in der Geschichte der USA. Die Pilgerväter suchten Religionsfreiheit. Die Gründerväter suchten Freiheit von der britischen Krone. Immigranten suchten stets und suchen noch in Amerika die wirtschaftliche Freiheit. Im Zweifelsfall definiert sich Amerika auch gegen aussen über den Freiheitsbegriff – allem voran über die freie Rede, die im Ostblock während des Kalten Krieges nicht möglich war und die im Internet heute auf US-Boden blüht, nicht etwa in China. Die Redefreiheit in den USA ist zwar nicht absolut, sie hat dort ihre Grenzen, wo das Recht beginnt, aber sie geht viel weiter als in Europa, zum Beispiel bei Rassismus, Nazipropaganda, religiösem Fanatismus – alles erlaubt, solange nicht zu Hass und Gewalt aufgerufen wird. Obwohl durch die Sicherheitsmentalität nach Nine-Eleven bedroht, hält sich die Freiheit als Über-Ideal seit eh und je; derart stark, dass in ihrem Namen hunderttausende junge Amerikaner in Kriege ziehen, die eine halbe Welt weit entfernt sind. Die dunkelsten Kapitel der US-Geschichte sind denn auch jene Momente, wo sich das Land von diesem Ideal abgewandt hat. Die Internierung von Bürgern mit japanischen Wurzeln im Zweiten Weltkrieg. Die Vertreibung der Ureinwohner. Die Sklaverei. Wenn Amerikaner also nonstop ihre Freiheit betonen, liegt das sowohl am Stolz wie auch an der Scham über die eigene Geschichte.

Fundraising

Das Sprichwort könnte als Schweizer Landesmotto durchgehen: «Über Geld spricht man nicht, Geld hat man.» Bezeichnenderweise ist mir keine englische Version dieser Weisheit bekannt, und selbst wenn sie irgendwo existiert, würde wohl kein Amerikaner so etwas laut sagen. Und ob man über Geld spricht! Im stillen Kämmerlein seine Dollar zu zählen, das gilt in den USA nicht als Zeichen von Bescheidenheit, sondern als Beweis für Abgehobenheit (dazu passt, dass die reichste Disney-Ente der Welt nicht liebevoll «Onkel Dagobert» genannt wird wie bei uns, sondern unverfroren *Uncle Scrooge:* Onkel Geizhals). Und weil natürlich niemand als gieriger Egoist verschrien sein will, gehört es auch für gewöhnliche Mittelstandsamerikaner (die *Donald Ducks* des Landes quasi) dazu, grosszügig zu spenden und noch grosszügiger darüber zu sprechen. Um aus dieser Freigebigkeit auch das Maximum herauszuholen, finden in den USA ständig irgendwo

Foundraiser. statt: Geld sammeln für einen neuen Spielplatz, Geld sammeln für die Krebsforschung, Geld sammeln für die lokale Feuerwehr. Selbst Privatschulen mit teuren Gebühren sind sich nicht zu schade, in gepflegtem Ambiente um (noch ein bisschen mehr) Geld zu betteln. Die Meister der Mittelbeschaffung aber sind die US-Politiker: Wer zum Beispiel ein Dinner mit einem Präsidentschaftskandidaten besuchen will, muss für einen Tisch oft mehrere zehntausend Dollar springen lassen. Der Weg ins Weisse Haus führt durch die Ballsäle der Nation. Dort gibt's jeweils ein Gourmetmenü mit einer Rede des politischen Stargasts als Dessert. Der gibt dann ganz offen Auskunft darüber, wohin er das Land führen will und wie. Über Geld aber spricht man dort nicht. Geld gibt man.

Gates, Bill

Auf den ersten Blick passt das nicht recht zusammen: Im Land der Showman-Manager ist einer der erfolgreichsten Unternehmer ein Mann, der auch mit bald 60 Jahren noch aussieht wie der *nerd* von nebenan, der Streber in Nachbars Garage. Doch Bill Gates (geboren 1955 in Seattle) wurde nicht mit genialen Erfindungen zu einem der reichsten Menschen der Welt, sondern mit Wissensdurst und Winkelzügen: Der Mann saugt Informationen auf wie andere Amerikaner Coke – um den totalen Überblick zu kriegen, der ihm erlaubt, aus allem das Optimum herauszuholen. Dieses Talent erlaubte seiner Firma *Microsoft,* Anfang der Achtziger mit einer eingekauften Idee zum Software-Dominator zu werden. Ebenso war es Hauptgrund dafür, warum Gates seine Produkte so unverzichtbar machen konnte, dass Behörden rund um die Welt von Monopolen sprachen. Die gleichzeitige Gabe zu differenzierter Analyse und knallharter Ausführung ist das vielleicht beste Erfolgsrezept in der amerikanischen Businesswelt. Auch wenn Gates nie ähnliche Verehrung entgegenschlug wie Erzkonkurrent Steve Jobs, hat er doch seinen festen Platz in der US-Wirtschaftsgeschichte. Seine *Gates Foundation* veränderte in den letzten Jahren die Welt der Wohltätigkeit ähnlich radikal wie *Microsoft* die Welt der Computer, und zwar weil Gates beim Helfen ähnlich rigoros agiert wie im Geschäftsleben: Wer sich zum Ziel setzt, gleich drei Seuchen – Polio, Tuberkulose und Malaria – auszurotten, der muss lernen, was zu tun ist, und dann nicht lange fackeln. Keiner kann das besser als Bill Gates, Streber-Look hin oder her.

Geheimdienste

Bezeichnend: Im englischen Sprachgebrauch heisst *intelligence* sowohl Intelligenz wie auch Geheimdienstinformation. Gewissermassen ist der Staat also stets nur so gescheit wie die Berichte seiner Spione. Die USA, mit ihrem angeborenen Anspruch auf Einzigartigkeit, wollen da nicht dumm aus der Wäsche schauen. Und so leistet man sich nicht einen, auch nicht zwei oder drei, sondern gleich siebzehn Geheimdienste. CIA, FBI und NSA sind nur die bekanntesten Namen aus dieser Truppe, die als *intelligence* Community bekannt ist (was irgendwie mehr nach Lesezirkel klingt als nach Spionage). Eins können die US-Schnüffler besonders gut: digitale Kommunikation anzapfen. Während die (zumindest potenziell) totale Internet-Überwachung im Rest der Welt für rote Köpfe sorgt, wird sie von einem Grossteil der Amerikaner mit Schulterzucken zur Kenntnis genommen. «Irgendjemand muss diese ganzen E-Mails ja anschauen», hat mir einer mal gesagt. Ganz abgesehen von der Tatsache, dass da mehr gescannt als geschaut wird: Datenschutz, Netzfreiheit, Privatsphäre, solche Dinge haben nicht oberste Priorität in einem Land, das sich in ständiger Bedrohung wähnt. Die Logik: Der Staat darf die *Facebook*-Fotos meiner Kinder sehen, solange er diese Kinder damit vor Terroristen bewahrt. Doch was, wenn die staatlichen Schnüffler ihre Macht missbrauchen? Dann zücken US-Bürger die Verfassung und ziehen mit Elan vor Gericht. Dumm nur, dass alle Menschen ausserhalb der Vereinigten Staaten dem Datenhunger von NSA und Konsorten ohne den Schutzschild dieser Verfassung ausgesetzt sind. An ausländische Gesetze brauchen sich Spione nicht zu halten, im Gegenteil: Ihr Job besteht darin, diese zu brechen. Das gilt für alle Nachrichtendienste der Welt. Die Amerikaner gehen dabei nur konsequenter vor – und kompromissloser, weil Macht und Technologie es ihnen erlauben. Wie immer geht man aufs Ganze, alles andere wäre unamerikanisch. Alle möglichen Informationen zu sammeln, sie zu analysieren, um optimale Entscheidungen zu treffen; das ist die Definition von *intelligence,* in jeder Hinsicht.

Gefängnis

In den USA leben etwa 5 Prozent der Weltbevölkerung, jedoch 25 Prozent aller Gefängnisinsassen. Kein anderes Land sperrt so viele seiner Leute ein. Sind die Amerikaner einfach ein Volk von Kriminellen? Mitnichten. Der Grund für diese *prison pole position* ist vielmehr, dass man in den Vereinigten Staaten viel schneller in den Knast wandert als in Europa. Dafür sind nicht allein Richter verantwortlich, welche die Gesetze mit voller Härte anwenden *(Law! And! Order!)*, sondern auch die Gesetze selbst: Für Delikte im Zusammenhang mit Drogen etwa bestehen zum Teil drakonische Minimalstrafen. Auch sehen mehrere Staaten für Wiederholungstäter eine horrende Hafteskalation vor *(three strikes* nennt sich das, in Anlehnung an die Baseball-Regel, wo nach drei Schlagversuchen Schluss ist). Resultat: Über zwei Millionen Menschen sitzen in den USA hinter Gittern – mehr als vier Mal so viel wie noch 1980. Natürlich sind längst nicht alle diese Leute Schwerverbrecher. Lange Zeit gehörte es für Politiker jedoch zum guten Ton, härtere Strafen für Verbrechen aller Art zu fordern, in bester Sheriff-Manier. Es war ausgerechnet der für seine kompromisslosen Gesetzeshüter bekannte Staat Texas, der damit begann, drogenabhängige Kleinkriminelle in die Klinik statt ins Gefängnis einzuweisen. In den letzten Jahren haben über die Hälfte aller Bundesstaaten Reformen eingeleitet, auf nationaler Ebene zeichnet sich eine ähnliche Entwicklung ab (nicht zuletzt weil es ziemlich teuer ist, so viele Leute ins Kittchen zu stecken). So geht die Zahl der Häftlinge mittlerweile leicht zurück, der Knast-Weltrekord ist den USA jedoch auf absehbare Zeit sicher. Die Amerikaner mögen kein Volk von Kriminellen sein, sie bleiben aber auf absehbare Zeit ein Volk, das gewisse Probleme am liebsten wegsperrt.

Genfood

Meine Frau hat mal ein Experiment gemacht: Sie hatte einen Apfel aus Slowenien, den hat sie neben einen Apfel aus New York auf ihr Pult gelegt. Eine Woche verging, und der Slowene verabschiedete sich – der New Yorker aber hielt grün glänzend über einen Monat durch. Aha, amerikanischer Genfood! So dachten wir jedenfalls. Dabei werden in den USA gar keine genveränderten Äpfel verkauft. Auch keine Gen-Gurken, Gen-Bananen oder Gen-Erdbeeren; noch nicht jedenfalls. Wer heute frisches Obst und Gemüse kauft in Amerika, kommt an den *GMO* (steht für *genetically modified organisms)* weitgehend vorbei. Anders sieht's aus, wenn man im Regal nach verarbeiteten Lebensmitteln wie Schokoriegel oder Fertiglasagne greift. Dann hat man in aller Regel genveränderte Nahrung in der Hand: Dafür sorgt allein schon der allgegenwärtige Maissirup. Über drei Viertel von allem in den USA angebauten Mais ist *genetically enhanced,* also «verbessert» worden, um etwa gegen Ungeziefer zu bestehen. Bei Soja liegt der Anteil sogar noch höher. Davon weiss der Konsument in der Regel allerdings nichts: Label-Pflicht gibt's nicht (in den USA steht ja nicht mal angeschrieben, woher das Fleisch kommt). Einzige Möglichkeit, Genfood in Amerika zu vermeiden, ist deshalb, (entsprechend teure) Produkte zu kaufen, die mit dem Etikett *GMO free* oder Ähnlichem werben (das beliebte *all natural* hingegen ist nur ein Feigenblatt; das heisst gar nichts). Den Apfel aus New York hat meine Frau am Ende dann übrigens nicht gegessen – Gentech oder nicht, nach mehr als vier Wochen ohne Alterserscheinungen war er ihr auch so gründlich suspekt.

Germanismen

Auch wenn jeder Europäer in der Schule Englisch lernt, bis man die Sprache Hemingways verinnerlicht, dauert es Jahre – macht nix, schliesslich gibt's auch deutsche Wörter im amerikanischen Alltag, oder auf Englisch: *German is not verboten.* Wobei Alltag etwas übertrieben ist. In den USA werfen vornehmlich Intellektuelle mit Germanismen um sich, weil sie so schön nach Literaturfreund klingen (in Europa ist's ja gerade umgekehrt, dort kommen Anglizismen als Allzweckwaffe zum Einsatz; *shit happens).* Ein interessanter deutscher Wortimport ist der Begriff *schadenfreude,* für den es im Englischen keine adäquate Übersetzung gibt. Dieses Gefühl, obwohl jedem Amerikaner mit Sicherheit vertraut, existiert im eigenen

Sprachkosmos nicht – sich am Leid des anderen zu freuen, gilt nun mal als unamerikanisch; eine Non-Emotion, da kommt ein deutsches Wort durchaus gelegen, den kaltblütigen Teutonen traut man so was viel eher zu. Anders verhält es sich mit den unverkennbar germanischen Begriffen *wunderkind* und *mittelstand:* Hier schwingt ehrliche Bewunderung mit für alemannische Leistungsfähigkeit, von Mozart bis Mercedes. Der einzige Germanismus jedoch, der es in den USA zu allgemeiner Bekanntheit geschafft hat, ist das kleine Wörtchen *über* – ohne Umlaut und in seiner Funktion als ultimative Steigerung, etwa bei der Beschreibung des Lieblingskekses (ja, so was hat man als Amerikaner) als *the uber cookie.* Derart populär wurde der Begriff in den letzten Jahren, dass ein beliebter Jedermann-Taxidienst sich *uber* als Markennamen ausgesucht hat. Kein Wunder: Im Land, wo prinzipiell alles great ist, wird ein Supersuperlativ dankbar angenommen. Darf sogar deutsch sein.

Gettysburg

Blut und Tinte. Das sind die beiden Hauptzutaten im Kochtopf der amerikanischen Geschichte (zudem der Name eines ziemlich coolen Tattoo-Shops in Arizona, aber das tut jetzt nichts zur Sache). Blut, wann immer Kriege über das Schicksal der Nation entschieden. Tinte, wann immer Worte dieses Schicksal lenkten. In Gettysburg kam 1863 beides zusammen: Im Juli nahm der Bürgerkrieg hier eine entscheidende Wendung, als die Streitkräfte des Nordens jene des Südens zurückdrängten, in der blutigsten Schlacht des Krieges: rund 50 000 Tote in drei Tagen Kampf. Doch Gettysburg steht gleichzeitig auch für die Macht des Wortes: Im November desselben Jahres, zur Einweihung des Soldatenfriedhofs, hielt Präsident Abraham Lincoln hier eine Rede, die zu einem der zentralen Texte der US-Geschichte werden sollte. Lincoln stellte den tobenden Krieg in den Zusammenhang der Unabhängigkeitserklärung und definierte den Konflikt neu: nicht nur als Zwist zweier Landesteile, sondern als Streit um Freiheit und Gleichheit. Und das alles in nur zwei Minuten. So wurde Lincoln zur Legende und Gettysburg zum stehenden Begriff im US-Sprachgebrauch.

«Godfather»

Gangster. Musik. Anzüge. Und Orangen. Alles zusammen ergibt einen der unbestritten besten Filme aller Zeiten: *«The Godfather».* Wenn Sie sich jetzt fragen, was es mit den Orangen auf sich hat – da sind Sie nicht allein. Im Mafiosi-Meisterwerk von Francis Ford Coppola (geboren 1939 in Detroit) spielt diese Frucht vielleicht nicht die Hauptrolle, wohl aber in diversen Szenen mit der Phantasie der Zuschauer. Orangen tauchen in der «Godfather»-Trilogie so oft auf, dass sich daraus problemlos Saft für eine sizilianische Grossfamilie pressen liesse. Es gibt Fans, die behaupten, die Apfelsinen seien Vorboten von Gewalt (ein Warnhinweis mit Vitamin C quasi), was von den Machern des Films allerdings nie bestätigt wurde. Coppola und Co. sagen, besagte Früchte seien einfach verwendet worden, um die vielen düsteren Szenen zumindest farblich etwas freundlicher zu gestalten. Wie auch immer, die *Orange Connection* wäre jedenfalls ein toller Marketing-Gag gewesen: Wer würde nicht gerne mal eine «Blutorange Don Corleone» probieren? Eben. Für den amerikanischen Geschmack ist so was indes zu subtil. Stattdessen wurde der Film werbemässig von der Fast-Food-Kette «*Godfather's Pizza*» ausgeschlachtet, inklusive einem albernen Pseudo-«Paten» in Werbespots. Über 600 solcher Restaurants gibt's heute in den USA, obwohl die Pizza dort, na ja, kein Meisterwerk ist.

Grand Canyon

Den Moment, wenn man ihn zum ersten Mal sieht, vergisst man nie. Bei mir war das im Sommer 2005, wir waren tagelang durch die Rocky Mountains gefahren, die ich als Alpenmann irgendwie recht flach fand, und dann plötzlich war er da: der Berg, der nach unten wächst. So sah der Grand Canyon für mich aus. Mit Bergen, so hatte ich bis dahin gedacht, kenne ich mich aus; aber so ein Umkehrberg, da raubte es mir doch glatt den Atem. Der Canyon ist zwar nicht der grösste der Welt (der liegt im Himalaya und ist deshalb nicht annähernd so bekannt wie sein Bruder in den Staaten). Doch dieses natürliche Weltwunder erlaubt es uns, mit dem Komfort der Gegenwart im Rücken, den Blick schweifen zu lassen über eine amerikanische Weite, wie Ureinwohner und Siedler sie vor hunderten Jahren erlebt haben müssen. Das macht den Grand Canyon so faszinierend, so symbolträchtig für das Land. Mit Stolz nennt sich der Heimatstaat Arizona auch *Grand Canyon State* – wohl wissend, dass kein Haus und keine Brücke, nichts, was je von Menschenhand erschaffen wurde, diesem «umgekehrten Berg» das Wasser reichen kann. Mit meinem ersten Eindruck bin ich übrigens nicht allein: In der Sprache der Paiute-Indianer heisst der Grand Canyon *Kaibab:* Berg, der nach unten schaut.

Grant, Ulysses S.

Vielleicht lag es am strubbeligen Vollbart. Oder an seiner Gewohnheit, zwanzig Zigarren pro Tag zu rauchen. Jedenfalls war Ulysses S. Grant (1822–1885) lange Zeit nicht sonderlich erfolgreich – weder als Farmer noch im Immobilienbusiness. Kein Wunder, schliesslich hatte Grant an der militärischen Kaderschmiede *West Point* doch gelernt,

Feinde zu besiegen und nicht Äcker zu pflügen oder Häuser zu verkaufen. Dann kam der Bürgerkrieg, und der Militärmann Grant gewann eine Schlacht nach der anderen. Präsident Lincoln ernannte ihn zum obersten General seiner Armee, und der erfolglose Farmer von einst wurde zum gefeierten Strategen, zum Mann, der den Krieg für den Norden gewann. So berühmt war Ulysses S. Grant, dass ihn die Republikaner als Kandidaten für das Weisse Haus nominierten; nichts ist in der US-Politik hilfreicher als ein unschlagbarer Bekanntheitsgrad. Grant gewann die Wahl 1868, fand sich fortan im Oval Office statt hoch zu Ross und damit erneut irgendwie fehl am Platz. Zwar bemühte er sich, die Rechte der neuen schwarzen Bürger zu schützen, indem er etwa dem Ku Klux Klan den Kampf ansagte. Doch der General war nun mal kein Manager, und so warfen Korruptionsskandale in seiner Regierung sowie eine wirtschaftliche Krise die Präsidentschaft von Ulysses S. Grant aus der Bahn. Mehr noch: Kaum im Ruhestand, verlor der Kriegsheld sein gesamtes Vermögen, das er – in Finanzbelangen glücklos wie eh und je – seinem Sohn anvertraut hatte. Einer der angesehensten Amerikaner der Geschichte steht damit gleichzeitig für die Tatsache, dass es im Land des Aufstiegs stets auch abwärtsgehen kann. Immerhin, mit seinen auf dem Sterbebett verfassten Memoiren befreite Grant seine Familie von allen Geldsorgen: Der legendäre Heeresführer erwies sich ganz zuletzt noch als begnadeter Autor.

Great!

«Wie geht es?» – «Toll!» – «Hier, Ihre Quittung.» – «Toll!» – «Ich rufe dann nachher an …» – «Toll!» Auf Deutsch klingt das ziemlich debil, in den USA aber sind solche Wortwechsel Alltag. *Great,* also toll, ist das Universal-Adjektiv, mit dem jede Situation beschrieben wird. *Good,* also gut, hat längst ausgedient. Das geht so weit, dass sich, wer seine Ferien als «gut» beschreibt, schon beinahe automatisch dem Verdacht aussetzt, im Urlaub eigentlich ganz schreckliche Tage durchlitten zu haben. Nein, alles, was nach Erwartung verläuft, ist prinzipiell *great.* Verwandt damit ist der pausenlose Einsatz des Verbs *love:* Amerikaner, insbesondere Amerikanerinnen, lieben einfach alles. «Ich liebe diese Seife» ist genauso normal wie «Ich liebe mein Telefon» (ein Bekenntnis, das heute beinahe schon zwingend ist). Der Superlativ als Normalzustand – das ist Amerika in Reinkultur. Die politisch korrekte Charakterisierung der Nation ist folglich nicht *great country,* sondern mit Vorliebe *greatest country in the history of the world,* vielfach zu hören etwa von den Lippen eines Barack Obama. Da stellt sich natürlich die Frage, wie man die wirklich ausserordentlichen Dinge im Leben bezeichnen soll. Kein Problem: *Amazing*, *fantastic* und *awesome*, also wunderbar, fantastisch und überwältigend, sind gewaltig auf dem Vormarsch – so sehr, dass *great* wohl bald das Schicksal von *good* ereilen wird. Na toll.

Grenze

Eigentlich haben die USA ja zwei Grenzen: im Norden zu Kanada und im Süden zu Mexiko. Wenn Amerikaner von *the border* reden, ist aber so gut wie immer letztere gemeint: die Grenze zu Mexiko, berühmt-berüchtigte Zone des Aufeinanderprallens von Supermacht und Schwellenland. Und fast immer kommt früher oder später das Thema Immigration zur Sprache. Jahr für Jahr versuchen hunderttausende Menschen, in «guten» Jahren über eine Million, illegal die Grenze zu überqueren. Man schätzt, dass rund die Hälfte davon erwischt und wieder ausgeschafft wird – was sie allerdings nicht gross abschreckt: Fast jeder zweite dieser Grenzbrecher (fast alle sind männlich) will es erneut versuchen; zu gross ist die Verlockung eines besseren Lebens in den USA, zu stark sind oft auch die familiären Bande zu Menschen, die bereits dort wohnen. Auch der aus zahllosen Fernsehbildern bekannte Stahlzaun ändert daran nicht viel, schliesslich deckt er nur etwa einen Drittel der über 3000 Kilometer langen Grenze ab. Ebenso wenig konnten doppelt so viele Grenzpolizisten wie vor zehn Jahren den Strom der Illegalen stoppen. Der einzige Grund, der laut Experten in den letzten Jahren einen Rückgang der Grenzüberschreitungen bewirkt hat, war die Wirtschaft – in der Krise waren die USA als Fluchtziel weniger attraktiv. Doch jede Krise ist irgendwann vorbei, die illegalen Einwanderer bleiben damit ein Problem für Amerika und *the border* ein Thema.

Gründerväter

Viele Amerikaner verehren Jesus, einige Allah, andere Buddha. Oder Elvis. Die Gründerväter, die *founding fathers* aber, die verehren alle. Damit wird jene Generation von Staatsmännern beschrieben, die sich mit der Declaration of Independence von England lossagte, die Verfassung schrieb und damit die Staatsidee der USA aus der Taufe hob. Obwohl vor allem gewiefte Politiker, gelten sie heute vielen als Halbgötter: Ob links oder rechts, alle Politiker identifizieren sich mit diesen Männern (Frauen waren Ende des 18. Jahrhunderts bei der Geburt der Nation offiziell nicht dabei). Alle Gründerväter braucht man nicht zu kennen, schliesslich gibt's dutzende davon. Die Wichtigsten aber gehören quasi zum amerikanischen Grundwortschatz, und jeder hat seine Stärken. Hier darum meine *Top Five*: 1. George Washington, der weitsichtige Übervater. 2. Thomas Jefferson, die juristische Edelfeder. 3. John Adams, der belesene Staatsrechtler. 4. Benjamin Franklin, der humorvolle Politveteran. 5. James Madison, der wortgewandte Verfasser. So eine Rangliste mag willkürlich erscheinen, aber hey, Amerikaner lieben willkürliche Ranglisten, es gibt ganze Websites, die nichts anderes machen.

Guantanamo

Guantanamo, das ist spanisch und heisst auf Deutsch: Schandfleck. Das stimmt zwar nicht, trifft die Sache aber recht genau. Das Gefangenenlager im Südosten Kubas ist der vielleicht unamerikanischste Ort der Welt, seit es 2002 unter dem Eindruck von Nine-Eleven als Endstation für Terrorverdächtige dient (davor wurde die Militärbasis als Flüchtlingslager genutzt). Guantanamo existiert, weil der stolze Rechtsstaat USA einen rechtsfreien Raum schaffen wollte, einen Kerker weit weg von Verfassung und Genfer Konvention. In einer Zeit, als Amerika hinter jeder Ecke einen Terroristen befürchtete, wuchs die Zahl der Insassen im Inselknast auf über 750. Darunter fanden sich einige üble Gestalten, Männer, die brutale Anschläge auf Frauen und Kinder auf dem Gewissen hatten – aber eben nicht nur. Mit den Jahren erfuhren die USA und die Welt von immer mehr Fällen, in denen Unschuldige nach Guantanamo verschleppt worden waren. Auch wenn das Oberste Gericht den Häftlingen mitt-

lerweile Grundrechte zugesteht, halten viele Gefangene die Haft ohne Aussicht auf ein Ende nicht aus: Dutzende traten irgendwann in Hungerstreik, neun Insassen kamen ums Leben. Eine Schande, das sieht heute auch Washington ein. Guantanamo ist als Symbol des Unrechts längst schädlicher für die Vereinigten Staaten, als es jemals nützlich war. Doch die Schliessung der oft als *Gitmo* betitelten Anlage ist schwieriger als gedacht: Obwohl Präsident Barack Obama es immer und immer wieder versprochen hat, ist das Terrorlager nicht verschwunden. Im Jahr 2014 werden dort noch immer fast 130 Menschen festgehalten – vor allem deshalb, weil es keinen Ort in den USA gibt, der diese Insassen übernehmen will, aus Prinzip oder aus Angst vor neuen Racheanschlägen. Die reflexartige absolute Ablehnung kann man nur mit dem Nein zum Atommüll im eigenen Hintergarten vergleichen, das man auch in Europa kennt. So ist Amerika bis auf Weiteres gezwungen, den Schandfleck jedes Mal zu sehen, wenn es in den Spiegel blickt.

Haare

«Wenn Rothaarige einen gewissen gesellschaftlichen Status erreichen, ist ihr Haar kastanienbraun.» Dieses Zitat des US-Schriftstellers Mark Twain (selbst Träger eines roten Lockenschopfs) bringt das Verhältnis des Amerikaners zu seinem Haupthaar auf den Punkt: Es dient als Visitenkarte des Gesichts darunter. Wer die Frisur am morgen mal nicht richtig hinbekommt, hat einen *bad hair day* und damit wenig Aussicht auf einen erfolgreichen Tagesablauf. Wer im Fernsehen Karriere machen will, muss *TV hair* mitbringen, sprich eine mehrheitsfähige Coiffure im Stil einer Schaufensterpuppe – bei männlichen Nachrichtensprechern etwa ist der volle Silberschopf beliebt, bei Damen im Sportfernsehen die blonde Barbiemähne. Haare sind so etwas wie ein sozialer Code in den USA. Das zeigt sich zum Beispiel daran, dass viele schwarze Frauen ihre krausen Locken zu einer gradlinigen Standardfrisur zähmen, sobald sie sich dem Mittelstand zuordnen. Mark Twain hätte das sicher verstanden.

Halloween

Vielleicht ist es das Kind im Mann, aber ich fand's ja so was von geil, als Donnergott Thor durch New York zu spazieren. Ja, die Kostümkapriolen am 31. Oktober sind längst kein Kinderkram mehr: *Halloween* wird in den USA heute auch in Bars gefeiert, wo man 21 sein muss, um reinzukommen – in Kostümen, die nicht für Kinderaugen gedacht sind: Sexy Krankenschwester, sexy Polizist, sexy *drag queen,* Sie sehen, wo das hinführt. So wenig Stoff für diese Verkleidungen nötig ist, so viel Geld wird dafür lockergemacht: Rund sieben Milliarden Dollar verschlingt *Halloween* jedes Jahr, Tendenz steigend. Neben Kostümen schlagen da auch Hausdekorationen zu Buche, die nicht selten die Qualität von Bühnenbildern haben, Gespenstergeheul und künstlicher Nebel inklusive. Was eigentlich an *Halloween* gefeiert wird, weiss niemand mehr so genau (in dieser Nacht vor Allerheiligen haben sich ohnehin diverse Rituale vermischt), trotzdem gehört der Feiertag zu den beliebtesten in den USA. Nicht nur in New Yorker Bars: Wer sich in voller *Batman*-Montur, die Kids als *Joker* und *Catwoman* im Schlepptau, auf einen Leckereien-Streifzug durch Suburbia macht *(trick-or-treating),* der lernt seine Nachbarschaft erst richtig kennen. So gilt etwa die Faustregel: Je aufwändiger ein Haus dekoriert ist, desto besser die Süssigkeiten, die man dort bekommt. Ist ein Haus ganz ohne schmucken Grusel und sind die Lichter aus, lohnt sich das Anklopfen nicht. Vielleicht wohnt da einer der wenigen Amerikaner, die *Halloween* nicht mögen. Oder es ist eh niemand zuhause, weil *Mr. and Ms. Greenlawn* gerade als *drag queen* und Krankenschwester die Nacht zum Tag machen.

Hawaii

Als Europäer vergisst man leicht, wie jung die USA eigentlich sind. Keine 250 Jahre, welthistorisch also noch ein Kind. Und innerhalb der Vereinigten Staaten sind die Altersunterschiede dann noch mal frappant: Delaware, der «erste Staat», ist gleich alt wie das Land selbst. Hawaii aber ist noch nicht mal 60 Jahre Teil der Nation, erst 1959 stiess die Inselgruppe zu den USA, und das nachdem Washington ein paar Jahrzehnte zuvor heftig mitgemischt hatte beim Sturz der Königin von Hawaii, um die Kontrolle über dieses strategisch wichtige Gebiet mitten im Pazifik zu erlangen. Dafür haben sich die USA später offiziell entschuldigt. Trotz alledem sehen Amerikaner den *Aloha State* viertausend Kilometer vor der kalifornischen Küste heute als natürlichen Bestandteil der Vereinigten Staaten an – hey, schliesslich hat Elvis *himself* dort Filme gedreht! Mit Hawaii hat man eine Trauminsel vor der Haustür, die hoch offiziell zur zivilisierten Welt gehört, was für Amerikaner heisst: die Teil der USA ist. Das exotische Paradies bleibt in vielerlei Hinsicht aber ein Sonderfall: Der einzige Staat, wo Asiaten den grössten Teil der Bevölkerung ausmachen, der einzige Staat, der nur aus Inseln besteht, der einzige Staat, der geographisch nicht zu Amerika gehört (und nebenbei: der einzige Staat, wo Kaffee angebaut wird). Was allerdings nicht stimmt, ist, dass es kein Bier gibt auf Hawaii: Die Traditionsmarke *Primo* hat über hundert Jahre Geschichte – war also längst Teil des Inselalltags, als Hawaii zu den Vereinigten Staaten stiess.

Hemingway, Ernest

Ein Schriftsteller ist jemand, der im stillen Kämmerlein einen Satz an den anderen reiht und seinen Fuss nur dann vor die Türe setzt, wenn es unbedingt sein muss. So das Klischee. Ernest Hemingway (1899–1961) war das genaue Gegenteil: Abenteurer und Autor. Als Journalist war er stets mittendrin: an der Front in beiden Weltkriegen, dazwischen Teil der Pariser Literaturszene, Zeuge des spanischen Bürgerkriegs, auf Safari in Afrika. Hemingway lebte ein Reporterleben, und er schrieb auch wie ein Reporter: kurze, dichte Sätze statt lange Übungen zur Sprachgymnastik. Sein Geradeheraus-Schreibstil machte ihn zu einem der populärsten Schriftsteller seiner Zeit und brachte ihm den Pulitzer- sowie den Nobelpreis ein. Doch es ist sein Leben, die gelebte Geschichte, die Amerika bis heute fasziniert: Einer, der sich mit Schwung ins Dasein wirft und erst noch gekonnt davon erzählen kann, so etwas liebt man hierzulande. Sein abenteuerliches Leben forderte indes auch Tribut: drei gescheiterte Ehen, später Alkoholismus, Depression, Selbstmord. Am Ende konnte Hemingway nicht mehr schreiben. Doch da war er in den Augen der Nation schon längst unsterblich.

High School

Die Monarchie hat überlebt. Zwar haben die USA dem englischen König im Revolutionskrieg mächtig in den, sagen wir mal, Allerwertesten getreten. An einem Ort aber gilt bis heute eine Art Feudalsystem: in der High School. Da gibt es sie noch, die Monarchen *(prom king* und *prom queen)*, den Ritterstand *(sports teams),* den Hofnarren *(class clown)* sowie den Klerus *(geeks),* das Fussvolk *(normies)* und die Leibeigenen *(losers).* Dem geneigten Beobachter dieser Aristokratie fällt auf: Der Herrscheradel, das sind die Sportler. In der Regel stammt auch das Königspaar aus dieser Schicht. Man braucht nur mal in eine x-beliebige amerikanische High School hineinzuspazieren, um die Insignien dieser Regentschaft zu begutachten: An prominentester Stelle werden die Trophäen des Schulteams ausgestellt, die Siege – allen voran im Football – zelebriert. Fast alle High Schools geben für ihre Sportprogramme pro Kopf mehr Geld aus als für die Ausbildung in Lesen oder Mathematik. Sport ist ein zentraler Teil des Schulalltags im Leben eines amerikanischen Teenagers und wird von Seiten der Eltern oft intensiver gefördert als akademische Hochsprünge. Das wird dann damit begründet, dass ein Schüler in den USA ja auch dank sportlicher Leistungen ins College kommen kann. Das stimmt zwar, trifft allerdings nur auf etwa zwei Prozent aller Studenten zu. Die meisten High-School-Kids strampeln sich derweil damit ab, ihren Platz in der mittelalterlich anmutenden Nomenklatura der Mensa zu finden (wer sitzt an welchem Tisch, wer hat welchen Rang am Hofe?). In der persönlichen Erinnerung ist diese Schulzeit für viele Amerikaner denn auch ein einziger grosser *popularity contest*, ein Statuswettbewerb, der in dem Moment endet, in dem das Abschlussdiplom überreicht wird. Dann beginnt das wahre Leben. Es gelten plötzlich andere Regeln, behutsam polierte Football-Pokale sind deutlich weniger wert als gute Zeugnisse. Eine Realität, von der US-Kids allerdings wenig mitbekommen, solange sie in der High-School-Monarchie leben.

Hip-Hop

Da sassen wir also, immerzu kopfnickend, in unserem Hobbykeller in den Schweizer Alpen und hörten Rap. Die Hip-Hop-Kultur hatte in den Achtzigern und Neunzigern die Welt erobert, und obwohl wir alle weiss, alle wohl behütet und alle eigentlich recht sorgenfrei waren, empfanden wir uns als Teil dieses Phänomens. Ja, Hip-Hop ist einer der Top-Kulturexporte aus den USA, ein globales Phänomen, *American style*. Das liegt hauptsächlich daran, dass Hip-Hop (und Rap ganz besonders) im Kern Rebellion ist gegen den Status quo – der Ausbruch aus dem tristen Ghetto-Alltag für schwarze Kids im Amerika der späten Siebziger, der Ausbruch aus dem drögen Schulalltag der Neunziger für Teenager wie uns. Dass das funktioniert, merkte natürlich auch die Musikindustrie, und sie begann mit bestem amerikanischem Geschäftssinn, damit Kasse zu machen: Bald war das Publikum bei Konzerten mehrheitlich weiss, bestehend aus *Wangstas* (was für *Wannabe Gangstas* steht). Klar fanden viele Schwarze diesen *sellout* nicht so *fly*, die Entwicklung war ihnen allerdings schon von Jazz, Blues und Soul bekannt. Beim Hip-Hop jedoch ging sie weiter: Die Rap-Stars sind vom positiven schwarzen *role model* zum Negativvorbild geworden, mit dem weisse Teenies ihre Eltern erschrecken. Dabei kommen alle Stereotypen vom schwarzen Amerika zum Einsatz: goldbehangene Männer, umgeben von nymphomanen Ladys bei der Pool-Party. Nebenbei werden dann auch noch diverse Produkte angepriesen (Schuhe! Autos! Alkohol!), so sieht konsequenter Kommerz aus. Wer das gute alte Auflehnen gegen den Status quo heute noch lebt, gilt als «bewusster» Rapper, *conscious rap* als eigenes Genre. Oft hört man in den USA, der Erfolg des Hip-Hop habe ihn zerstört. Vielleicht. Auf jeden Fall

hat er ihn verändert und weltweit verbreitet – bis in unseren Hobbykeller.

Hitchcock, Alfred

Eigentlich war er ja Engländer. Trotzdem ist Sir Alfred Hitchcock (1899–1980) eines der besten Beispiele für den amerikanischen Traum. «Hitch», wie ihn Hollywood bis heute nennt, war schon in seiner alten Heimat ein gefeierter Regisseur. Trotzdem zog es ihn 1939 in die USA, wo er über sich und sein Metier hinauswuchs – er schuf sich seine unbegrenzten Möglichkeiten. Gab sich nie mit dem Stand der Dinge zufrieden; amerikanischer geht's nicht. «Filme einen Mord wie eine Liebesszene und Liebesszenen wie einen Mord», hat Hitchcock einmal gesagt. In der Tat erfand er die Filmkunst neu, vom Drehbuch bis zur Kameraeinstellung, und wurde damit zu einer Art Thomas Edison des Kinos. Seine Meisterwerke wie «Psycho» wirken auch abseits der Leinwand bis heute nach. Dank der TV-Show «*Alfred Hitchcock presents*» wurde er in den Fünfzigern zudem selbst zur Identifikationsfigur für Millionen, zum *Suspense*-Onkel der Nation sozusagen. Dies ist mit ein Grund, warum sich das Land noch heute vor ihm verbeugt: Hitchcock, der Mann und sein Schaffen, haben bewiesen, dass nichts unmöglich ist in Amerika, wenn Phantasie und Energie aufeinandertreffen.

Hollywood

Hollywood ist hässlich. Ich meine damit nicht die von plastischer Chirurgie entstellten Altstars (obwohl einige davon wirklich übel aussehen, nicht?), ich rede vom eigentlichen Stadtteil Hollywood in Los Angeles. Abseits des *Walk of Fame* gibt es dort nicht viel zu sehen ausser schmierigen Motels und speckigen Restaurants. Und doch war es dieser Ort, von dem aus Amerika seinen Siegeszug im Showbusiness angetreten ist, der heute noch Synonym für die Traumfabrik ist. Irgendwie passt das auch ganz gut: Hollywood hat das Amerika-Bild im Rest der Welt entscheidender geprägt als alle US-Präsidenten zusammen. Die USA als Flaggschiff der Moderne, als Land der Zukunft auf einem Planeten der Gegenwart, Nation der ewigen Jugend. Das allerdings ist pure Science-Fiction: In vielerlei Hinsicht hinkt das reale Amerika älteren Staaten wie der Schweiz hinterher, unter anderem bei so wichtigen Bereichen wie Infrastruktur, Bildung oder Gesundheitsversorgung. Das sind allerdings Dinge, die auf der Glitzerleinwand kaum je die Hauptrolle spielen. Mainstream-Hollywood tut das, was es am besten kann: die hässlichen Dinge ausblenden. Im Zweifelsfall braucht man dort nur aus dem Fenster zu schauen, um zu sehen, was in der Traumfabrik lieber nicht abgebildet wird.

Hotels

Vergessen Sie Hilton (das Hotel meine ich, nicht Paris – obwohl: Die können Sie auch vergessen). Ebenso Westin, Waldorf, Ritz. Diese Upperclass-Schlafstellen passen allenfalls nach New York und Miami, im Rest des Landes aber sind sie fehl am Platz, schliesslich haben die USA die Welt auch nicht mit Gourmet-Restaurants erobert, sondern mit Burger-Fabriken im Einheitslook. Die echt amerikanische Art der Übernachtung ist deshalb das Billigketten-Hotel, das die Masche der Fast-Food-Industrie bis ins Detail kopiert: Dachmarke, Tiefstpreise, die gelegentliche Kakerlake auf dem Klo. Angestellte? Nur wenn's unbedingt nötig ist, ein Rezeptionist für dreihundert Zimmer tut's auch. Zimmerservice? Ich bitte Sie, Hauptsache gratis Internet, dann kann man beim Thai-Restaurant bestellen. Portier? Der kostet eh nur Trinkgeld. Der Trick der Billighotels ist, exakt den Erwartungen zu entsprechen: Wer auf dem Interstate Highway 500 Meilen pro Tag hinter sich bringt, will keine Überraschungen. Egal ob essen oder schlafen, er will einfach wissen, was das Neon-Logo ihm zu bieten hat. Und Billigketten-Hotels bieten Betten, ein Fitness-Kabäuschen und (manchmal) Frühstück aus Styropor-Geschirr, *all inclusive*. Da kann kein Hilton mithalten.

How are you?

Sie: «Hallo, wie geht's?» – Ich so: «Es – na ja, okay eigentlich ... nein, mir geht's gut. Und Ihnen?» Meine Antwort erntet Stirnrunzeln bei der Frau an der Kasse. Was will sie aber auch wissen, wie ich mich gerade jetzt fühle! So kam ich mir 2005 vor, als ich zum ersten Mal in den USA war. Heute weiss ich: *How are you* ist hierzulande keine Frage, es ist einfach eine höfliche Form, Hallo zu sagen. Eine Antwort, geschweige denn eine ehrliche, erwartet niemand. Am besten sagt man stattdessen nur *Hi* oder geht seinerseits direkt zum eigenen *How are you* über, das ebenfalls nicht beantwortet wird, und alles hat seine Ordnung. Wer trotzdem seine Stimmung kundtun will, antwortet in den USA prinzipiell great!, was wohl nur in einem Bruchteil der Fälle tatsächlich zutrifft. Ebenfalls beliebt: *fine, okay, not bad, awesome.* Zwanghaft ehrliche Zeitgenossen (gibt's so was überhaupt?) wagen allenfalls, ihre getrübte Stimmung mit einem *hangin' in there* oder *same old, same old* anzudeuten. Nie jedoch sagt jemand, wie es ihm wirklich geht, dass er seit Tagen Kopfweh hat oder sein Hund am selben Morgen gestorben ist. Das will das Gegenüber ja auch gar nicht wissen (unter Freunden fragt man eher *How have you been?*). Nein, *How are you* ist nichts mehr als eine Aufforderung, die jedem Smalltalk innewohnende Basisfreundlichkeit anzustimmen. Sogar an der Kasse im Supermarkt.

Hurricane

«Warnung: Wirbelsturm 853 nähert sich der Küste!» Klingt irgendwie nicht so dramatisch. Darum geben Amerikaner ihren *hurricanes* lieber richtige Namen. Zunächst nur Frauennamen, weil ein paar (männliche) Meteorologen beim US-Militär das lustig fanden. Ende der Siebziger war das dann ein so eindeutiger Verstoss gegen die political correctness, dass auch Männernamen Eingang ins Sturm-Lexikon fanden. Diese Art der Sturmtaufe wird heute auch ausserhalb der USA verfolgt und hochoffiziell von einer Uno-Stelle überwacht. So heissen Wirbelstürme rund um die Vereinigten Staaten heute Alex, Karen oder Otto. Blöd natürlich, wenn man jetzt auch so heisst und in den news ständig vor dem eigenen Namen gewarnt wird (ich durfte das selbst erfahren, als im Juli 2014 *Hurricane Arthur* über die Ostküste der USA fegte). Ist ein Sturm allerdings so verheerend, dass er als Ausnahmefall gilt, wird der betreffende Name danach ersetzt – so geschehen bei Andrew (1992), Katrina (2005) und Sandy (2012). Ebenfalls gestrichen wurden die beiden Namen Adolph und Israel; dies indes aus politischen Gründen. Wohl auch besser so.

«I'm so lonesome I could cry»

Die USA sind bekanntlich das Mutterland des Individualismus. Die Kehrseite des Kults ums Einzelwesen allerdings ist die Einsamkeit. Kein Song bringt dieses Gefühl besser zur Geltung als *«I'm so lonesome I could cry»* der Country-Legende Hank Williams (1923–1953). So herzzerreissend ist diese Ballade, dass Elvis Presley sie als «traurigstes Lied, das ich je gehört habe» ankündigte, bevor er selbst zum Anfangsheuler ansetzte. Jene ersten Zeilen erzählen von einem einsamen Vogel, der zu traurig zum Fliegen ist. Zu traurig zum Fliegen! Doch es geht weiter: mit heulenden Zügen und sogar einem Mond, der sich versteckt, um hinter einer Wolke zu weinen. Wenn das nicht traurig ist – und so muss es auch sein. Im omnipräsenten *Feelgood*-Modus, der typisch ist für die USA, gibt es für schlechte Laune keinen Platz; für grosse Gefühle allerdings haben Amerikaner eine Schwäche. Wer das Wagnis eingeht, öffentlich zuzugeben, dass es ihm schlecht geht, dem muss es gleich ordentlich schlecht gehen, am besten hundsmiserabel – wie in *«I'm so lonesome I could cry»*. Leiden auf Amerikanisch.

Immigration

Wer in Europa «Immigration» sagt, der sagt im selben Atemzug oft «Integration». In den USA höre ich Letzteres praktisch nie. Die Idee, dass sich Einwanderer in eine bestehende Kultur integrieren sollen, ist dem Amerikaner fremd – im Gegenteil, Immigranten sollen sich hier ausleben, sich Amerika zu eigen machen und das Land so bereichern: *Diversity,* Vielfalt, ist die Maxime, in starkem Kontrast zu Integration, also Anpassung. In New York zum Beispiel gilt eine Nachbarschaft als trendiger, je vielfältiger ihre Bewohner sind. Diese Einstellung ist es letztlich, die die USA zur *immigration nation* macht. Klar, sie wird nicht überall geteilt, in den unzähligen Kleinstädten fernab der Metropolen zum Beispiel wünschen sich viele eine Gesellschaft aus einem Guss, ein vertrautes *our town* statt dem stetig neu gemixten *melting pot*. Unter dem Strich ist die Haltung gegenüber Immigranten aber auch auf dem platten Land offener als in Europa. Einwanderer, so die Annahme, kommen in die USA, um sich hier zu verwirklichen, und sollen darin bekräftigt werden. Zumindest sofern sie legal im Land sind; rund zwölf Millionen Menschen sind es nicht. Da hört für viele Amerikaner die Gastfreundlichkeit auf, schliesslich wird hier Recht gebrochen, jener soziale Kitt, der das Land in seiner Vielfalt erst zusammenhält. *Illegal immigration* ist denn auch ein Reizthema, wer in den USA von einem Immigrationsproblem spricht, meint diese unrechtmässig Anwesenden, ein Grossteil davon Latinos.

Die Krux: Weder können Millionen Menschen, die zum Teil Jahrzehnte im Land sind, einfach deportiert werden, noch ist man gewillt, jene, die das Gesetz umgehen, mit einem Bleiberecht oder gar der US-Staatsbürgerschaft zu belohnen. Verkompliziert wird das Problem noch, weil viele Kinder von illegalen Einwanderern diese Staatsbürgerschaft bereits besitzen – dank dem *ius soli* ist jeder, der auf US-Boden geboren wird, automatisch Amerikaner. So versucht die Politik seit Jahren, «illegalen» Müttern, Vätern, Brüdern und Schwestern irgendwie einen rechtmässigen Status zu verschaffen. Im Prinzip also kennen auch die USA das Problem der Integration: als Anpassung im rechtlichen Sinn, nicht jedoch im kulturellen. Für Letzteres ist Amerika schlicht zu vielfältig.

In the world!

Wir sind die Nummer eins. Das ist für Amerikaner ganz selbstverständlich. Darum wird jeder positive Superlativ, von greatest bis *most developed,* freudig mit dem Zusatz *in the world* versehen. Die USA als Gipfel menschlicher Entwicklung, das mag für manchen mittellosen Einwanderer absolut so durchgehen, auf mich als Schweizer wirkt das eher amüsant (auf meine Frau als Finnin übrigens auch). Das Gefühl der Top-Nation ist verwoben im amerikanischen Selbstverständnis, und das weni-

ger, weil man tatsächlich die Nummer eins ist, sondern weil man als grosses Land, als *major league player,* in so vielen Bereichen vorne mitmischt. Unter anderem: Bevölkerung (weltweit Platz drei), Zahl der Einwanderer (haushoch Platz eins, was als Beweis der Anziehungskraft des amerikanischen Traums gewertet wird) sowie Wirtschaft (die Nummer eins im Staaten-Ranking mit einem nominalen BIP von 17 Billionen Dollar, was rund einem Fünftel der Weltwirtschaft entspricht). Oder auch: Innovation (8 der Top-10-Unis der Welt sind in den USA zuhause, und Amerikaner dominieren alle Nobelpreis-Kategorien mit Ausnahme der Literatur, wo sie hinter Frankreich auf Platz zwei liegen). Der Lebensstandard mag in Luxemburg oder der Schweiz höher sein, aber aus US-Sicht sind diese Länder nicht vergleichbar, weil sie so viel kleiner sind (New York allein hat mehr Einwohner als die Schweiz). Man vergleicht sich mit China, Indien oder Russland, und daraus resultiert dann das selbstbewusste Credo *We're number one in the world.* Das trifft notabene auch auf ein paar weniger schmeichelhafte Ranglisten zu: Gesundheitsausgaben (fast 18 Prozent des BIP, Weltrekord) oder Anteil der Bevölkerung im Gefängnis (Platz eins, noch vor Ruanda und Russland). Egal welche internationale Statistik man sich anschaut: Die USA sind immer ein Faktor *in the world.*

I

Infrastruktur

Wenn ich meinen amerikanischen Freunden wieder mal von der Schweiz vorschwärme, dann kommt das Thema Infrastruktur so sicher wie der Schnellzug von Zürich nach Bern. Egal ob Brücken, Wohnungen oder auch nur eine Glastür am Ladeneingang: Bei uns fühlt sich alles irgendwie stabiler an als in den USA. Dabei muss es nicht mal neu sein, eine unterschätzte eidgenössische Tugend ist die passionierte Instandhaltung. *Maintenance,* das ist nun gar nicht das Ding der Amerikaner. Ist eine Strasse, eine Brücke, ein Flughafen erst mal fertiggestellt, klopft man sich auf die Schulter – und wendet sich anderen Dingen zu. Auch Häuser werden nicht für die Ewigkeit gebaut, sondern für die Gegenwart; Spanplatten statt Stahlbeton. Seinen Strom kriegt so ein Gebäude dann via Kabel, die an Pfählen und Bäumen befestigt sind, statt unterirdisch zu verlaufen – hey, Hauptsache, alles läuft (bis zum nächsten grossen Sturm, wenn Pfähle und Bäume einknicken und Millionen Menschen wieder mal ohne Strom sind oder ohne Haus). Die landestypische Leidenschaft fürs Funkelnagelneue, am besten spektakuläre Pioniertaten, kennt keine Grenzen. Europäer ticken da prinzipiell anders: Fragt man auf dem alten Kontinent nach dem besten Restaurant im Ort, wird meist das älteste (sprich: traditionsreichste) genannt. Amerikaner denken reflexartig zuerst an jenes Lokal, das zuletzt eröffnet wurde, *the latest greatest thing.* Dieser Neuneuneu-Fetisch verhindert, dass das Altbekannte mit Hingabe gepflegt wird. Das Resultat ist Rost, in so ziemlich jeder Ecke des Landes. Das ist nicht nur mein Eindruck nach unzähligen Autostunden, es ist auch die Einschätzung des amerikanischen Ingenieurverbands. 2013 stufte er in seinem Infrastruktur-«Zeugnis» die Häfen, Brücken und Schienen der USA als drittklassig ein; Schulen, Strassen und Dämme schnitten noch schlechter ab. Am besten steht offenbar noch die Abfallentsorgung da, die es doch tatsächlich bis in die Zweitklassigkeit schafft. Derweil baut der Internet-Gigant Google ein neues Glasfasernetz, mit dem das Surfen im Netz hundert Mal schneller wird; immerhin, rosten kann diese neue Infrastruktur nicht. Aber irgendwann ist auch sie Schnee von gestern und damit für das Land der unerschöpflichen Machbarkeiten wohl nicht länger interessant.

Internet

Es liegt in der Natur eines vor Selbstbewusstsein strotzenden Volkes, sich sämtliche Innovationen auf die Fahnen zu schreiben. Insofern war Vizepräsident Al Gore nur konsequent, als er 1999 davon sprach, er habe «das Internet erfunden». Ein verbaler Ausrutscher, der Politik- und Technologiefans in den USA noch heute zum Schmunzeln bringt (obwohl Gore wörtlich nur sagte, er habe «die Initiative ergriffen, das Internet zu erschaffen»; auch nicht eben bescheiden). Zwar ist das globale Netz nicht allein eine amerikanische Erfindung – wir Schweizer zum Beispiel finden, die hellen Köpfe am CERN in Genf hätten da ein WWW-Wörtchen mitgeredet –, doch gilt es den meisten Amerikanern als Kreation der eigenen Nation. Dies weniger, weil das Internet in den Sechzigern quasi von US-Militärs gezeugt und auf den klobigen Namen «Arpanet» getauft wurde, sondern mehr, weil das globale Netz heute, ausgewachsen und nicht mehr wegzudenken, der Welt ein paar ziemlich amerikanische Errungenschaften nähergebracht hat: banales Nonstop-Fernsehen *(Youtube)*, seichte Freundschaften *(Facebook)* sowie Trends, die nach einem halben Tag schon vorbei sind *(Twitter)*. Doch im Ernst: Das Internet ist ein Ideenmotor, Millionen Produkte wurden und werden dank ihm erst möglich, und wer die richtigen Einfälle hat, wird Milliardär, ob in California oder anderswo – kein Wunder, lieben Amerikaner das Internet, jedes Bit und Byte daran.

Interstate

Eigentlich schauen sich Amis nie etwas von anderen Staaten ab, schliesslich empfindet man sich ganz selbstverständlich als globale Führungsmacht. Eine Ausnahme ist die Autobahn: Die beeindruckte den General und späteren Präsidenten Dwight Eisenhower (1890–1969) in Deutschland so sehr, dass er sie als Präsident in den USA kopierte. Sein *Interstate Highway System* ist heute das Adernetz des Landes: über 75 000 Kilometer Schnellstrasse, die Infrastruktur des *American Way of Life*. Der Preis für dieses Strassengebilde (nebst hunderten Milliarden Dollar) ist eine erstaunliche Einförmigkeit: Die Tankstellen, Restaurants und Hotels neben der Autobahn heissen im ganzen Land gleich. Nach sechs Jahren USA habe ich bei jeder neuen Ausfahrt das Gefühl: «Hier war ich doch schon drei Mal!» Und wer gar ausschliesslich auf den *Interstates* verkehrt, erhält den Eindruck, dass Amerika überall gleich aussieht, ein Einheitsbrei aus Asphalt und Neonschildern. Ihre Vielfalt offenbaren die USA erst abseits der Autobahn, wer Überraschendes und Originelles sucht, fährt darum absichtlich hin und wieder *off Interstate*. So kommt man vielleicht langsamer voran, dem Land dafür umso schneller näher.

Irak

Am Anfang waren drei Viertel der Amerikaner dafür: ja, ein Krieg im Irak sei nötig. Schliesslich hatten Präsident George W. Bush und seine Regierung monatelang gewarnt, vor dem dortigen Regime unter Saddam Hussein, vor Terrorverbindungen, vor Massenvernichtungswaffen. Zudem wäre im Irak ja alles ruckzuck vorbei wie zehn Jahre zuvor, hiess es allseits. Weit gefehlt. Am Ende dauerte es fast neun Jahre, bis die US-Truppen das Land wieder verliessen. Neun lange Jahre, in denen die USA lernten, dass sie nicht als Befreier empfunden wurden, sondern als Besatzer, als Unterdrücker gar. Das Bild, das der Irak (und der Rest der Welt) von Amerika erhielt, war nicht jenes der wohlwollenden Supermacht, das Bush keine zwei Monate nach Kriegsbeginn präsentieren wollte, als er in voller Kampfpiloten-Montur den militärischen Sieg verkündete. Das Bild, das blieb, war jenes einer jungen US-Soldatin, die einen Gefangenen erniedrigt, indem sie ihn an einer Leine führt; die hässliche Fratze der Weltmacht. Und Massenvernichtungswaffen? «Wir waren selbst erstaunt», erzählte mir Jahre später der oberste Waffeninspektor im Irak. «Offenbar waren unsere Inspektionen vor dem Krieg viel erfolgreicher, als wir dachten: Saddam hatte keine solchen Waffen mehr.» Das Fiasko am Golf kostete die Vereinigten Staaten viel: internationalen Goodwill, mehr als 2000 Milliarden Dollar und über 4000 Menschenleben. Den Irak kostete das Chaos, das durch die Invasion entstand, laut Schätzungen gegen 200 000 Leben. Heute bezeichnet die Mehrheit der Amerikaner diesen Krieg als Fehler. Bereitwillig zog die Regierung Obama Ende 2011 die US-Truppen ab – keine drei Jahre später musste sie erneut aus der Luft eingreifen, als die Terrorbande «Islamischer Staat» weite Teile des Landes überrannte. Der Irak steht heute in den USA für die bittere Erkenntnis, dass alles stets anders kommt als gedacht.

IRS

Machen wir uns nichts vor: Niemand zahlt gerne Steuern. Doch anders als in Europa treibt der Fiskus den Steuerzahler in den USA nicht nur zur Weissglut, er treibt ihm den Angstschweiss auf die Stirn. Drei Buchstaben symbolisieren den Horror: IRS (steht für *Internal Revenue Service,* frei übersetzt «interne Mitteleintreibung», was nun wirklich furchterregend klingt). Der IRS ist für eine Kompromisslosigkeit bekannt, die den CIA wie ein Kinderhilfswerk erscheinen lasst. Der *Audit,* die Steuerprüfung, ist der Albtraum jedes Amerikaners und lässt sich ohne hoch bezahlte Anwälte kaum überstehen (was diese zum Beispiel in ihren eigenen Werbespots auch mit Nachdruck betonen). Wiederholt wurden die Steuerschnüffler aus politischen Gründen losgeschickt, um jemandem das Leben schwer zu machen. Gleichzeitig ist der IRS so ineffizient, dass ein Baby auch nach drei Jahren nicht als finanziell abhängig von seinen Eltern registriert ist. Wer sich fragt, warum so viele Amerikaner so wenig von ihrem Staat halten, der lasse nur die drei Horrorbuchstaben fallen: IRS (oder wahlweise auch DMV, eine ähnlich beliebte Amtsstelle).

Islam

In einem Land, das sich seit über einem Jahrzehnt durch islamistischen Terrorismus bedroht sieht, sind antimuslimische Gefühle an der Tagesordnung – dachte ich. Doch schon mein erster Besuch in den USA, wenige Jahre nach Nine-Eleven, belehrte mich eines Besseren: Der Islam entfaltet sich hier so offen und selbstverständlich, dass man als Europäer nur staunen kann. Turban, Kaftan oder Kopftuch sind in jeder grösseren Stadt häufiger zu sehen als ein Cowboyhut. Das arabische Schriftzeichen für Allah baumelt in den Taxis ebenso oft vom Innenspiegel wie das christliche Kreuz. In Washington lebten wir in einer Strasse gleich um die Ecke einer der grössten Moscheen der USA, eines imposanten Baus, der genau so auch in Istanbul oder Teheran stehen könnte – fünfzig Meter hohes Minarett inklusive. Hierher kam, nur sechs Tage nach dem Terror vom 11. September 2001, auch der damalige Präsident George W. Bush, um zu unterstreichen, dass der Islam eine friedfertige Religion sei. Bush zitierte sogar den Koran. Solche Augenblicke zeigen die USA von ihrer besten Seite. Oft werden sie allerdings von schrillen Schlagzeilen übertönt, wenn etwa ein wirrer Prediger in Florida damit droht, den Koran zu verbrennen – und damit im Ausland das Zerrbild der islamfeindlichen Vereinigten Staaten zementiert, das ich selbst früher für die Realität hielt. Heute weiss ich: Glaubensfreiheit und Toleranz lässt sich Amerika nicht nehmen, auch von Terroristen nicht.

Israel

Die Briten sagen's. Die Deutschen auch. Von einer echten Sonderbeziehung, einer *special relationship* zu den USA, kann allerdings vor allem ein Land reden: Israel. Kein Land wird von Washington grosszügiger unterstützt. Und anders als andere Staaten bekommt Israel sein Geld nicht übers Jahr verteilt, sondern Jahr für Jahr pünktlich innerhalb der ersten dreissig Tage. Woher diese Spezialbehandlung der Supermacht für den Kleinstaat? Erstens wird das Geld, rund drei Milliarden Dollar pro Jahr, mehrheitlich in den USA ausgegeben – für Waffen. So gesehen ist der amerikanische Support für Israel nichts anderes als eine indirekte Rüstungssubvention. Da gibt es aber auch noch die moralische Komponente: Viele Amerikaner empfinden es als Pflicht der USA, sich hinter den konstant bedrohten jüdischen Staat zu stellen, hinter eine Demokratie, die sonst kaum Freunde hat in der Welt. Drittens schliesslich geniesst Israel in Washington einen

Sonderstatus, weil sich kein anderes Land so intensiv (und so professionell) beim Kongress für seine Sache einsetzt. Die Israel-Lobby bearbeitet Politiker nonstop; eine vergleichbar starke Araber-Lobby existiert nicht. So halten selbst Abgeordnete, die sich herzlich wenig für den Nahen Osten interessieren, im Zweifelsfall zu Israel; eine derart gut eingespielte *special relationship* zur Macht hat kein anderes Land.

Ivy League

In den USA gibt es die Elite, und dann gibt es die Efeu-Liga: *Ivy League* beschreibt jene Universitäten und Colleges, an denen die Strippenzieher der Zukunft studieren. *Harvard, Yale* und *Princeton* sind die bekanntesten, aber auch die Namen *Cornell, Brown* und *Dartmouth* gehören zu dieser auserlesenen Gruppe, ebenso *Columbia* und die *University of Pennsylvania*. Der Begriff stammt aus der Welt des Akademikersports (Rudern vorneweg, aber auch Basketball). Ein Reporter soll die altehrwürdigen Bildungsstätten schon in den Dreissigerjahren so zusammengefasst haben: Efeu als Symbol der Tradition – sieben der acht Unis sind über zweihundert Jahre alt – und der intellektuellen Verbundenheit im Geiste der amerikanischen Nordostküste. Heute allerdings bedeutet *Ivy League* für *Mr.* und *Mrs. America* vor allem eins: das Ticket zum Erfolg. So besuchten etwa

die vier letzten Präsidenten allesamt eine der Efeu-Schulen. Ein Lebenslauf mit einem der acht genannten Namen versehen spielt buchstäblich in einer anderen Liga. Da ist es nicht ganz unproblematisch, dass diese Kaderschmieden im Vergleich zum Rest des Landes auffällig wenig Schwarze und Latinos unter den Studenten haben (dafür überdurchschnittlich viele Asiaten). So wertvoll ein Abschluss mit dem Siegel der Top-Universitäten in der Businesswelt ist, so sehr kann er in der Politik zur Hypothek werden: *Harvard* und *Yale* wird von vielen Wählern gleichgesetzt mit Herrensöhnchen und Yuppie. Kein gewiefter Politiker aus dem Bildungsadel schwärmt im Wahlkampf deshalb von seiner *Alma Mater,* in sportlicher Hinsicht hält er besser zum lokalen Football-Team als zu den Ruderkameraden von einst.

Jackson, Michael

Ich sehe es noch heute vor mir: Polizei-autos überall, ganze Highway-Abschnitte gesperrt. Ausnahmezustand in Los Angeles. Und das alles für eine Trauerfeier. Kein Präsident wird hier verabschiedet, sondern ein Popstar. Ach was: *der* Popstar, Michael Jackson (1958–2009). Sein Tod war für die USA das Ende einer Ära. Jackson stand für eine Zeit, in der Amerika und alles Amerikanische die Welt unangefochten dominierten: mit seinen Brüdern als «Jackson Five» in den Siebzigern, als mehr und mehr weisse Kids die schwarze Musik entdeckten. Und als ultimativer Solo-Showman der Achtziger, der die Charts beherrschte wie die US-Popkultur die westliche Welt. «Jacko» war mehr als seine Musik. Sicher, seine Songs wie «Billie Jean» wurden Welthits, sind heute Meilensteine. Doch Michael Jackson wurde zur Ikone, weil er sich quasi selbst erfunden hat: der Sound, die Bewegungen, der Look, alles so unverwechselbar, dass er fast schon ausserirdisch wirkte. Dazu die Selbstinszenierung in Musikvideos, wie die Welt sie noch nicht gesehen hatte. So andersartig war *MJ,* dass man ihm alles zutraute, auch im negativen Sinn: Plastiknase und Kindsmissbrauch sind nur die berüchtigtsten Beispiele. Doch trotz Schlagzeilengewitter verlor Amerika nie seine Bewunderung für diesen Mann, der zeigte, dass im Showbusiness nichts unmachbar ist, wenn Ambition und Disziplin keine Grenzen kennen. Das wurde mir deutlich, als ich die Menschenschlange sah, die vor dem Basketstadion in L.A. wartete, wo die Trauerfeier für «Jacko» stattfand. Tausende Fans wollten ihm auf einer Gedenkwand ein paar letzte Worte mitgeben. Die Schlange kannte kein Ende. Genau wie das Phänomen Michael Jackson.

Jazz

Musik aus den USA bewegt die Welt seit bald hundert Jahren: Blues, Country, Rock'n'Roll, Soul, Pop, Hip-Hop und vieles mehr. Die vielleicht amerikanischste Musikform aber ist und bleibt der Jazz. Jazz ist wie das Land selbst: entstanden, weil die Menschen die Alte Welt hinter sich liessen, um in der Neuen aufeinanderzutreffen – Menschen mit grundverschiedenen Kulturen, Mentalitäten, Hautfarben. Jazz ist amerikanischer Individualismus: Der einzelne Musiker gibt sich dem *swing,* dem *groove* hin und erfindet Musik neu, aus dem Moment heraus. Doch Jazz ist, ganz wie die USA, auch Kooperation: ein Dialog mit allen anderen, die da mitspielen, eine «Verhandlung unter Musikern», wie es ein Jazztrompeter einmal formuliert hat. Jazz ist immer im Entstehen begriffen, nie vollendet, auch das eine Parallele zum Land, in dem er um 1900 herum geboren wurde. Und genau wie dieses Land hat auch diese Musik Ikonen hervorgebracht, welche die Welt veränderten. Keiner mehr als Louis Armstrong (1901–1971), einer der ersten schwarzen Musiker, die von einem weissen Massenpublikum angenommen, ja förmlich umarmt wurden. Mittlerweile gilt Jazz aufgrund seines künstlerischen Anspruchs in weiten Teilen des Landes zwar als Lieblingsmusik der Elite – in New Orleans aber, wo auch Armstrong geboren wurde, ist der Jazz nach wie vor das, was er immer schon war: der Soundtrack Amerikas.

Jefferson, Thomas

Wer heutzutage Präsident der USA werden will, sollte besser nicht Französisch sprechen: Die Kenntnis der Sprache von Louis XIV wurde sowohl den Kandidaten John Kerry 2004 wie auch Mitt Romney 2012 zur Last gelegt, als faktischer Beweis ihrer Abgehobenheit. Dabei sprach einer der ersten Herren im Weissen Haus fliessend Französisch: Thomas Jefferson (1743–1826) war ein bekennender *francophile,* obendrein ein Fan von Gemüse (was im heutigen Wahlkampf wohl ebenfalls als Minuspunkt zu Buche schlagen würde). Doch es kommt noch dicker: Er war es, der im Weissen Haus erstmals frittierte Kartoffeln auftischte, nach französischer Art – woraus sich der Begriff *french fries* entwickelte. All dem Pseudo-Euro-Gehabe zum Trotz verehrt Amerika Jefferson als einen der wichtigsten Gründerväter

der Nation. Sein Leistungsausweis ist über alle Zweifel erhaben, schliesslich hat er die Declaration of Independence verfasst, danach als Präsident die Landesfläche mit der Louisiana Purchase im Handumdrehen verdoppelt und die Pionier-Expedition von Lewis and Clark ins Leben gerufen. Da ist Amerika sogar geneigt, ihm ein mehr oder weniger erwiesenes Verhältnis mit der schwarzen Sklavin Sally Hemmings (ca. 1773–1835) zu verzeihen (einige überzeugte Jefferson-Fans jubeln deren Kinder allerdings bis heute seinem Bruder Randolph unter). Wie für die meisten reichen Südstaatler seiner Zeit war auch für Jefferson die Grundlage seines Reichtums die Sklaverei, obwohl er sich in seinen Schriften wiederholt dagegen aussprach. Kurz vor seinem Tod etwa schrieb Jefferson: «Die Zeit, die alle Dinge überlebt, wird auch dieses Übel überleben.» Vielleicht ahnte er, dass seine weit gefasste Einleitung der Unabhängigkeitserklärung noch Jahrhunderte nachhallen würde: *«All men are created equal»* – alle Menschen sind ebenbürtig erschaffen. Der Satz gilt heute als berühmtester in der englischen Sprache. Dass *french fries* zum amerikanischen Standardmenü werden würden, hätte sich Jefferson indes wohl kaum träumen lassen.

Jesus

Jesus ist ein Held. Wirklich, es gibt sogar Jesus-Actionfiguren. Auf den ersten

Blick erstaunlich in einem Land, das nicht zuletzt dank Religionsfreiheit überhaupt existiert (Mohammed-Figuren gibt es nicht, da kommt das Bilderverbot in die Quere, Buddha und Co. sind nur zur Dekoration zu haben). Jesus, obwohl aus Galiläa, ist ein *all American hero,* wie gemacht für das Land der unbegrenzten Möglichkeiten. Die Bibel bietet eine wunderbar Hollywood-taugliche Lebensgeschichte, mit 1A-Bösewichten von Herodes bis Luzifer und einem Happy End, das furioser nicht sein kann (Himmelfahrt, der Name sagt alles). So sprechen Amerikaner, die ihren christlichen Glauben neu entdecken, denn auch nicht von der Verbindung zu Gott (der ist schliesslich per Definition ungreifbar), sondern davon, «Jesus gefunden» zu haben. Jesus, da weiss man, was man hat. Da ist auch klar, wen man sich darunter vorzustellen hat. Und wer sich nicht ganz sicher ist, kann ja die Jesus-Actionfigur mal eben bei Amazon bestellen.

JFK

Drei Buchstaben, hinter denen sich so viel mehr verbirgt: JFK. John F. Kennedy (1917–1963) war nur 1036 Tage Präsident der USA. Doch der Mann, sein Leben, sein Tod fesseln diese Nation wie kaum ein anderer Teil ihrer turbulenten Geschichte. Ein Grund dafür: sein Charisma. Bill Clinton zum Beispiel sagte, ein einziger Händedruck von Kennedy habe ihn zu seiner Politkarriere inspiriert. Dennoch wusste die Nation zu Lebzeiten von JFK wenig über den Mann, den sie da anhimmelte: dass er schwer krank war, abhängig von Medikamenten und süchtig nach Sex. («Wenn ich drei Tage lang kein Frau habe, kriege ich Kopfweh», soll er dem britischen Premier mal gestanden haben.) Doch alle Enthüllungen, die seit seinem Tod das Bild von JFK verändert haben, können doch nicht das leuchtende Versprechen verdrängen, das dieser Mann symbolisierte. Kennedy stand für eine neue Generation und damit für Fortschritt – in einem Land, das vom Glauben an die Zukunft lebt. JFK war der Aufbruch in Person (und Programm: Seine politische Vision präsentierte er unter dem Titel *New Frontier,* was heissen will: Grenzen überwinden). Das Versprechen Kennedy wirkt heute umso grösser, umso starker, weil sein Träger dem Land an jenem 22. November 1963 so jäh entrissen wurde. Der Tod von JFK bleibt ein beständiges Rätsel in den USA. Dass er von einem Einzeltäter erschossen wurde, glaubt laut Umfragen weniger als ein Drittel aller Amerikaner, obwohl die offizielle Untersuchung zu genau diesem Ergebnis kam. Über kein Attentat wurde so viel geschrieben wie über die drei Schüsse in Dallas, und kein Verbrechen wird von wilderen Verschwörungstheorien umrankt. Fast ist es, als ob Amerika JFK nicht sterben lassen will, weil er endlos fasziniert, inspiriert und irritiert – genau wie die USA selbst.

Jobs, Steve

«Man kann den Leuten nicht einfach geben, was sie wollen.» Ein seltsamer Satz aus dem Mund eines Unternehmers. Doch wenn man weiss, dass Steve Jobs (1955–2011) das gesagt hat, lässt es aufhorchen. Der zweite Teil des Zitats: «Bis man es hergestellt hat, wollen die Leute wieder etwas anderes.» Die beiden Sätze bringen die Philosophie des Visionärs Jobs auf den Punkt. Der Apple-Gründer weigerte sich zeit seines Lebens, dem Markt hinterherzulaufen; er wollte seiner Zeit voraus sein. Und oft war er es auch: Mit dem *Apple II* brachte er den Computer vom Büro ins Wohnzimmer, mit dem iPod revolutionierte er die Musikindustrie und mit dem iPhone den Begriff der Mobilität. So schlug Jobs «eine Delle ins Universum», um es mit seinen eigenen Worten zu sagen. Sein grenzenloser Glaube an die Machbarkeit alles Vorstellbaren war so uramerikanisch wie seine Lebensgeschichte: Adoptivsohn einer Arbeiterfamilie, zielloser Student, LSD-Hippie – dann Firmengründer, Tech-Ikone, Multimilliardär. Immer jedoch blieb Steve Jobs sich und seinen Ideen treu, seiner eigenen Eigenartigkeit ergeben bis zum Gehtnichtmehr. Wer mit ihm arbeitete, war deshalb hin- und hergerissen zwischen Bewunderung und Verzweiflung: Jobs war kein einfacher Zeitgenosse. Das wollte er auch nie sein, vielmehr «ein Qualitätsmassstab. Manche Leute sind es einfach nicht gewohnt, in einem Umfeld zu arbeiten, wo Exzellenz erwartet wird.» Alles ausser exzellent war Steve Jobs nicht gut genug.

John Doe, Jane Roe

Kennen Sie John Doe? Kaum, er existiert nämlich primär auf Papier. Als «Jedermann» oder «Peter Muster» auf Formularen zum Beispiel oder in Gerichtsfällen gegen unbekannt, so geschehen etwa, als die US-Steuerbehörden die Kunden einer bekannten Schweizer Grossbank ausfindig machen wollten (so wurde John Doe ohne eigenes Zutun noch zum Schreckgespenst der Hochfinanz). John Doe, das ist jeder Amerikaner (Amerikanerinnen werden entsprechend anonym als «Jane Roe» bezeichnet wie im berühmten Rechtsfall Roe v. Wade zur Frage der Abtreibung). In Alltagsgesprächen, in welchen ein «Herr X» auftritt, ist die Rede allerdings oft von John Smith – schön blöd, heissen doch laut Telefonbuch über 25 000 Leute in den USA tatsächlich so. John Doe allerdings heissen kaum mehr als tausend Personen – gut möglich auch, dass sie eigentlich ganz andere Namen haben und diese einfach nicht im Telefonbuch sehen wollten.

Johnson, Lyndon B.

Im US-Wahlkampf wird ja so einiges versprochen und nirgends mehr als im Kampf ums Weisse Haus. Wer dann aber im Oval Office auch durchsetzen will, was er da den Wählern wortreich angepriesen hat, der stellt in der Regel fest: Der Präsident ist vielleicht Kapitän, am Ruder aber sitzt der Kongress – dort entscheidet sich, wo's legislativ langgeht. Ein effektiver Präsident muss also wissen, wie er dieses oft widerspenstige Parlament dazu bringt, seiner Vision zu folgen. Niemandem gelang das besser als Lyndon B. Johnson (1908–1973), auch bekannt als *LBJ*. Der Demokrat aus Texas strotzte förmlich vor Autorität – eine Körpergrösse von 1,93 Metern war da wohl hilfreich, das hatte schliesslich schon Lincoln vorgemacht. Durch die Tragödie des Kennedy-Attentats ins Amt geschleudert, fackelte Johnson nicht lange: Nur fünf Tage nach dem Tod von JFK stellte er sich vor den Kongress und forderte die sofortige Umsetzung von Kennedys Agenda. In den folgenden Jahren drückte Johnson all das durch, was als *Great Society* in die Geschichte eingehen sollte: Er definierte die Bürgerrechte neu *(civil rights)*, schuf die staatliche Krankenfürsorge für Arme *(Medicaid)* sowie Alte (Medicare), und rief obendrein die nationale Kunstförderung *(NEA)* und den öffentlichen Rundfunk *(CPB)* ins Leben. Kurzum: Johnson prägte die USA nachhaltig. Ein starker Präsident, in jeder Hinsicht, obwohl er 1968 freiwillig auf eine weitere Amtszeit verzichtete. Und doch wird dieser LBJ selten als einer der ganz Grossen genannt. Der Grund dafür liegt nicht in den USA, er liegt in Südostasien: Vietnam. Ganz der resolute Texaner, war Johnson überzeugt, dass Amerika dort keine Schwäche zeigen dürfe. Im Klartext hiess das: mehr Truppen. Über eine halbe Million Mann waren's am Ende der Amtszeit von *LBJ*. So wichtig sein wuchtiges Auftreten innenpolitisch war, so verheerend war es in Vietnam.

Jüdisch

Was ist der Unterschied zwischen einem Judenwitz in der Schweiz und einem Judenwitz in den USA? In der Schweiz erzählt ihn wahrscheinlich ein Antisemit, in den USA erzählt ihn wahrscheinlich ein Jude. Hier, fernab der Verfolgung in dunkler Vergangenheit, geht die jüdische Gemeinde entspannter mit der eigenen Andersartigkeit um als jenseits des Atlantiks. So sagte mir etwa ein Kameramann, nachdem er eine exorbitant hohe Rechnung gestellt hatte: «*I'm a Jew, what can I do?*» So sei er nun mal, das sei ja klar – schwer vorstellbar, dass in Europa das antisemitische Vorurteil von der jüdischen Gier so locker auf die Schippe genommen wird. Aber gerade dort wo viele Juden wohnen, in New Jersey oder Florida, geniessen sie die Selbstverständlichkeit ihrer Präsenz sichtlich. Und auch Nichtjuden können hier über die kleinen Seitenhiebe auf meckernde Mütter und schrullige Onkel lachen, weil sie sie verstehen. Bei der Politik allerdings hört der Spass auf – das Thema Israel lässt man als Europäer besser sein, es sei denn, man habe schwärmerische Reiseerfahrungen aus Jerusalem vorzuweisen. Falls das Gespräch dennoch einmal auf diese Nahostklippe zusteuern sollte, sagen Sie einfach so schnell wie möglich etwas übers Essen; dieses Thema blendet bei den *Jewish Americans* in der Regel alles andere sofort aus. Es kann Stunden in Anspruch nehmen. Kein Witz.

July 4th

Vielleicht liegt es am gleichnamigen Science-Fiction-Kracher aus dem Jahr 1996, aber kaum ein Amerikaner nennt seinen Nationalfeiertag heute im Alltag *Independence Day*. *July Fourth* oder kurz *The Fourth* sind viel üblicher. Der Vierte, erstaunlich nüchtern eigentlich für den Tag, an dem 1776 mit der Unabhängigkeitserklärung die Nation geboren wurde. Das liegt weniger daran, dass die Loslösung von der britischen Krone streng genommen am 2. Juli beschlossen wurde und am 4. lediglich der Vorsitzende des Kongresses John Hancock (1737–1793) das Dokument ratifizierte, etwas verspätet, dafür mit umso grösserer Unterschrift. Nein, die unpathetische Be-

zeichnung «der Vierte» ist wohl eher Ausdruck des amerikanischen Strebens nach neutralen Begriffen, mit denen sich alle Bürger in diesem bunt zusammengewürfelten Land identifizieren können. Und die Identifikation klappt alljährlich ganz gut: Flaggen, wohin das Auge blickt, Feuerwerke, die sich an Grösse und Dezibelwert gegenseitig überbieten, und natürlich jede Menge Festessen. Das muss in den USA keine silberbedeckte Tafel sein, Kartonteller und Grill tun's auch. Hot Dogs sind ebenfalls beliebt; so sehr, dass sie zum Mittelpunkt einer der bizarreren US-Traditionen wurden, denen ich in meiner Amerikazeit beiwohnen durfte: Das Hot-Dog-Wettessen auf Coney Island in New York. Wie viele Würstchen samt Brot kriegt einer in zehn Minuten runter? Der Rekord liegt bei unglaublichen 69 Hot Dogs. Jährlich schauen über eine Million Menschen diesen «Sport-Anlass» live am Fernsehen. Ich gehöre nicht dazu – spätestens nach dem vierten Hot Dog würde mir wohl speiübel und mein «Vierter» wäre im Eimer. Im wahrsten Sinn des Wortes.

Kaffee

In den ersten Jahren unseres Lebens in Amerika bevorzugten meine Frau und ich noch den Euro-Schnickschnack: Espresso, Cappucino und so weiter. Mit den Jahren haben wir uns dann nicht nur an den klassisch amerikanischen Filterkaffee gewöhnt, wir haben ihn lieben gelernt. Wesentlich verantwortlich für diese kulinarische Konvertierung ist eine Institution im US-Alltag: der *refill*. In jedem anständigen *diner* zwischen Seattle und Miami wird die leere Kaffeetasse (kein Pappbecher, eine echte Tasse!) wie selbstverständlich neu aufgefüllt. Gratis Kaffee, fürwahr eine historische Errungenschaft für Menschen, die Koffein tanken wie andere Benzin, und in den USA gehören da nicht nur *trucker* und cops dazu. In einem Land, wo einem sonst nichts geschenkt wird, ist geschenkter Kaffee quasi eine soziale Einrichtung. Dafür muss man ihn einfach lieben, den *refill,* den es allerdings nur bei klassischem Filterkaffee gibt (den populären Latte sollte man ohnehin nicht neu auffüllen, es droht dem Land sonst eine Epidemie von Laktose-Intoleranz, denn Milch gibt's schliesslich mehr als genug). Und wer sich an den Filterkaffee erst mal im *diner* gewöhnt hat, der will ihn auch zuhause nicht vermissen. So gibt's bei uns seit langem nur noch *coffee American style,* und der Besuch aus Europa muss damit leben.

Kanada

Cana-what? Der nördliche Nachbar ist unbekanntes Land für die meisten Amerikaner. Man weiss zwar, dass dort oben zwischen den vielen Bäumen auch Menschen wohnen, Nordamerikaner sogar, aber dieses Wissen reicht in der Regel auch schon. Wenn Kanada Erwähnung findet, dann meist als eine Art neuweltliches Konkurrenzsystem zu den USA, logisch kann der Nachbar da nur verlieren. So werden auch kanadische Errungenschaften – Gesundheitssystem, Schneemobil, Tischhockey – mit Gusto durch den Kakao gezogen. Der Kanadier, das ist für den US-Amerikaner der Cousin, von dem die Familie sagt, er mache immer alles richtig, ein Gutmensch halt. Öko. Streber. Staatsgläubig. Obendrein spricht er noch Französisch, was nur beweist, dass er eigentlich ein Schnösel ist. Gern hat man ihn irgendwie trotzdem, den Kanadier. Hat einem schliesslich nichts getan und ist zwar etwas kauzig in seinem Wollpullover, aber grossherzig. Politisch links gepolte Amerikaner fühlen sich «denen da oben» sogar recht verbunden, und wenn man sich wieder mal über die eigene Regierung aufregt, heisst es nicht selten, «Ich wandere nach Kanada aus» (was dann doch nie passiert). Aber hey, ein paar richtige amerikanische Favoriten hat man Kanada auch zu verdanken: Basketball, das IMAX-Kino und Silikon-Lady Pamela

Anderson (geboren 1967 in einem Ort namens Ladysmith, echt wahr!). Da verzeiht man den Nachbarn sogar, dass sie nach wie vor die britische Krone zum Staatsoberhaupt haben.

Kathedrale

Wer durch die Tore der *National Cathedral* in Washington schreitet, ist erst mal baff: Hier passen locker vier bis fünf europäische Kirchen rein. Die Kathedrale ist die zweitgrösste der USA *(Saint John's* in New York ist die Nummer eins) und zweifellos das wichtigste Gotteshaus des Landes. Wobei der Begriff «Gott» in amerikanischer Grosszügigkeit ausgelegt wird: Katholische und evangelische Pfarrer, Rabbiner und Hindupriester sprechen hier zu ihren Gemeinden, der Dalai Lama war schon da, hin und wieder auch ein Imam. Sogar den ehemaligen iranischen Präsidenten hat man mal eingeladen an den Ort, wo US-Präsidenten wie Reagan oder Eisenhower zu Grabe getragen wurden. Die *National Cathedral,* das ist amerikanische Glaubensfreiheit in Stein gemeisselt. Nichts unterstreicht das besser als mein liebstes Detail am ganzen Gebäude: In den Achtzigerjahren konnten Kinder Vorschläge einreichen, welche Skulpturen an den Westtürmen der Kathedrale entstehen sollten. Die drei erstplatzierten Ideen wurden tatsächlich Teil dieses nationalen Heiligtums – und so ziert seither eine Miniversion von «Star Wars»-Bösewicht Darth Vader den Nordwestturm. Das gibt's nur in Amerika.

Kennedy, Familie

Kennedy müsste man heissen. Kein Name öffnet in den USA mehr Türen – ein Kennedy, das ist so etwas wie ein Adliger. Im Gegensatz zu europäischen Adelsfamilien waren die Kennedys allerdings nicht immer reich. Sie sind klassische amerikanische Aufsteiger: Es begann mit dem einfachen irischen Bauernsohn Patrick, der 1849 in Boston ankam und sich als Fassbinder durchschlug. Sein Sohn Patrick Joseph, Spitzname *P.J.*, konzentrierte sich dann mehr auf den Inhalt der Fässer: Der Besitzer mehrerer Tavernen und spätere Whiskey-Importeur war ein bestens vernetzter Kleinunternehmer und als solcher auch politisch aktiv. Der eigentliche Patriarch der Kennedys ist *P.J.*s Sohn Joseph Patrick, genannt Joe: Erfolgreich sowohl im Business (immer noch ein wenig Whiskey, vor allem aber Wall Street) wie in der Diplomatie (Botschafter in London), war dessen unbestreitbar grösster Coup jedoch die Heirat mit Rose Elizabeth Fitzgerald, der Tochter des mächtigen ehemaligen Bürgermeisters von Boston. Ganz im Stil königlicher Familien in der Alten Welt verbanden sich so zwei einflussreiche Namen zu einer mächtigen Sippe. Die Söhne von Joe und Elizabeth wurden Senator

(Edward), Justizminister (Robert) und Präsident (John, besser bekannt als JFK). Und die Tradition lebt weiter: Im Jahr 2014 heisst die US-Botschafterin in Japan Kennedy (Caroline), ein Abgeordneter im Kongress ebenso (Joseph Patrick der Dritte – auch die Namen werden immer adliger). Fazit: In Amerika kann man auch mit Whiskeyfässern eine Dynastie aufbauen.

Kids

Die Kleinen sind in den USA das Grösste. Sie sind voll in den Alltag integriert: Ein Restaurant ohne Hochstühle und Wickeltisch (selbstverständlich auch auf der Herrentoilette) muss mit Beschwerden seiner Gäste rechnen. Die vor allem im Süden beliebte Fastfood-Kette *Chick-fil-A* bietet neben zartem Hühnchen vielerorts auch einen Indoor-Spielplatz, was bei langen US-Autobahnfahrten ein wahrer Segen sein kann. Und für die Förderung der jungen Amerikaner können Eltern so ziemlich jeden Kurs buchen, den man sich ausmalen kann: Wie wär's mit einer Ballett-Lektion für Zweijährige, unter Leitung eines Tänzers vom Bolschoi-Theater? Wenn's dem Nachwuchs nicht gefällt, kann er stattdessen einen Kurs über chinesische Sprache und Kultur belegen: Seidenstrasse statt Sesamstrasse. Die Kinderliebe in den USA ist zwar nicht grösser als in Europa, die Möglichkeiten für Kids jeden Alters sind jedoch um ein Vielfaches reicher. Die Kleinen, das haben Amis voll erkannt, sind ein grosses Geschäft: Kinderbetten in Rennwagen- oder Märchenschlossformat sind der Normalfall, eine Party zum vierten Geburtstag kann schon mal einem Cocktail-Empfang gleichen (allerdings mit professionellem Zauberer und so). Das Kiddy-Business kennt keine Grenzen: Als wir in New York wohnten, gab's keinen öffentlichen Park in Laufdistanz. Der private Park um die Ecke, mit zwei Spielplätzen und Planschbecken, verlangte deshalb 335 Dollar Jahresgebühr, dazu zwölf Stunden Freiwilligenarbeit. Motto: Lasset die Kindlein zu mir kommen und wehret ihnen nicht, und ja, die Schecks schickt bitte per Post.

King, Martin Luther

«I have a dream», mit diesen Worten wurde Martin Luther King (1929–1968) in den Augen der Welt unsterblich. Doch der Traum ist nur die halbe Wahrheit: In seiner berühmten Rede 1963 in Washington sparte King nicht mit Kritik an den USA. «Wir sind hierhergekommen, um einen Scheck einzulösen», diese Worte gaben dem Unmut der Bürgerrechtsbewegung besser Ausdruck als die oft zitierte Traum-Passage. Der Scheck, damit war die Declaration of Independence gemeint, jenes Dokument, in dem Amerika fast zweihundert Jahre zuvor sein Ideal der Freiheit definiert hatte. Doch Freiheit war Theorie, die

Realität hiess Segregation. Indem *MLK*, wie er heute gern genannt wird, dem Land dessen eigene Versprechen vorhielt, verlieh er der Protestwelle eine unaufhaltsame Energie. Es war diese Haltung – gebt uns, was uns zusteht –, die es Pastor King erlaubte, stets den friedlichen Protest zu predigen, auf zivilen Ungehorsam à la Gandhi zu setzen und die Gewalt, mit der damals unter anderem Malcolm X flirtete, in jedem Fall zu verbannen. Das war alles andere als einfach in einer Zeit, in der er und seine Mitstreiter ständig von tödlicher Gewalt bedroht waren. Seine Wahl des ehrbahren Wegs hat die USA vor Massenunruhen bewahrt und die Nation in einem schmerzhaften, aber stetigen Prozess näher zusammengeführt. Die Bürgerrechtsbewegung zeigte zudem, wie in Amerika konsequenter Protest die Politik von aussen verändern kann: Washington konnte die legitime Wut der Schwarzen schlicht nicht ignorieren, die Präsidenten Kennedy und vor allem Johnson setzten denn auch viele Forderungen in Gesetze um. Der Scheck wurde eingelöst. Der Traum jedoch, eine Gesellschaft frei von Rassendenken, braucht wohl länger, um wahr zu werden.

Kino

Eigentlich sind die USA für Kinofans wie mich ein Paradies: Die Tickets sind rund halb so teuer wie in der Schweiz. Man kann sich aussuchen, wo man sitzen will. Der Duft von frischem Popcorn ist überwältigend (das ist gewollt so, genau wie das Aroma in der Nähe der *butter fountain,* wo die flüssige Butter aus dem Hahn kommt). Und – nicht weitersagen! – wer es richtig anstellt, kann zwei Filme zum Preis von einem anschauen. Das ist nicht die feine Art, klar, wird aber doch ständig gemacht, ähnlich wie Schwarzfahren oder Falschparken oder so. Ich geb's zu: Auch ich habe mit Kumpels ein paar Streifen illegal im Doppelpack angeschaut, weil es nun mal so einfach ist! Egal wie viele Säle ein US-Multiplex-Kino bietet (manche haben bis zu dreissig), es gibt überall nur eine Eintrittskontrolle. Wer dort durch ist, darf sich frei bewegen – Amerika ist schliesslich das Land der Freiheit, oder? Als braver Schweizer kämpft man dann mit dem schlechten Gewissen, oder besser gesagt mit dem Bammel, erwischt zu werden. Keine Sorge. Die Mitarbeiter gehen demonstrativ desinteressiert ihrer Arbeit nach (das gehört sich hierzulande quasi so), ja sie scheinen insgeheim sogar einverstanden damit, dass sich da jemand seinen Kinoplatz erschwindelt. Trotzdem hab ich mir am Ende nur zwei oder drei Mal so einen *sneaky seat* geschnappt. Zum einen weil so ein Doppelfilm anstrengend ist: Den zweiten kann man nicht geniessen, und den ersten hat man schnell vergessen. Zum anderen, und das kommt oft vor, hat niemand Lust auf einen zweiten Streifen, wenn in der ersten Vorstellung der halbe Saal reingequasselt hat. Kinoparadies? Nur wenn das Publikum die Klappe hält.

Klimaanlagen

August. Sonne. Hitze. Und ich kaufe Hustenbonbons und Fiebertee. Ja, Hochsommer ist die gefährlichste Zeit, um sich in den USA eine Erkältung zu holen. Denn in Sachen Klimaanlagen kennt Amerika nur ein Motto: je kühler, desto besser. Wer bei 35 Grad im Schatten kurze Hosen trägt, bereut dies schon nach ein paar Minuten im Büro, weil dort mit aller Wahrscheinlichkeit Kühlschranktemperatur herrscht. Wer an einem lauen Sommerabend ins Kino geht, nimmt statt dem 3-Liter-Cola-Becher lieber einen Tee mit, und natürlich einen Pullover, sonst gibt's Halsweh statt Happy End. Warum das so ist, frage ich mich seit Jahren. Klar, alle Amerikaner wollen so cool sein wie möglich – aber doch nicht so! Wer Böses dabei denkt, könnte in tiefen Temperaturen den Versuch erkennen, den immer zahlreicher werdenden Dicken hierzulande (Stichwort obesity) ein angenehmes Umfeld zu bieten. Sozialkritisch wäre wohl die Begründung, dass der Chef bestimmt, wie kalt es für ihn sein muss, und der trägt meistens Anzug mit Krawatte und mag es deshalb vielleicht unterkühlt. Am wahrscheinlichsten allerdings ist, dass der Trend zur Tiefsttemperatur es einfach allen recht machen soll, oder besser gesagt: möglichst niemanden zum Schwitzen bringen. So geht der Temperaturzeiger im Zweifelsfall nach unten. Da kann man sich nur warm anziehen.

Kongress

Wahrscheinlich kennen Sie den Spruch «Jedes Volk hat die Regierung, die es verdient.» Ich fand das ehrlich gesagt immer schon blöd, schliesslich muss, wer regieren will, erst Wahlen gewinnen, und da ist das Volk praktisch nie einer Meinung. Gut so. Ich meine aber: Jedes Volk hat das Parlament, das zu ihm passt. Wir Schweizer haben ein Arbeitsparlament, wo stille Schaffer belohnt werden. Die Amerikaner haben eine Art Event-Parlament. Im US-Kongress kommen jene Politiker gross raus, die im richtigen Moment effektvoll auftreten. Das liegt teils am Performance-Kult, der die Gesellschaft durchzieht (erste Präsentationen macht man hier schon in der Kinderkrippe), teils aber auch an der Verfassung: Vom Parlament wird erwartet, dass es mitregiert, gerade wenn es ums Geld geht. Der Kongress ist die Katze, die auf der Staatskasse sitzt und von der Regierung erst gekrault werden will, damit es Bares gibt. Und sträubt sich das Parlament, kann unter Umständen die halbe Verwaltung lahmgelegt werden, ein Szenario, das als *government shutdown* bekannt ist. Deshalb erwarten US-Wähler von ihren Abgeordneten *leadership,* und da gehört hierzulande auch immer ein gesundes Mass an *showmanship* dazu, erst recht seit das Fernsehen praktisch nonstop im Saal dabei ist. So werden Anhörungen (die es zu praktisch jedem Thema gibt) im richtigen Moment zum TV-Ereignis, etwa während des Watergate-Skandals. Ein Event-Parlament haben die USA auch deshalb, weil sich oft erst dann etwas bewegt, wenn der Countdown läuft, die Nation wieder mal am Rande des einen oder anderen Abgrunds steht. Dramatik pur, und das passt zum Land der Extreme. Klar, wie im Berner Bundeshaus gibt's auch im Capitol in Washington die stillen Schaffer, die langsam harte Bretter bohren – hier jedoch verwalten sie im Wesentlichen den Status quo. Für grosse Würfe braucht man starke Arme, das ist beim Football nicht anders als in der US-Politik.

Kreditkarten

An nichts gewöhnt man sich in den USA so schnell wie an Plastikgeld. Ich erinnere mich, dass ich in der Schweiz stets ein paar Banknoten in der Tasche hatte, wenn ich aus dem Haus ging – nicht so in New York, erst recht nicht seit mir irgend so ein Clown mal in einer Bar das Portemonnaie gestohlen hat. Nein, Bargeld ist in den USA ein unnötiges Risiko. Alles, wirklich alles, kann mit Kreditkarte bezahlt werden: Ein Kaffee für zwei Dollar hier, ein Coke aus dem Automaten dort. Oder auch mal ein Neuwagen. Obwohl: Streng genommen habe ich gar keine Kreditkarte. Kurz nach meinem Umzug in die USA weigerte sich meine neue Bank nämlich, mir Kredit zu geben, weil sie in ihren Datenbanken keine *credit history* über mich fand (Kunststück, ich war ja gerade erst angekommen). Die persönliche Kreditgeschichte ist in den USA das A und O der finanziellen Bewegungsfreiheit: Nur wer als guter Zahler im System erfasst ist, bekommt sein Plastikgeld zu guten Konditionen. Um sich so einen Ruf zu verdienen, und da wird's grotesk, muss der zahlungswillige Kunde aber erst mal Schulden machen, die er dann brav abbezahlen kann. Ein Kaugummi hier, eine Taxifahrt dort, erst geborgt und dann bezahlt, so baut man sich seine *credit history made in USA* auf. Wer stets nur das Geld ausgibt, das er wirklich hat, gilt in diesem System als unzuverlässig. Janu, halb so schlimm: So habe ich halt eine Kreditkarte, die keine ist. Meine 08/15-Bankkarte. Klar, da kann dann wie in Europa nur abgebucht werden, was wirklich auf dem Konto ist. In amerikanischen Läden und auf amerikanischen Websites wird diese Bankkarte indes einfach als Kreditkarte akzeptiert (*run as credit,* sagt man hierzulande salopp). Voilà, so kann ich die Welt des Plastikgelds voll auskosten, ganz ohne Schulden.

Krieg

«Nie wieder Krieg». So lautete die Maxime in Europa nach 1945, und die Erfahrung der historischen Katastrophe prägt den Kontinent bis heute. Ein grundsätzlicher Pazifismus wird praktisch überall vorausgesetzt, so in der Art: «Eins ist klar: Krieg ist keine Lösung.» Ganz anders in den USA. Hier gilt Krieg durchaus als Lösung, wenn die Situation danach verlangt. Diese Einstellung hat ihre Wurzeln in der sehr unterschiedlichen Geschichtserfahrung zu Europa: Die Vereinigten Staaten gibt es nur dank einem Krieg, dem Revolutionskrieg gegen die britische Kolonialmacht. Manchmal, das ist quasi im Erbgut der Nation verwoben, muss Amerika zu den Waffen greifen. Zur Verteidigung nicht nur des eigenen Territoriums, sondern auch der eigenen Werte, allen voran der Freiheit. Und weil diese Werte in den Augen der USA universell gültig sind, ist spätestens seit dem D-Day klar, dass der Kampf auch weit weg von zuhause toben kann. Kurz: Der Zweite Weltkrieg machte aus Europa ein Heim für Friedenstauben, aus den USA ein Nest für Kriegsfalken. Gewalt als Mittel zur Verhinderung von mehr Gewalt – das extremste Beispiel dafür sind die beiden Atombomben, die 1945 auf Japan niedergingen, um das Land zur Kapitulation zu zwingen. Auch dass die Vereinigten Staaten die weitaus grösste Armee der Welt aufrechterhalten, erklärt sich mit diesem Selbstverständnis als weltweite «Macht des Guten». Zu dieser Grundhaltung gesellen sich dann, mehr oder weniger offen, auch eigene Interessen: geostrategische (Vietnam), sicherheitspolitische (Afghanistan), wirtschaftliche (Irak). Immer jedoch muss ein nobles Motiv mitschwingen, anders lässt sich eine so lebendige Demokratie wie Amerika nicht von einem Krieg überzeugen. Ein glaubhafter Bösewicht ist ebenfalls wichtig, und so wird jeder Despot, der ins US-Fadenkreuz gerät, schnell mit Hitler oder Stalin verglichen. Heute, wo Krieg für die meisten Amerikaner vor allem in den news stattfindet, ist diese Propaganda der Moral umso zentraler. Die historische Enttäuschung über Kriege wie Vietnam oder Afghanistan, die sich trotz erdrückender Übermacht als nicht gewinnbar erwiesen, sitzt tief. Und je länger so ein Konflikt dauert, desto mehr Soldaten kehren heim und berichten davon, wie Krieg tatsächlich ist: blutig, grausam, ausweglos. Deshalb wenden sich auch die USA nach einiger Zeit vom Kampf ab, egal wie erhaben die Ziele auch sein mögen: «Schluss mit Krieg!», heisst es dann landauf, landab. «Nie wieder Krieg» jedoch ist und bleibt für die USA keine Lösung.

Krise

Die Krise hat viele Gesichter. Mir bleibt jenes von Bonnie in Erinnerung. Doch dazu später. Die Krise, von der ich spreche, nennt man in den USA die *Great Recession,* die grosse Rezession. Dabei war die Wirtschaftskrise, die im Jahr 2007 begann, gar nicht so viel «grösser» als andere, jedenfalls nie so verheerend wie die *Great Depression* der frühen Dreissigerjahre. Aber diese Krise wirft deshalb einen so grossen Schatten, weil sie auch Jahre nach ihrem offiziellen Ende nicht überwunden ist. Nach anderen Rezessionen ging es für die US-Wirtschaft in der Regel schnell wieder bergauf; eine amerikanische Krise hatte eine V-Form, sagen Ökonomen. Bei der *Great Recession* aber wurde die Wirtschaft der Vereinigten Staaten zuerst von einer Immobilienkrise aus der Bahn geworfen, dann von einer Finanzkrise im Innersten erschüttert und schliesslich von einer Strukturkrise nachhaltig strapaziert. Statt wie ein V sah diese Rezession aus wie ein U – oder mehr noch wie ein L in Schieflage: Millionen Mittelstand-Amerikaner stürzten in die Armut ab. Amerikaner wie Bonnie: Als Immobilienmaklerin erlebte sie die Boomzeiten hautnah, wo Häuser innert weniger Jahre ihren Wert verdoppelten. Also kaufte auch Bonnie ein Haus. Und noch eins. Alles auf Pump, die Idee war ja, reich zu werden und später alles zurückzuzahlen. Doch dann kam die Krise, und Bonnie verlor alles. Als ich sie im Sommer 2008 besuchte, hatte die Maklerin kein Haus mehr; sie lebte in ihrem Auto. Schlief auf der Rückbank. So sieht die *Great Recession* aus.

Kuba

The Island – die Insel, das war für mich stets der Titel eines ziemlich flotten Sci-Fi-Films aus dem Jahr 2005. Wenn Politiker in den USA, vor allem in Florida, jedoch von *The Island* sprechen, meinen sie: Kuba. Die Insel, das ist bei amerikanischen Exilkubanern ein stehender Begriff, und wer ihn verwendet, signalisiert: Ich kenne mich aus. Das kann wichtig sein, wenn man zum Beispiel Präsident werden will und Staaten wie Florida unbedingt gewinnen muss (rund sechs Prozent aller Einwohner dort haben kubanische Wurzeln). Die lauteste Gruppe unter den Inselstämmigen sind die Hardcore-Gegner des Castro-Regimes, und um ihre Unterstützung weibeln die Politiker denn auch nach Kräften. Konkret bedeutet das: im Zweifelsfall immer die harte Tour, wenn es um die laufenden Sanktionen geht. Dies obwohl eine Mehrheit der Amerikaner eine Normalisierung der Beziehungen (über fünfzig Jahre nach dem Zerwürfnis) eigentlich ganz okay fände. Aber beim Thema «Insel» ist nun mal alles etwas anders. So haben die USA seit bald zwanzig Jahren ein Gesetz in den Büchern, das die Aufhebung des Handelsembargos gegen Kuba erst erlaubt, wenn dort freie Wahlen stattfinden und die Castros (Fidel, Raúl, egal) weg vom Fenster sind. Zwar gab es Ende 2014 eine diplomatische Annäherung an das gar nicht mehr so strikt kommunistische Kuba, doch vor allem für R̲e̲p̲u̲b̲l̲i̲k̲a̲n̲e̲r̲ ist eine echte Annäherung tabu. Geht's um *The Island,* regieren in den USA Prinzipien statt Pragmatik.

Lady Liberty

Stellen Sie sich vor, Sie leben allein auf einer Insel. Nicht irgendwo im Pazifik, sondern in der Bucht von New York, mit bestem Blick auf die Skyline. Jeden Tag besuchen zehntausend Menschen Ihr Eiland, nachts aber sind Sie allein – allein mit *Lady Liberty,* im Rest der Welt bekannt als Freiheitsstatue. David Luchsinger führte genau so ein Leben, bis er 2013 in Pension ging. Dave, so nennen ihn eigentlich alle, war zusammen mit seiner Frau Debbie der einzige Nachbar der Lady; der Hauswart der Freiheit quasi. Als Betriebsleiter des Nationalparks auf *Liberty Island* war Luchsinger zuständig für alles von Sauberkeit bis Sicherheit. Bis zum 29. Oktober 2012. Der Hurricane Sandy traf New York mit immenser Wucht, und auch Luchsingers Zuhause stand unter Wasser. Pflichtbewusst, ganz wie es sich für einen Nachkommen von Schweizer Einwanderern gehört, verschob Dave seine Pensionierung und stellte sicher, dass die Insel der Freiheit pünktlich zum July 4th wieder öffentlich zugänglich war. Zurück in sein altes Zuhause allerdings konnte er nicht; das Häuschen am Fusse der berühmtesten Statue der Welt wurde nicht neu aufgebaut. So war David Luchsinger der letzte Nachbar von *Lady Liberty.*

Latino

Wenn Sie das Amerika von morgen erleben wollen, habe ich hier eine Reiseroute für Sie: erster Halt Queens in New York City, danach mit dem Flieger nach San Antonio in Texas. Anschliessend mit dem Elektro-Pickup (Sie wollten ja die Zukunft sehen) durch New Mexico und Arizona hinauf nach Los Angeles. Bei dieser Tour werden Sie feststellen, dass Sie mit Spanisch ebenso gut durchkommen wie mit Englisch. Willkommen in den USA der *Latinos,* oft auch *Hispanics* genannt. Obwohl seit der Kolonialzeit ein Teil Amerikas, werden sie erst seit rund vier Jahrzehnten als eigene Bevölkerungsgruppe betrachtet; als Kulturgemeinschaft notabene, nicht als Rasse – ein *Latino* kann weiss, schwarz oder braun sein. Er oder sie (die *Latina)* muss auch nicht Spanisch sprechen, sondern lediglich einen entsprechenden Hintergrund für sich beanspruchen. Diese breite Definition und die traditionell starke Einwanderung aus Lateinamerika sorgen dafür, dass 53 Millionen Menschen in den USA heute als *Latinos* gelten, rund 17 Prozent der Gesamtbevölkerung (zum Vergleich: Schwarze machen rund 13 Prozent der Bevölkerung aus, Menschen mit asiatischer Abstammung etwas mehr als 5 Prozent). Nimmt man alle sogenannten «Minderheiten» zusammen, bilden sie schon bald die Mehrheit – ab 2043, so schätzen Experten, machen weisse Amerikaner ohne *Hispanic*-Hintergrund weniger als die Hälfte der Menschen im Land aus (derzeit kommen sie noch auf

63 Prozent). *Latino*-Traditionen wie C*inquo de Mayo,* der 5. Mai à la Mexiko, oder die *Quinceañera,* ein Riesenfest zum 15. Geburtstag eines Mädchens, halten mehr und mehr Einzug im US-Alltag. Das würden Sie auf Ihrer Reise in die Zukunft sicher alles sehen. Und wenn Ihre Ururenkel dann das Land besuchen, nennt ein Grossteil seiner Bewohner es vielleicht schon EUA; *Estados Unidos de América.*

Latte

Die USA haben einen Hang dazu, soziale Unterschiede in flüssiger Form auszudrücken: So wurde zum Beispiel jahrzehntelang zwischen *wine drinkers* (Oberschicht) und *beer drinkers* (alle anderen) unterschieden, wenn es etwa um die Analyse der Wahlresultate ging. Nun wird Wein aber immer billiger und Bier immer raffinierter, ergo machen solche Kategorien immer weniger Sinn. Das Getränk, das derzeit stellvertretend für gesellschaftliche Diskrepanzen steht, ist der *Latte.* Obwohl er sich gern als Kaffee-Variante verkauft, ist er substanziell ja vor allem eins, nämlich Milch. Allenfalls noch Schaum. Wer für so was drei bis vier Mal mehr ausgibt als für den gewöhnlichen Kaffee, den traditionellen *cup of Joe,* der gibt sich (im Becherumdrehen sozusagen) als wohlsituierter Stadt- oder Vorstadtmensch zu erkennen, als Mitglied der linksliberalen Elite. Echte Kaffeekerls hingegen

pfeifen auf Milchgetränke und trinken ihren Pappbecher im F-150 aus. An Starbucks und Co. brausen sie kopfschüttelnd vorbei, so zumindest die Vorstellung. In der Realität stösst aber auch das *Latte*-Label an seine Grenzen. So oder so: Nach Wein, Bier, *Latte* und Kaffee dürfte wohl auch die nächste amerikanische Sozialkategorie trinkbar sein.

Lee, Robert E.

Kann jemand ein halber Nationalheld sein? Robert E. Lee ist jedenfalls Kandidat für so einen Titel: Im Süden wird der 1807 geborene General der konföderierten Armee im Bürgerkrieg als Kriegsheld verehrt. Im Rest des Landes gilt er mehr als Verräter, weil er sich gegen jene US-Armee wandte, die ihn gross gemacht hatte. Was wenige wissen: Lee war kein Freund der Sklaverei, auch die Abspaltung der Südstaaten kritisierte er scharf. Er war allerdings ein überzeugter Bürger von Virginia – als solcher schlug er sogar ein Angebot Lincolns aus, die US-Streitkräfte (des Nordens) im Bürgerkrieg zu führen. Gegen seine eigenen Leute im Süden ins Feld zu ziehen, kam für Lee nicht in Frage. Als Virginia schliesslich angegriffen wurde, stellte sich der als militärisches Genie bekannte *Marble Man* (Marmormann) auf die Seite der Südstaaten und rang dem überlegenen Gegner im Norden mehrere Siege ab, bevor er 1865 die Waffen strecken musste. Insofern war

Lee ein typischer Amerikaner: Seine Verbundenheit zum Heimatstaat war grösser als jene zum ganzen Land; noch heute gehört *state pride* in den USA wie selbstverständlich dazu (ganz besonders in Texas). Vielleicht ist das mit ein Grund, warum das Land Robert E. Lee mittlerweile verziehen hat, offiziell zumindest: Mehr als hundert Jahre nach seinem Tod 1870 erhielt er die US-Staatsbürgerschaft zurück, die er einst für sein geliebtes Virginia aufgegeben hatte.

Lewis und Clark

«Mutig dorthin gehen, wo niemand zuvor gewesen ist», das ist eigentlich das Motto der «Star Trek»-Crew auf Raumschiff Enterprise. Es ist aber auch so etwas wie das Motto der USA: Grenzen sprengen, den Begriff des Machbaren erweitern, in jeder Hinsicht. Ganz konkret haben das Anfang des 19. Jahrhunderts zwei Männer im Auftrag von Präsident Thomas Jefferson getan: Meriwether Lewis (1774–1809) und William Clark (1770–1838). Sie brachen 1804 auf, um nach dem Landkauf der Louisiana Purchase die Wildnis des Westens zu erforschen, jenes damals unbekannte Land zwischen Mississippi und Pazifik, wo kein Mensch zuvor gewesen war; niemand ausser den Ureinwohnern natürlich, aber die zählten dannzumal ja nicht als Menschen. Für Lewis und Clark wurden die «Indianer» allerdings die wichtigs-

ten Menschen der Welt: Dank dem Handel mit ihnen überlebte die Gruppe eine Reise, die damals ähnlich kühn war wie der Flug zum Mond mehr als sechs Generationen später. Und es war auch eine Ureinwohnerin, die den Kontakt zu den «Wilden» herstellte. Sacagawea (ca. 1788–ca. 1812) übersetzte mit ihrem Mann, einem Frankokanadier, was die Herren von der Ostküste den Eingeborenen sagen wollten und was sie ihnen anzubieten hatten. Sie ist heute noch ein Symbol dafür, was Frauen und Minderheiten zum Entstehen der amerikanischen Nation beigetragen haben; unter anderem gebar sie auf der Expedition einen Sohn und trug das Neugeborene tausende Kilometer durch das Land – und tat damit mutig etwas, was niemand zuvor getan hatte.

Lexington ... und Concord

Lexington, Massachusetts. Der 19. April 1775. Auf der einen Seite 700 Soldaten der mächtigsten Armee der Welt: das britische Militär in voller Montur. Auf der anderen Seite ein paar Dutzend Mann, die sich mit Pflügen und Druckerpressen weit besser auskennen als mit den Gewehren, die sie tragen. Am Tag zuvor erst haben sie von ihrem Informanten Paul Revere (1734–1818) erfahren: *The British are coming!* Jetzt sind die Briten da. Sie wollen Waffen konfiszieren, bevor diese gegen das englische Königreich erhoben werden.

Und nun stellt sich diese kleine Gruppe aufmüpfiger Amerikaner, formell alle noch Untertanen der britischen Krone, den Soldaten entgegen. Mit deren Übermacht konfrontiert, befiehlt Gruppenführer John Parker (1729–1775) seinen Leuten: «Nicht feuern!» Trotzdem fällt ein Schuss – aus wessen Lauf, ist bis heute ungeklärt. Seine Folgen allerdings sind weltbekannt: Aufstand, Revolutionskrieg, Unabhängigkeitserklärung. Der Dichter Ralph Waldo Emerson (1803–1882) beschreibt den Schuss deshalb später als *shot heard 'round the world*. Trotz welthistorischer Bedeutung: Eigentlich war die Schlacht bei Lexington nur ein Scharmützel. Doch acht tote Amerikaner waren für deren Kameraden Grund genug, sich noch gleichentags zu revanchieren. Fast zweitausend Rebellen wurden innert Minuten aufgeboten, genau dafür hatten sie sich als *Minutemen* ja bereitgehalten. Bei Concord schlagen sie die Briten in die Flucht, verfolgen sie noch bis zu deren Basis in Boston (schon damals kämpften Amerikaner stets bis zum Letzten). Über hundert Menschen sterben an jenem 19. April 1775: dem ersten Tag im Krieg, aus dem die Vereinigten Staaten von Amerika hervorgehen sollten.

Like

Schnell, ohne nachzuschlagen: Was ist das häufigste Wort in der englischen Sprache? Wenn Sie jetzt spontan an *the* denken, gratuliere ich. Laut *Oxford English Dictionary (OED)* trifft genau das zu. In geschriebenem Englisch weltweit. Bei gesprochenem Englisch in den USA dürfte *like* allerdings auch weit oben auf der Liste stehen. *Like* kann vieles heissen. «Mögen» zum Beispiel oder auch «wie». Im täglichen Marathon-Einsatz wird das Wort indes als Allzweckwaffe missbraucht. Nicht selten scheint es, als wären alle Amerikaner unter dreissig und viel zu viele über dreissig einer Sekte beigetreten, die sie zwingt, mindestens dreihundert Mal pro Tag *like* zu sagen. Ein simpler Satz wie «Ich habe ihm gesagt, dass wir uns bei Jennifer treffen, so um halb sechs» wird so zum unerträglichen «*I was like: Hey, let's meet like, you know, at like Jennifer's place, like around five-thirty!*» Das Unwort *like* taucht überall dort auf, wo es nichts zu suchen hat, nur um jeden Satz in sinnlose Segmente zu zersetzen und alles Gesagte im gleichen Moment zu relativieren, wenn es gesagt wird. Kein Wunder, wird, wer zu oft *like* sagt, schnell als intellektuelles Leichtgewicht eingestuft. Und in der geschriebenen Sprache macht die *like*-Inflation noch weniger Sinn als im Gespräch. Die Rangliste des OED führt das Wort denn auch erst auf Platz 54 auf. Gut so.

Lincoln, Abraham

Wer war der grösste Präsident in der Geschichte der USA? In Umfragen landet ein Name zuverlässig an der Spitze: Abraham Lincoln (1809–1865). Und das nicht nur, weil seine überlegene Körperlänge bestens belegt ist (1,93 Meter). Seine Leistungen sind beispiellos: Sieg im Bürgerkrieg, Erhalt der Union, Abschaffung der Sklaverei. Damit bleibt er Amerika in Erinnerung (dass er anders ausgesehen hat als alle anderen Präsidenten – Hut, Bart, Statur –, dürfte beim Erinnern ebenfalls hilfreich sein). Heute geniesst Lincoln selbst im einst hasserfüllten Süden Respekt, weil er diesen Teil des Landes nach dessen Kriegsniederlage nicht obendrein noch demütigte – im Gegenteil: Lincoln tat alles, um es den abtrünnigen Staaten leicht zu machen, zurück in die Union zu kommen. Das zeigt den Pragmatismus, für den er auch heute noch bekannt ist. Bei Amtsantritt etwa holte er seine Parteikonkurrenten ins Regierungsteam. Und im Krieg vermied er es lange, die Abschaffung der Sklaverei zum offiziellen Ziel zu erklären, um nicht noch mehr Geschirr zu zerschlagen. Doch Lincoln war auch ein Mann der Überzeugungen, und so drängte er mit aller Kraft darauf, die Befreiung der Sklaven in die Verfassung zu schreiben, als der Krieg praktisch entschieden (und er selbst wiedergewählt) war. Keine drei Monate nach Annahme dieser Vorlage war Lincoln tot; erschossen im Theater, wie jedes amerikanische Kind in der Schule lernt. Das dramatische Ende eines dramatischen Lebens, das einst in einer ärmlichen Holzhütte begonnen hatte und dank Intelligenz, Geschick und Humor ins Weisse Haus führte. Und so zieht die Nation ihren Hut vor dem Mann mit Zylinder: Strassen und Städte sind nach ihm benannt, ja sogar – das hat kein anderer Präsident geschafft – eine Automarke heisst «Lincoln». So sieht echte amerikanische Bewunderung aus.

Lindbergh, Charles

Was kann einer schon bewirken, wenn er am liebsten allein ist, sich Maschinen näher fühlt als Menschen? Eine ganze Menge: Luftfahrtgeschichte schreiben zum Beispiel, so wie Charles Lindbergh (1902–1974). Der erste Mensch, der an einem Tag in New York und am nächsten in Paris war. Dazwischen lag sein historischer Flug: allein, nonstop über den Atlantik. Dieses Bravourstück machte Charles Lindbergh 1927 mit einem Schlag zum Weltstar. Für die Medien war es Liebe auf den ersten Blick: Da war einer, der Held war, ohne Blut zu vergiessen (die Erinnerung an den Ersten Weltkrieg war noch frisch). Ein Postpilot, der mit erst 25 Jahren die gesamte Flugelite der Welt in den Schatten stellte. Und dann war dieser *Lucky Lindy* erst noch unverschämt attraktiv. Lindbergh war damit der Erste, der erreichte, was Generationen von Amerikanern nach ihm erreichen wollten: über Nacht berühmt werden. Prominenz als neuer amerikanischer Traum. Doch der schnelle Ruhm zeigte bald auch sein hässliches Gesicht: Der Sohn des Fliegerhelden, keine zwei Jahre alt, wurde entführt und getötet – auch darüber und über den folgenden Mordprozess berichteten die Medien im Detail, der Fall ging als *crime of the century* in die US-Geschichte ein. So gesehen war Lindbergh auch eines der ersten Medienopfer. Und schliesslich wurde er zum Paradebeispiel dafür, dass Prominente ihre politischen Ansichten besser für sich behalten: Seine Nazisympathien im Vorfeld des Zweiten Weltkriegs beschädigten sein Image nachhaltig. Bei seinem Tod 1974 hatte ihm die Nation allerdings längst verziehen; in Erinnerung bleibt den USA der junge *Lucky Lindy,* der die Herzen der Welt im Flug eroberte.

Los Angeles

L.A. ist die vielleicht amerikanischste Stadt des Landes. Logisch irgendwie bei einer Nation, die von Osten nach Westen entstanden ist und so in L.A. quasi ihren Abschluss findet. Los Angeles ist eine Art Gegengewicht zu New York: Statt in die Höhe wächst diese Metropole in die Breite, bestehend aus dutzenden Stadt-Fragmenten; *welcome to Patchwork City.* Statt sich in kollektivem Masochismus allmorgendlich in die U-Bahn zu quetschen, bevorzugen die Bewohner hier die automobile Einsamkeit

hinterm Steuer (und landen täglich im Stau, was ja auch einen gewissen Masochismus voraussetzt). Verstreut in dieser Stadt, die eigentlich keine ist, findet das amerikanische Urwesen, der Individualist, seinen idealen Lebensraum. In L.A. ist man sich selbst stets am nächsten, und mit sich selbst verbringt man auch die meiste Zeit (etwa beim Einstudieren der Nebenrolle im nächsten TV-Flop oder – natürlich – im Stau). Da ist es nur konsequent, wenn sich so gut wie niemand für Politik interessiert; das Gemeinwohl scheint im Mekka der Einzelgänger als abstraktes Konzept, als pure Idee, als Drehbuch ohne Produzenten. Trotz alledem ist L.A. eine ausgesprochen freundliche Stadt, nirgendwo sonst bekommt man im Coffee Shop seinen Pappbecher mit einem herzhaften Lächeln überreicht – was daran liegen mag, dass ausnahmslos alle Baristas hier eigentlich von der Hollywood-Karriere träumen und von jedem Gast entdeckt werden wollen. Individualistisch halt, und deshalb sehr amerikanisch.

«Losing My Religion»

«Da stehe ich in der Ecke, im Scheinwerferlicht, und verliere meine Religion.» Wow, dachte ich als Teenager, da kritisiert einer die Kommerzialisierung des Glaubens in Amerika. Ein Songtext, rebellisch und doch spirituell. Als religions- und gesellschaftskritisches Stück wurde *«Losing My Religion»* der

Alternativ-Rockband R.E.M. im Europa der Neunziger schnell zum Kult. Es gibt da nur ein Problem: Es geht dort gar nicht um Religion. «Ach was, *losing my religion* ist eine ganz alltägliche Floskel», belehrte mich Jahre später eine Freundin, die aus dem Süden der USA stammt. «Bei uns heisst das so viel wie ‹die Beherrschung verlieren› oder so.» Ich hörte mir dann den Song noch mal an, und siehe da: Er klingt gar nicht mehr kritisch. Ein hübsches Stück Schmachtpop, das von einer nicht erwiderten Liebe erzählt. Mehr nicht. Europäischen Teenagern allerdings hat das in den Neunzigern niemand erklärt. Hätte wahrscheinlich auch nicht viel gebracht – in unserem Zustand fanden wir damals so ziemlich jedes Lied rebellisch und doch spirituell, irgendwie.

Louisiana Purchase

Was bekommt man heute für fünfzehn Millionen Dollar? Mal googeln – aha, offenbar kostet das teuerste iPhone der Welt so viel; nicht gerade ein Schnäppchen. 1803 kauften sich die USA dafür eine Landfläche sechs Mal so gross wie Deutschland. Wer verkauft so was? Es war Frankreich, das diesen historisch schlechten Deal gemacht hat. Genauer gesagt Napoleon. Der brauchte dringend Geld, und so bot er den verblüfften Amerikanern das gesamte Territorium Louisiana an, woraus über ein Dutzend US-Staaten entstehen sollten.

Dies obwohl die USA eigentlich nur an der wichtigen Hafenstadt New Orleans interessiert gewesen waren (verständlich, bis heute der interessanteste Teil des ganzen Pakets). Napoleon hatte die Nase voll vom amerikanischen Kontinenten, nachdem das Gelbfieber und eine Sklavenrevolte im heutigen Haiti tausende französische Leben gekostet hatten. Zudem bahnte sich ein Krieg mit England an, was ihn deutlich mehr interessierte als die Neue Welt weit weg von Paris. Die USA schlugen sofort zu, obwohl Präsident Thomas Jefferson daran zweifelte, dass der Landkauf verfassungskonform war. Auch waren längst nicht alle Amerikaner begeistert von der Idee, die Landesfläche mit einem Schlag zu verdoppeln und damit zehntausende «Ausländer» zu US-Bürgern zu machen. Doch wie so oft in der Geschichte der Vereinigten Staaten gewann der Pragmatismus über das Prinzip, trotz allem Murren ging der Deal durch den Kongress. Und die USA machten das grösste Schnäppchen ihrer Geschichte.

Luxury

Schliessen Sie bitte mal rasch die Augen, und stellen Sie sich ein Luxusapartment vor. Und? Lassen Sie mich raten: Strandblick, Panoramafenster, Terrasse mit Pool? So habe ich mir das jedenfalls ausgemalt, bis ich in die Vereinigten Staaten gezogen bin. Hier ist *luxury* der Standardbegriff für so ziemlich alles, was nicht in den Siebzigern gebaut wurde. Als Luxusapartment zum Beispiel wird angepriesen, was Europäer schlicht «Wohnung mit Geschirrspüler» nennen. Ein Luxusauto ist eines, das neu ist und im Zweifelsfall aus Deutschland kommt. Als Luxusbettwäsche geht durch, was weich ist und ohne Disney-Figuren drauf. Mit dem Wort *luxury* verhält es sich ganz ähnlich im Land der begrenzten Unmöglichkeiten wie mit dem Kürzel VIP: Es wird munter auf alle Produkte gepappt, die man gern teurer verkaufen will. Bekanntlich spiegelt der Preis aber nicht die Qualität, sondern die Nachfrage; die Zweizimmerwohnung im beigen Wohnblock in Downtown Washington DC ist alles andere als luxuriös (der Teppich hat noch Ronald Reagan miterlebt) – aber teuer, teuer ist sie garantiert. Wer 3000 Dollar Miete zahlt für so ein Loch, der will wenigstens vom Makler hören, er lebe im Luxus. Und irgendwann glaubt der Mieter es vielleicht sogar selbst, auch wenn er heimlich von Panoramafenster und Terrasse träumt.

Madison, James

Einen Krieg zu gewinnen, ist eine Sache, eine Nation aus der Taufe zu heben, eine andere. Den Sieg im Revolutionskrieg hat eindeutig General George Washington eingefahren (auch wenn er mit Baron von Steuben einen Deutschen holen musste, um seinen Mannen Disziplin einzubläuen). Die Aufgabe indes, aus den siegreichen ehemaligen Kolonien einen Staat zu formen, nahm James Madison (1751–1836) in Angriff. Er kannte sich mit Büchern besser aus als mit Waffen. Intellekt und rhetorische Finesse machten ihn zur zentralen Figur bei der Ausarbeitung der Verfassung 1787 – und das obwohl Madison damals erst 36 Jahre jung war. Im Anschluss führte er sozusagen eine PR-Kampagne für «seine» Constitution, schrieb zusammen mit Alexander Hamilton (1755–1804) und John Jay (1745–1829) eine Serie von 85 Artikeln dazu, die als *Federalist Papers* heute so etwas wie Kultstatus haben. Doch die vielleicht grösste Leistung des James Madison war, trotz seinem enormen Einsatz, die Verfassung nicht für unantastbar zu halten (wie einige US-Politiker das bis heute tun). Die Kritik seiner Gegner im Ohr, schlug Madison diverse Zusätze vor, von welchen zehn schliesslich die *Bill of Rights* bildeten, die Verbriefung von fundamentalen amerikanischen Rechten: die Rede-, Religions- und Versammlungsfreiheit genauso wie die Bewaffnung der Bürger. Diese Arbeit als Gesetzesarchitekt der jungen Nation sicherte James Madison seinen Platz in der Geschichte – so sehr, dass sie seine Zeit als Aussenminister und sogar Präsident in den Schatten stellt. Das macht ihm wohl keiner nach.

Madonna

Es gibt Länder, da reicht es, als Sänger einfach mal berühmt zu werden. Dann kann man weiter seine alten Lieder trällern und wird vom treuen Publikum ein Leben lang auf Händen getragen. Amerika ist kein solches Land. Wer hier *in* bleiben will, muss sich ständig neu erfinden (ausser er heisst Johnny Cash und trägt jahrzehntelang konsequent schwarz). Niemand hat die Kunst des fortwährenden persönlichen *updates* derart perfektioniert wie Madonna (geboren 1958 in Michigan). Sie war mal Popgirl, mal Glamourvamp, mal lüsterne Braut, mal weiblicher Jesus am Kreuz. Sie passt sich damit dem Wesen ihres Heimatlandes nahtlos an: ein Land, das heute nicht ist, wie es gestern war, und erst recht nicht, wie es morgen sein wird. So eine Nation braucht Stars, die das Publikum konstant überraschen. Am einfachsten geht das mit dem kalkulierten Skandal, was mittlerweile alle *celebrities* in den USA verinnerlicht haben (oft rufen die eigenen Agenten Paparazzi oder Klatsch-Websites an, um ihnen vermeintlich intime Einblicke ins Leben ihrer Kunden schmackhaft zu machen). Madonna hat das natürlich nicht mehr nötig, sie kokettiert mehr mit dem Eklat. Gerne auch auf der Bühne, wenn sie etwa wieder mal mit einer ihrer medial gekrönten Nachfolgerinnen (Britney! Miley! Gaga!) herumturtelt. Madonna darf das, weil sie als Mutter der gezielten Showbiz-Provokation, nun ja, alles darf, und sei's Kinderbücher schreiben (tut sie tatsächlich). Im Unterschied zu anderen hat man bei ihr allerdings nie das Gefühl, sie werde manipuliert – wo Madonna draufsteht, ist Madonna drin. Diese Selbstbestimmung macht sie zu einer amerikanischen Feminismus-Ikone, hautbetonte Bühnenshows hin oder her. Für Sponsoren derweil kann die Skandalmaschinerie rund um die *Queen of Pop* auch böse enden: Pepsi zog 1989 einen millionenteuren Werbespot zurück, nachdem das Video zum dort verwendeten Madonna-Song «*Like A Prayer*» christliche Gruppen wuchtig vor den Kopf gestossen hatte. Die Single wurde natürlich trotzdem ein Hit. Madonna ist nun mal die Taktgeberin fürs Leitmotiv des US-Showbusiness: *Any publicity is good publicity.*

Mall

Es dauerte ein wenig, aber ein paar Monate nachdem wir in die USA gezogen waren, ging es mir plötzlich auf: Irgendetwas fehlt. Genauer gesagt irgendwer. Und wie ich so im *Central Park*

sass und um mich schaute, merkte ich: Die Teenager fehlen. Kein Johlen, Kichern, Kreischen wie in meiner alten Heimat Zürich. Wo versteckten sich die amerikanischen Backfische nur? Die Antwort: Es gibt ein Sammelbecken für sie. Und dieses Sammelbecken heisst *Shopping Mall*. Hier, umgeben von Konsumgelüsten, fühlen sich Teenies offensichtlich wohl. Nicht dass sie sich die neusten Edeljeans und Tech-Gadgets leisten könnten, die meisten jedenfalls nicht. Die Mall dient dem heranwachsenden Amerikaner vielmehr als Biotop, als Testtümpel zum Studium der eigenen Gesellschaft. Da ist der Obdachlose auf dem Parkplatz, der mit seinem Kartonschild um ein paar Dollar bettelt, die jemand vom Einkaufstrip übrig hat; meist chancenlos im Kreditkarten-Zeitalter. Das zeigt der Jugend: Wenn du unten bist, bist du auf dich allein gestellt. Besser stehen da schon die Verkäufer da, die sich einen wohlklimatisierten Job mit Provision erlächeln konnten. Ein realistisches Vorbild für so manchen Teenager, auch wenn er lieber den Stars nachlebt, die als Werbeträger von Neonwänden und Flachbildschirmen herunterstrahlen; scheinbar perfekt und bestimmt unerreichbar. Ja, die *Shopping Mall* ist ein Mini-Amerika und deshalb als Jugendmagnet eine fixe Grösse im US-Alltag.

Marshall, Thurgood

Manchmal hat gesellschaftlicher Wandel ein Gesicht. Am Obersten Gericht der USA war dieses Gesicht 1954 schwarz: Thurgood Marshall (1908–1993), Anwalt der Bürgerrechtsbewegung NAACP, vertrat im Fall *Brown v. Board of Education* die damals bahnbrechende Ansicht, das Prinzip der Segregation mit ihrem Leitspruch «getrennt und doch gleich» verstosse gegen die amerikanische Verfassung. Schwarze Kids sollten mit weissen Kids zur Schule gehen können. Marshall bekam Recht – und wie: Alle neun Richter folgten seiner Argumentation. Rassentrennung an öffentlichen Schulen war damit Geschichte und das Schwarz-Weiss-Denken zum Auslaufmodell abgestempelt. Dreizehn Jahre später ernannte Präsident Lyndon B. Johnson den gleichen Thurgood Marshall zum ersten schwarzen Richter am Obersten Gericht. Erneut stand sein Gesicht für gesellschaftlichen Wandel: Nicht nur konnten Afroamerikaner dank ihm neben Weissen die Schulbank drücken, sie wussten auch, dass sie neben Weissen auf der höchsten Richterbank Platz nehmen konnten.

McDonald's

Okay, das Essen muss man nicht unbedingt bewundern (obwohl der Big Mac meiner Meinung nach für alle Zeiten das beste Katerfrühstück der Welt bleibt). Nein, bewundern muss man McDonald's in Sachen Organisation – glauben Sie mir, ich weiss, wovon ich rede. Einer meiner ersten Jobs als Teenager bestand darin, die Burger beim goldenen M zu braten. Die Organisation fängt bei McDonald's beim einzelnen Mitarbeiter an: Jeder muss so einen lustigen Lehrfilm anschauen, um die ausgeklügelte Küchenkommunikation richtig zu verstehen. Organisation ist auch beim Angebotsmanagement der Schlüssel zum Erfolg: Immer genug Burger jeder Sorte parat, aber nie so viel, dass sie nicht weggehen; gar nicht so leicht. Nach einer fix bestimmten Zeit darf man die Dinger nämlich nicht mehr verkaufen (ein Geheimtipp hier: Bestellen Sie immer etwas, was gerade nicht bereitliegt. Wenn Ihr Burger frisch zubereitet wird, schmeckt er doppelt so gut). Zu guter Letzt ist Organisation auch bei der Unternehmensstruktur das A und O: McDonald's konnte nur deshalb zum weltweiten Phänomen mit gegen siebzig Millionen Kunden pro Tag anwachsen, weil die Zentrale in Illinois nicht jedes Restaurant kontrollieren wollte, sondern stattdessen das Konzept an lokale Betreiber verkaufte; dieses *Franchising*-Prinzip wurde von Konzernvater Ray Kroc (1902–1984) zwar nicht erfunden, aber perfektioniert. Heute folgen inner- und ausserhalb der USA unzählige Ketten diesem Schema. In Sachen Organisation ist McDonald's also ein Vorbild fürs ganze Land. In Sachen Essen eher nicht.

Medicare

Da musste ich dann schon schmunzeln. Nicht weil der Herr in seiner Verkleidung an einen Pirat erinnerte, was auch amüsant war, sondern weil er an der Tea-Party-Demonstration mit tausenden anderen skandierte: «Nein zum Sozialismus, Nein zur Staatsmedizin!» Sozialismus, Staatsmedizin, das waren damals im Sommer 2009 die Lieblingsschimpfworte gegen die Gesundheitsreform von Barack Obama (und sie sind es noch). Zwar stützt sich die Reform grossenteils auf private Versicherer ab, doch bereits die allgemeine Pflicht zur Krankenversicherung ist in den Augen der konservativen Basis eine ordnungspolitische Todsünde: «Der Staat soll die Finger von meiner Gesundheit lassen», sagte mir zum Beispiel eine ältere Dame. Dabei hat der amerikanische Staat seit fünfzig Jahren seine Finger drin: Wer über 65 Jahre alt ist, hat in den USA Anspruch auf Medicare – ein gigantisches staatliches Gesundheitsprogramm, mit anderen Worten: Staatsmedizin. Mehr Sozialismus als in der Schweiz je denkbar. Und dennoch ist Medicare von links bis rechts unbestritten. Zwar explodieren die Kosten, eine Reform tut not: Das Programm ist einer der grössten Treiber der Staatsschulden. Doch das Prinzip «Gesundheit für alle – alle über 65» wird nicht in Frage gestellt. Haben sich Amerikaner erst mal an ein System gewöhnt, sind die erbitterten Grabenkämpfe bei dessen Ausarbeitung schnell vergessen. Das war bei Medicare so und auch bei der staatlichen Altersvorsorge Social Security. Da wirkt die lautstarke Fundamentalopposition gegen die «Staatsmedizin» von Obama bizarr. Nicht zuletzt weil die Teilnehmer an besagter Tea-Party-Kundgebung mehrheitlich älter als 65 waren und damit zufriedene Nutzniesser von Medicare.

Mexiko

Mexiko heisst in den USA auch south of the border (wobei hier Vorsicht geboten ist, weil das auch eine ganz andere, weitaus schlüpfrigere Bedeutung haben kann). Und wer schon mal dort war (in Mexiko, meine ich jetzt!), hat stets abenteuerliche Geschichten auf Lager, sei's vom Strand in Cancún oder aus den Bars von Tijuana. Meine persönliche Mexiko-Erfahrung ist da mehr ein, ich sag mal: Gesundheitsabenteuer. Während des Ausbruchs der Schweinegrippe 2009 berichtete ich live vom Ort des Geschehens, von einem Spital in Mexico City. Man stelle sich vor: Die ganze Stadt ist von der Pandemiepanik erfasst, von lateinamerikanischer Lebensfreude fehlt jede Spur. Leere Strassen, leere Fussballstadien. Jeder versucht nur, sich nicht mit dem tödlichen Virus anzustecken, so auch ich. Dieses Hotel mit leerem Parkplatz kommt mir da gerade recht – bloss keine Zimmernachbarn! Und Internet gibt's auch, also: gebucht. Offenbar bin ich sogar der einzige Gast. Perfekt. Und das Bett ist riesig. Ich nehme meinen Pandemie-Mundschutz vorsichtshalber gar nicht ab, als ich mich auf selbiges fallen lasse. Da wandert mein Blick an die Decke: ein einziger riesiger Spiegel. Moment mal. Dieses Bett hat robuste Stangen an allen vier Ecken. Zwei Tische daneben, so stabil, dass man drauf ... tanzen kann. In der Ecke liegen jede Menge Kondome bereit ... da dämmert's mir: Ich bin in einem Stundenhotel gelandet. Kein Wunder, bin ich der Einzige hier; nichts bringt das älteste Gewerbe der Welt schneller zum Stillstand als ein tödliches Virus. Allein im Liebesnest – mir war das damals durchaus recht. Hier hat man schliesslich Übung darin, allerlei Viren draussen zu behalten. Was will man mehr bei einer Schweinegrippe-Pandemie!

Miami

Mögen Sie's bunt? Laut? Heiss? Ja? Dann mögen Sie Miami – genauer gesagt Miami Beach. Die Stadt am Südostzipfel von Florida ist genau das: bunter, lauter und heisser. Und die Leute sind es auch. Bunt, weil sich hier diverse Gruppen von Menschen mischen, die sonst wenig miteinander zu tun haben: karibische Exilmusiker mit Millionärskindern im Dauerurlaub, Rentner aus New Jersey mit Silikon-Sternchen aus

Kalifornien (Miami ist die einzige mir bekannte Stadt, in der selbst die Schaufensterpuppen Ballonbrüste haben. Man kennt hier offensichtlich seine Kundschaft). Laut ist Miami, weil es so etwas wie Nacht eigentlich nicht gibt – mehr noch als in New York, seinerseits als *«city that never sleeps»* bekannt und so etwas wie die grosse Schwester von Miami; Party nonstop, das geht einfach besser, wenn die Temperaturen tropisch sind, und das sind sie hier (fast) immer. Ja, Miami ist heiss – so heiss, dass das eigene Basketball-Team sogar danach benannt wurde: *«Miami Heat»*. Sag ich's doch.

Milch

Ich so: «Etwas Milch noch, bitte.» – Sie: «Was für welche?» – «Äh ... Kuhmilch vielleicht?» – «Sie sind ja witzig!» Dabei hatte ich das ganz ernst gemeint. Was sollte ich denn bitte sonst in meinen Kaffee giessen? Ziegenmilch vielleicht? Bin doch nicht Heidi. Aber natürlich wollte die Dame nicht wissen, welches Tier mein bevorzugter Milcherzeuger ist, sondern welchen Fettgrad ich favorisiere. Milch, das sieht jeder, der einen US-Supermarkt besucht, gibt es hier in hunderten Varianten: von vollfett bis nullprozentig, von vitaminverstärkt bis aufgemotzt mit DHA-Omega-3 (keine Ahnung, was das ist, soll aber gut sein fürs Gehirn). Alles noch als bio, kuhfreundlich oder hormonkomplementiert, präsentiert unter drei Dutzend Dachmarken. Mein Aha-Erlebnis in Sachen Milch hatte ich aber nicht im Laden, sondern im Staat Indiana, in einer regelrechten Milchfabrik: Über 30 000 Kühe auf einer Farm. Dort stehen sie dann in endlosen Reihen, essen Maisbrei. Und bewegen sich nur, wenn's zum vollautomatischen Massenmelken geht. Jedes Tier trägt eine Nummer, Namen wären hier zu kompliziert. Ganz anders beim Bio-Bauern in Vermont – der kennt jedes Tier, das auf seiner Weide grast, und gibt den Kälbern mal italienische, mal französische Namen. Das macht die Milchwahl dann wieder ganz leicht: So natürlich wie möglich, danke.

Mondlandung

Eigentlich kann jeder Amerikaner allein deshalb stolz auf seine Nation sein: als Erste auf dem Mond. Eine Meisterleistung von welthistorischer Bedeutung. Und doch gibt es sie, die Zweifler am Monumentalerfolg, die ewigen Bedenkenträger rund um Mission Apollo 11. Die Verschwörungstheorien zur Mondlandung sind vor allem eins: amüsant. Nachfolgend darum hier die spektakulärsten Skepsis-Gebäude: 1) Die fehlenden Sterne. Auf Fotos der Mondlandung sieht man zwar die Erde, drum herum aber nichts. Die Raumfahrtbehörde NASA meinte dazu lapidar, das liege an der Belichtung der Bilder. 2) Die wehende Flagge. Auf einem der berühmtesten

Bilder der ersten Mondlandung flattert die US-Flagge scheinbar im Wind – dabei gibt es auf dem Mond gar keinen Wind! Die Erklärung: Die *Stars and Stripes* waren einfach nur etwas zerknittert, nachdem sie die über viertägige Reise gefaltet verbracht hatten. 3) Der C-Stein. Ein Bild zeigt ein Stück Mondgestein, auf dem deutlich der Buchstabe C zu erkennen ist. Beweis, dass es sich in Wahrheit um eine beschriftete Attrappe handelt, wie sie auf einem Filmset verwendet wird? Die NASA winkt ab: Das C sei erst beim Druck des Fotos entstanden, vielleicht ein Haar oder so. Wahre Lunar-Nörgler lassen sich von all diesen Erklärungen natürlich nicht abschrecken. Im Gegenteil, sie verweisen obendrein darauf, dass Menschen nur während der Nixon-Präsidentschaft auf dem Mond landeten – und Nixon traut man in den USA (fast) alles zu. Und ja, mit Starregisseur Stanley Kubrick (1928–1999) haben die Verschwörungstheoretiker sogar den Mann parat, der alles für die NASA inszeniert haben soll. Beweis dafür: Kubrick hatte kurz vor der Mondlandung 1969 den Sci-Fi-Klassiker «2001: A Space Odyssey» gedreht! Das kann, nein, das muss einfach ein Probelauf für die Mondlandung gewesen sein, nicht? Wie gesagt: vor allem amüsant.

Monroe, Marilyn

Die schönste Frau aller Zeiten. So amerikanisch unbescheiden lässt sich beschreiben, wie Marilyn Monroe im öffentlichen Gedächtnis der USA verankert ist. Doch schön sind viele Frauen. Was also machte diese eine, geboren 1926 als Norma Jeane Mortenson in Los Angeles, zu einer Beauty-Ikone mit anhaltender Ausstrahlung rund um die Welt? Böse Zungen zischen, sie habe einfach im richtigen Moment ihre brünetten Haare blond gefärbt. Doch bei der Monroe geht es eben um mehr als ums Aussehen. Es geht vor allem um Timing: Als sie Anfang der Fünzigerjahre ihren Durchbruch hatte, kamen Filme erst seit wenigen Jahren farbig daher. Die Stars dieser Tage wurden so von Schauspielern zu Idolen; Übermenschen aus einer fernen, bunten Glitzerwelt. Wobei die meisten von ihnen doch noch als Menschen erkennbar waren, mochten sie auch noch so schön sein. Nicht so Marilyn: Sie wirkte wie ein Fabelwesen auf der Leinwand, sexy, doch zerbrechlich, auf der ständigen Suche nach mehr als nur Ruhm. Das war ihr Erfolgsgeheimnis: Männer begehrten sie und verehrten sie zugleich. Frauen beneideten sie, ohne neidisch zu sein. *MM* verkörperte amerikanische Extravaganz genauso wie neuweltliches Streben nach Glück. Sie starb mit nur 36 Jahren – noch immer wird in den USA gerätselt, ob durch eigene oder fremde Hand. Unbestritten aber ist: Niemand wird je wieder sein wie Marilyn.

Morgan, J.P.
Sein Tod brachte die amerikanische Finanzwelt zum Stillstand – für ein paar Stunden wenigstens; die New Yorker Börse blieb an jenem Morgen geschlossen, als John Pierpont Morgan (1837–1913) zu Grabe getragen wurde. Dem Banker wurde damit eine Ehre zuteil, die sonst für Präsidenten reserviert ist. Doch J.P. Morgan war nun einmal mehr als ein Finanzbaron, er war der mächtigste Banker in der US-Geschichte, zudem eine zentrale Figur in allen wichtigen Branchen seiner Zeit: Elektrizität, Eisenbahn und vor allem: Stahl. Mit *U.S. Steel* schuf Morgan den ersten Milliardenkonzern der Welt. Indem er nicht nur aus Geld mehr Geld machte, sondern sich mit Macht mehr Macht verschaffte, wurde J.P. Morgan so etwas wie der Napoleon des Kapitalismus. Logisch stiess sein Einflussreichtum auch auf Widerstand, vor allem bei Präsident Theodore Roosevelt, in dem viele Amerikaner seinerzeit den zweitmächtigsten Mann in Amerika sahen (hinter Morgan). Doch der Überbanker war nicht nur kalter Geldmensch, er war auch leidenschaftlicher Sammler, mit einer beispiellosen Kollektion, die von Literatur über Gemälde bis zu Edelsteinen reichte. Nach seinem Tod vermachte Morgan diese Schätze mehreren Museen in New York, wohl wissend: Wer als einer der Grossen in die Geschichte der USA eingehen will, muss mehr tun als Grosses leisten. Er muss Grösse zeigen.

Mount Rushmore

Knapp zehn Millionen Quadratkilome-
ter haben die Vereinigten Staaten. Und
knapp zehn Millionen Sehenswürdig-
keiten – so scheint es zumindest, wenn
man durchs Land fährt: hier die grösste
Ketchupflasche der Welt, dort die *Hall
of Fame* der Kakerlaken (gibt's alles!).
Die amerikanischste aller Attraktionen
ist und bleibt für mich allerdings *Mount
Rushmore* in South Dakota. Die Gesichter von vier Präsidenten wurden dort während vierzehn Jahren aus einem Fels-
massiv gehauen: ein monumentaler Be-
leg für den amerikanischen Glauben
ans Machbare. Eigentlich hätten die
Herren Washington, Jefferson, Lincoln und
Roosevelt mitsamt ihrem Torso verewigt
werden sollen. Dann aber ging, wie das
hierzulande öfter vorkommt, das Geld
aus, und es blieb bei den Köpfen dieser
Staatsoberhäupter. Gleich darunter sehen die rund drei Millionen Touristen,
die jährlich in diese entlegene Ecke des
Landes reisen, um Mount Rushmore zu
sehen, statt der einen oder anderen
stolzgeschwellten Präsidentenbrust –
einen Haufen Geröll. Der Bauschutt
wurde in den siebzig Jahren seit Fertig-
stellung dieses Megadenkmals nie be-
seitigt. Auch das ist typisch USA.

N-Wort

Wenn Sie einen Amerikaner so richtig schockieren wollen, dann erzählen Sie ihm einfach, dass wir als Kinder in Europa noch ein Lied gesungen haben, das in den USA seit Jahrzehnten tabu war: «Zehn kleine Negerlein». Allein die Erwähnung des N-Worts sorgt landauf, landab für offene Münder (dass im Lied die Zahl der Negerlein stetig abnimmt, sorgt für blankes Entsetzen). Nein, dieses Wort gehört sich nicht, das musste auch schon eine TV-Köchin aus dem Süden erfahren, die prompt ihre Werbeverträge verlor, als sie zugab, den geächteten Begriff «früher» öfters mal verwendet zu haben; so etwas mag Amerika nicht verdauen. In einem Land, das heute noch kämpft mit seiner Vergangenheit als Hort der Sklaverei, kommt es einem Schlag ins Gesicht der Geschichte gleich, wenn jemand *nigger* sagt. Es sei denn, dieser jemand ist selbst schwarz. Dann ist der Begriff, mit Gusto als *nigga* ausgesprochen, voll okay. Und das nicht nur für Menschen mit gleicher Hautfarbe, sondern prinzipiell für jeden männlichen Erdenbewohner. Dieses sprachliche Exklusivrecht ist indes nicht allen bewusst: Nicht wenige Touristen aus Europa fühlen sich nach einem Hip-Hop-Song und zwei Tarantino-Filmen ermächtigt, mit dem N-Wort um sich zu fuchteln, ebenso mit der «F-Bombe», dem kurzen, jedoch effektvollen Wort *fuck*. Letzteres mag je nach Situation noch drinliegen (in der Bar kein Problem, an der Podiumsdiskussion ein *no-go),* aber das N-Wort? Ich sag mal: *no fuckin' way!* Es ist ein umgangssprachlicher Triumph des schwarzen Amerika, die alleinige Deutungshoheit über das N-Wort an sich gerissen zu haben. *Reappropriation* sagt man dazu hier, zu Deutsch Neuzuordnung. So vollständig ist der schwarze Anspruch auf Umdeutung, dass man dem Rest der Nation schon mit der Erwähnung eines alten Kinderlieds die Schamröte ins Gesicht treibt.

Nackt

«Das ist ein Mädchen!», schnaubt der Bademeister und zeigt auf meine zweijährige Tochter. Das hat er ganz gut erkannt. Obwohl mein Schatz mit Wuschelmähne, breiten Schultern und Nemo-Schwimmwindel wohl ohne Weiteres auch als Junge durchgehen könnte. Die rosaroten Badehosen haben sie wohl verraten. Und genau das ist offenbar das Problem. Bademeister: «Sie muss einen Badeanzug tragen!» Ich: «Aber Hosen tun's doch auch.» – «Nein, Mädchen müssen ihre Brust bedecken» – «Brust? Sie ist zwei Jahre alt.» – «Sir, das sind nun mal die Regeln hier.» Und Regeln stellt man in Amerika nicht in Frage, schon gar nicht, wenn es um die Vermeidung von Nacktheit geht. Weibliche Brüste zum Beispiel sind derart aus der Öffentlichkeit verbannt, dass sich viele Mütter selbst zum Stillen ihres Babys ein Versteck suchen, im Auto oder auf der Toilette zum Beispiel. Sogar *Facebook* entfernt Bilder von stillenden Frauen nach eigenem Gutdünken. Nackte Kids, die vor dem Haus im Sprinklerregen rumhüpfen, sorgen für hochgezogene Augenbrauen und belehrende Kommentare. Gedacht ist das alles als Schutz – der Kinder, der Mütter, der Nation. Im Alltag fühlt es sich allerdings mehr nach Bevormundung an, vor allem weil die Niemals-Nackt-Regel für Männer nicht gilt: Joggen durch die Innenstadt mit freiem Oberkörper ist ganz selbstverständlich. Wenn Mann will, darf er dazu auch rosarote Badehosen tragen.

Nationalhymne

«Oh say can you see ...» Nur keine Hemmungen, singen Sie ruhig drauflos. Sie kennen die Melodie nicht? Macht nix, die US-Nationalhymne wird so oder so recht grosszügig interpretiert. Ich habe «Star Spangled Banner» sicher tausend Mal gehört, aber nicht ein Mal genau gleich. Und das entspricht irgendwie auch ganz der Staatsphilosophie der USA: Jeder kann leben, wie er will, es gibt Millionen Arten, Amerikaner zu sein. Jeder nach seinem Gusto, solange er sich an die Regeln (sprich: das Recht) hält. Bei der Nationalhymne ist die einzige Regel, dass der Text stimmt und natürlich die patriotische Inbrunst

zweifelsfrei mitschwingt. Sonst aber geht fast alles: langsam, schnell, rockig, zackig, dreckig, a cappella oder à la Cash, Johnny Cash. Der Einfachheit halber hat man die Melodie aus einem schwungvollen Trinklied geklaut. Ja, eigentlich braucht es beim Singen nur genug Mut, sich vor die versammelte Gemeinde zu stellen und draufloszuschwelgen; zum Schluss der Hymne wird dann ja auch das «home of the brave» besungen. Passt!

Nationalparks

In einem Land, das sich so lautstark seiner Ideen rühmt wie die USA, muss etwas schon ganz schön toll sein, um als «Amerikas beste Idee» zu gelten. Die Nationalparks der USA haben diesen Titel ergattert, und sie sind wirklich ziemlich toll: Wo sonst kann man mit dem Auto quer durch unberührte Natur fahren und muss nur für Büffel und Pipipausen anhalten? Wo sonst händigt einem ein fachkundiger Beamter bei der Einfahrt eine Karte und Tipps fürs Überleben in der Wildnis aus? Eben. Die Nationalparks sind ein Heiligtum, das schlägt sich auch politisch nieder: 95 Prozent aller Wähler finden es laut Umfragen richtig, dass der Bundesstaat diese Gebiete schützt – eine Einigkeit, die in den streitlustigen USA an ein Weltwunder grenzt. Die Naturtempel Amerikas ziehen denn auch Freizeitpilger aus allen Landesecken an. Viele von ihnen kennen die Wildnis indes nur von *National Geographic TV*, und so kommen sie auch daher: mit Flip-Flops statt Wanderschuhen. Für jemanden, der in den Schweizer Alpen aufgewachsen ist, ist das in etwa so, als trete jemand eine Polarexpedition in Bermudas an. Die meisten Outdoor-Unfälle in Nationalparks sind denn auch keine Kletterabstürze oder Büffelattacken; es sind Fehltritte, ganz banal. Mit Sandalen über Stock und Stein zu ziehen, könnte somit gut und gern als «Amerikas dümmste Idee» durchgehen.

Naturkatastrophen

Als US-Korrespondent erlebt man im Laufe der Jahre so einiges: Hochwasser, Erdbeben, Wirbelstürme, Vulkanausbrüche (okay, dafür musste ich nach Island fliegen). Schnell habe ich gelernt, dass Amerikaner anders als wir mit Naturkatastrophen umgehen: «Bleibt ihr noch zum Barbecue?», fragt mich die Dame mittleren Alters mit breitem Grinsen. Sie schwenkt verführerisch die Ketchupflasche. Dabei steht ihr Haus mit Garten gerade mitten in einem Katastrophengebiet: Der Mississippi, den Johnny Cash so schlicht wie treffend *Big River* genannt hat, hat sich bis auf wenige Zentimeter an ihr Haus herangefressen. Doch Jahrhundertflut im Mittleren Westen hin oder her, den Grill anwerfen wird man ja wohl noch können. Der Schweizer schaut und staunt – hätte ich selbst doch längst aufgeräumt, das Weite gesucht und ja, mit dem Schadenrapport für die Versicherung begonnen. Nicht so der Amerikaner. Mit einer Mischung aus Stolz und Trotz lebt er in allen Lagen seinen Alltag. Auch die vielen freiwilligen Helfer, die bei jeder Katastrophe aus dem ganzen Land herbeieilen, müssen auf den *American Way of Life* nicht verzichten: Ein mobiler Kiosk versorgt sie mit eiskaltem Coke und Energy-Drinks, mit Burgern und Donuts. Das sorgt für gute Stimmung. *Happy flooding? Happy helping* allemal. Zwar weiss jeder, dass die Lage ernst ist. Aber da kann der Donut ja nix dafür. Amerikaner sehen so eine Flut durchaus als Ereignis, als *Event*. Der Dorfladen hat das in Windeseile erkannt und verkauft neben Gummistiefeln und Taschenlampen jetzt auch *desaster T-shirts*. Da stehen dann Dinge drauf wie: «Mississippi-Hochwasser 2008» oder «Ich habe Clarksville gerettet». Amerikanisch zu sein, lässt sich Amerika nun mal nicht verbieten. Auch von Naturkatastrophen nicht.

New Orleans

«Und, was ist deine Lieblingsstadt in den USA?» – «Hm, schwer zu sagen, ich mag viele.» – «Trotzdem: Wenn du nur eine Stadt nennen kannst, welche wäre es? New York, San Francisco?» – «Beide cool. Aber okay, wenn ich nur eine Stimme vergeben kann, geht sie wohl an New Orleans.» –

«Echt? Da war ich noch nie.» – «Oh *NOLA* ist super, weil halt so anders als andere Städte in den USA.» – «Wie jetzt?» – «Das ist schwierig zu beschreiben, das muss man echt gesehen haben. Und gehört!» – «Gehört?» – «Absolut. Wer abends durch die Strassen des *French Quarter* zieht, wird von Musik förmlich umflutet!» – «Apropos Flut: Wurde die Stadt nicht durch diesen Sturm zerstört, wie hiess er noch gleich?» – «Katrina. Das war 2005. Ja, dieser Hurricane hat New Orleans böse erwischt. Schlimmer als der eigentliche Sturm aber war, dass der Damm brach, handelt sich also mehr um ein Infrastruktur-Versagen als eine Naturkatastrophe. Ich war seitdem aber vier Mal dort unten, und die Stadt hat sich aufgerappelt. Mittlerweile gibt es sogar Katrina-Tours.» – «Tours? Für Touristen?» – «Klar. Sehr amerikanisch, nicht? Macht aber auch Sinn: Katrina ist ein Teil von New Orleans, und die Besucher sollen auch darüber etwas erfahren. Die Tour kann ich absolut empfehlen.» – «Sturm-Tour. Okay. Was sonst noch?» – «In New Orleans? Eigentlich alles. Tolle Kunstgalerien, Hammer-Restaurants – und ja, die älteste Bar der USA, sagen zumindest die Leute dort. Ausserdem darf man Bier auf der Strasse trinken.» – «So ganz offen, wie in Europa? Ich dachte, das ist verboten in Amerika.» – «Fast überall, ja. Aber eben nur fast. In New Orleans ist das okay – wie gesagt: eine etwas andere Stadt.»

New York

«Zehn Jahre. Weisst du, man kann sich erst New Yorker nennen, wenn man zehn Jahre hier gelebt hat», referiert eine Bekannte von mir als Antwort auf meine Feststellung, ich fühle mich mehr als Schweizer denn als New Yorker. Es versteht sich von selbst, dass die Dame seit über zehn Jahren in dieser Stadt lebt. Für mich und meine Familie wurden es am Ende nur vier, die Stadt der Städte (so heisst New York zumindest in allen Reiseprospekten) war also mehr Zwischenhalt als Endstation. Ein paar Einsichten habe ich doch gewonnen. Am wichtigsten: New York ist eine Insel. Geographisch sowieso, der Stadtteil Manhattan zumindest. Noch wichtiger aber ist die Tatsache, dass der *Big Apple* (übrigens ein Spitzname, den kein New Yorker je im Alltag benutzt) auch kulturell ein Eiland ist, ach was, ein ganz eigener Planet. So dicht, so bunt, so unamerikanisch international ist diese Stadt, dass sie fast ein Fremdkörper ist im Land – aber eben nur fast. Letztlich braucht es den *Gotham* (dies ein ungleich coolerer Spitzname), weil New York nun mal einzigartig ist und darum ganz gut zu einer Nation passt, die's gern aussergewöhnlich mag. Was allerdings nicht heissen will, dass diese Nation ihre mit Abstand grösste Grossstadt von ganzem Herzen liebt. Das ist die zweite Erkenntnis: New York ist unpopulär. Genauer gesagt: Seine Bewohner sind es. Das braucht eine Weile, bis der auf stete Nettigkeit getrimmte Durchschnittsamerikaner so was durchblicken lässt, aber die Bewohner von *NYC* (endlich mal ein gebräuchlicher Spitzname) werden gern in die Schublade «Arrogantes urbanes Grossmaul» gesteckt. Das liegt weniger an den eigenen Erfahrungen in *the city that never sleeps* (dies ein überaus überstrapazierter Übername, wenn Sie mich fragen), denn wer jemals dort war, fand's in der Regel *fantastic*. Grund für die Skepsis gegenüber New York ist die innerhalb der Stadtgrenzen so selbstverständliche Wir-sind-die-Welt-und-basta-Haltung. Das kann ganz schön groteske Formen annehmen. An einem Kleiderladen in der Nähe der Wall Street zum Beispiel habe ich mal ein Banner gesehen: «Nummer eins in New York – und das ist die Welt.» Für *the capital of the world* (es gibt Leute, die benutzen diesen Ausdruck tatsächlich) ist das eine arg provinzielle Einstellung. Natürlich denken nicht alle New Yorker so engräumig, schliesslich bietet diese Stadt für jedermann etwas – was mich zu Erkenntnis Nummer drei bringt: New York gibt es nicht. Es gibt New Yorks. Tausende davon. Reich, arm, hektisch, entspannt, grau, grün, trendy, veraltet, je nachdem, in welcher Ecke dieser Stadt man lebt, präsentiert sie sich anders. Experten schätzen, dass hier bis zu 800 (!) verschiedene Sprachen gesprochen werden, der Spitzname vom *melting pot* könnte somit passender nicht sein, der Schmelztiegel, der alles und jeden im Nu aufnimmt; und dadurch erst wird, was er ist. Von wegen «zehn Jahre muss man hier schon gewohnt haben». *Bullshit*. Zehn Tage tun's auch, und das ist gut so.

News

Wenn Amerikaner von *the news* sprechen, meinen sie meistens: TV-News. Rund die Hälfte aller Amerikaner informiert sich übers Fernsehen (zum Vergleich: Zeitungen lesen weniger als ein Drittel). Auch wenn das Internet als Infoquelle rasant aufholt, gilt bis auf Weiteres: *TV is king* in der US-Medienlandschaft. Logisch ist da auch das Angebot gross, was sag ich, es ist überwältigend. Spitzenreiter sind nach wie vor die alten Platzhirsche: die *local news* mit Berichten über den Markt (oder den Mord) um die Ecke sowie die *network news* (die «Tagesschau» der drei grossen Sender *ABC, CBS* und *NBC*) und *morning news* (der Start in den Tag mit Schlagzeilen und Tiergeschichten). Soweit alles vergleichbar mit europäischen Bildschirmen. Bis man sich in die Welt des Kabelfernsehens vorwagt: Die amerikanischen *cable news* schockieren beim Erstkontakt jeden Touristen aus der Alten Welt. Ähnlich wie im Radio werden auf diesen 24-Stunden-Nachrichtenmühlen zur *prime time* nicht *news* verbreitet, sondern Meinungen; *CNN,* der Grosspapa der Szene, versucht sich diesem Trend zwar entgegenzustellen – ohne Erfolg, der Sender dümpelt im Alltag vor sich hin und wartet, bis die nächsten *breaking news* ihm massenhaft Zuschauer zuspülen. Die Konkurrenz von *Fox News* schmettert sich derweil kühn-konservativ mit Talk und Tiraden auf Platz eins unter den Infokanälen. Die Stars hier haben alle ihr eigenes Medienimperium mit TV-Sendung, Radio-Shows, Büchern und Vortragsreihen. Was rechts geht, muss auch links gehen, sagte sich vor rund zehn Jahren *MSNBC* und wurde zum Meinungsantagonisten von «*Fox News*» (mit deutlich weniger Zuschauern). Solche ideologisch klar verwurzelten Sender sind vielen Europäern ein Graus – Fernsehen, das finden nicht nur hyperneutrale Schweizer, muss unparteiisch berichten. Amerikaner sehen das weniger eng: Wenn Zeitungen kommentieren dürfen, warum dann nicht auch TV-Sender? Viele junge Zuschauer holen sich ihre Nachrichten ohnehin bei der genial-satirischen «*Daily Show*». Ein amüsanter Weg, sich zu informieren; von *the news* kann dann allerdings nicht mehr die Rede sein.

Niagara

Da stehe ich nun. Der Blick wie gebannt auf die Wogen gerichtet, die da in die Tiefe donnern. Es ist gar nicht so sehr die Höhe, die einem den Atem verschlägt, es gibt Wasserfälle in Amerika, die sind zehn Mal so hoch. Es ist die Masse an Wasser, die Niagara einzigartig macht: Rund zwei Millionen Liter pro Sekunde fliessen da hinunter. Ich denke unaufhörlich daran, jetzt bloss nicht auszurutschen, um im Nu ein Teil dieser Schlucht aus Wasser zu werden. Umso erstaunlicher, dass sich immer wieder Leute freiwillig in die Niagarafälle stürzen, seit ein gewisser Sam Patch (1799–1829) das vor bald zweihundert Jahren vormachte. Prompt wurde er als *Yankee Leaper* landesweit bekannt und begründete die Tradition des amerikanischen *daredevil,* des Draufgängers im Showbusiness. Wenn heute New Yorker Kids ihre Videos vom *subway surfing* und ähnlichen «Mutproben» auf Youtube stellen, steht Sam Patch quasi Pate. Man sollte allerdings auch sein Ende kennen: Der *Yankee Leaper* starb bei einem anderen Wasserfallsprung, nur wenige Monate nachdem er die tosende Hölle von Niagara überlebt hatte. Auf seinem Grabstein stand lakonisch: «So geht es mit dem Ruhm.»

Nine-Eleven

Wissen Sie noch, wo Sie am 11. September 2001 waren? Wahrscheinlich. Die meisten Menschen erinnern sich ein Leben lang daran, wie und wann sie von den Terrorattacken in den USA erfahren haben. Gerade Amerikaner werden diesen Augenblick nie vergessen. Der einzige vergleichbare Moment in dieser Hinsicht ist der Tod von JFK. Und auch wenn damals nur ein Mann, an *9/11* hingegen 2996 Menschen ums Leben kamen, in ihrer nationalen Bedeutung ähneln sich die Ereignisse: Wie der junge Präsident in seiner Limousine, so fuhren auch die USA schutzlos, ohne Verdeck, durch die Welt. Wie Kennedy strahlte und winkte das Land der Welt zu, selbstsicher und gleichzeitig naiv, was die eigene Sicherheit anbelangt. Dann wurden beide vom Unvorstellbaren überrascht, und nichts war wie zuvor. Ich habe zum zehnten Jahrestag der Terroranschläge diverse Überlebende interviewt – fast ausnahmslos beginnen sie ihre Erzählungen damit, dass der 11. September ein strahlend schöner Tag war. Genau dasselbe sagte mir Jahre später Kennedys Leibwächter, als wir über den Tag des Präsidentenattentats sprachen. Erst Sonne. Dann Horror. Das ist eine andere Art zu sagen: Die Welt hat sich mit einem Schlag verändert. Von aussen ist das schwierig nachzuvollziehen. Für die USA aber wird es immer ein Vorher und ein Nachher geben, wenn von Nine-Eleven die Rede ist.

Nixon, Richard

Es gibt US-Präsidenten, die werden nach ihrer Amtszeit zum Adjektiv. Meistens geht es dabei um positive Eigenschaften: *Reaganesque* zum Beispiel beschreibt jemanden, der seine Zuhörer so mühelos für sich einnimmt wie Ronald Reagan. Als *rooseveltian* gilt jemand, wenn er resolut progressiv auftritt wie seinerzeit FDR. Und dann gibt es da noch *nixonian*. Kein Kompliment, vielmehr eines der gröberen Schimpfworte in der amerikanischen Politik. Wer an Richard Nixon (1913–1994) erinnert, der wird als misstrauisch, durchtrieben, machtbesessen empfunden. Diesen Ruf hat sich der 37. Präsident der USA mit diversen Übeltaten verdient: *Tricky Dick* führte zum Beispiel eine persönliche Feindesliste, liess Gegner bespitzeln und befahl schon mal, nachts bei kritischen Intellektuellen Akten zu stehlen. Und obendrauf: Watergate. Die Mutter aller Skandale. Obwohl nie bewiesen wurde, ob Nixon persönlich den Einbruch im Hauptquartier der Demokraten 1972 angeordnet hat, bleibt der Präsident in den Augen Amerikas für immer verantwortlich für den gravierendsten Machtmissbrauch, der je im Weissen Haus stattgefunden hat. Seine Erfolge – ja, die gibt es – werden daneben nicht einfach überschattet, sie werden von der dunklen Wolke Watergate verschluckt. Vage erinnert man sich noch, dass unter ihm die eisigen Beziehungen zu China zu tauen begannen. Vor allem aber erinnert man sich, dass dieser Mann – nun ja, *nixonian* war.

Obama, Barack

Selten habe ich Augen so leuchten sehen. Die junge Studentin aus Kentucky
hüpft auf und ab, kreischt und winkt
wild, als sie ihr Idol erblickt. Nein, wir
sind nicht am Konzert irgendeiner Boy-
Band, wir sind am Parteitag der Demokraten 2008 in Denver, und alles dreht sich
um ihn: In wenigen Minuten wird
Barack Obama (geboren 1961 in Hawaii)
offiziell zum Kandidaten der Partei er-
nannt. Nicht in irgendeinem Kongress-
center, sondern in einem Football-
Stadion, vor 84 000 Anhängern – allesamt ähnlich euphorisch wie die
Studentin neben mir. («Wie kann man
ihn nicht wählen?») Jeder hier hat seine
eigene Vorstellung davon, was der Hoff-
nungsträger dort unten im Rampen-
licht meint, wenn er von *hope* und
change spricht. Das ist ja das grösste Talent des Barack Obama, dass jeder Wähler in seinen Worten – und es sind meistens schöne Worte, nein: wunderschö-
ne Worte – genau das erkennt, was er
erkennen will. Egal ob Umweltschutz, Ho-
mo-Ehe oder Weltfrieden: Was immer
das Herzensanliegen eines Bürgers
auch sein mag, in Obama sieht er den
Mann, der sich exakt dafür einsetzen
wird. Im Wahlkampf ist das ein Traum-
vorteil. Im Amt ist es ein Klotz am Bein.
Schliesslich kann ein US-Präsident stets
nur einen Bruchteil seiner Agenda um-
setzen, das Gros des Jobs besteht darin,
auf Ereignisse zu reagieren und diese im
Sinne des Landes zu managen. Das ist
bei Obama nicht anders: Statt Baumeis-
ter eines neuen Amerikas wird er Feu-
erlöscher der Nation. Wirtschaft in der
Krise! Öl im Golf von Mexiko! Terrorismus! Amokläufe! Schuldenstreit!
Schnüffelaffäre! Syrien! Irak! Ukraine!
Und so weiter und so fort. Die Enttäuschung ist vorprogrammiert, weil die
Erwartungen nach den wunderschönen
Worten nicht nur unrealistisch hoch
waren, sondern eben auch unrealistisch
weit gestreut. Obwohl Obama 2012
deutlich wiedergewählt wurde, herrscht
deshalb Ernüchterung, wenn es um
seine Amtsbilanz geht. Seine Errungenschaften (etwa: Gesundheitsreform
durchgedrückt, Auto-Industrie gerettet, Weltwirtschaftskrise abgewandt,
zwei Kriege beendet) verblassen angesichts der Wünsche, die seine Wähler in
Obama hineinprojiziert haben. Ich
habe die Studentin aus Kentucky nach
jenem Abend nie mehr wiedergesehen.
Aber ich bin mir ziemlich sicher, dass
Präsident Obama in ihren Augen neben
Kandidat Obama schnell alt ausgesehen hat.

Oberster Gerichtshof

Das Gebäude allein flösst einem Ehr-
furcht ein; diese Säulen, sie scheinen
mir bis in den Himmel zu reichen. Da
stehe ich nun, vor dem Tempel des
Rechts. Dem Obersten Gerichtshof der
USA, wo Geschichte nicht nur geschrie-

ben, sondern entschieden wird. Sei es das Ende der Segregation, die Legalisierung der Abtreibung oder der Ausgang der Präsidentschaftswahl im Jahr 2000. Alles hier passiert. Heute wird die gewichtige Gesundheitsreform von Barack Obama verhandelt, die eine Krankenversicherung für alle vorschreibt. Wie stets am *Supreme Court* geht es um die grundlegende Frage: Was erlaubt die Verfassung, was nicht? Die neun Richter, die alle den Titel *Justice* tragen und damit auch verbal die Gerechtigkeit schlechthin darstellen, debattieren jeden Fall, der es bis zur höchsten Instanz schafft, ganz prinzipiell. Da werden nicht nur juristische Spitzfindigkeiten ausgetauscht, oft sind die Fragen der Richter von beinahe kindlicher Einfachheit: «Wenn der Staat mir vorschreiben kann, eine Krankenversicherung abzuschliessen, weil das gut für mich ist, kann er mich dann auch zwingen, Broccoli zu essen?» Da geraten dann auch die renommiertesten Anwälte ins Stottern, schliesslich geht es hier um alles oder nichts. Die Richter mögen weniger bekannt sein als der Präsident – ihre Entscheide aber sind endgültiger. Ihre Worte haben mehr Gewicht. Anders als an anderen Gerichten werden die Anhörungen am *Supreme Court* allerdings nie live übertragen: Journalisten müssen sogar ihr Handy abgeben, nur ein Notizblock ist erlaubt. Schulter an Schulter sitzen sie dann in einem Seitenflügel des riesigen Saals, den Blick auf die Richterbank von einer eisernen Trennwand verstellt. Keine Spur von Staatsspektakel, wie es im Weissen Haus und im Kongress üblich ist. Das hat man hier nicht nötig, im Tempel des Rechts.

Obesity

Amerikaner, das sind die dicksten Leute der Welt, das war für mich klar, seit ich damals in der Schulbibliothek mal das Guinnessbuch der Rekorde in die Hand bekommen habe, demzufolge ein gewisser Walter Hudson (1944–1991) aus New York über 540 Kilo auf die Waage brachte. Zwar zeigt mir die Statistik heute, dass *Obesity* (Fettleibigkeit) in ein paar anderen Ländern noch weiter verbreitet ist (Ägypten, Kuwait und Qatar etwa), doch wer sich im Internet die Listen der dicksten Menschen der Geschichte anschaut (wer erstellt eigentlich so was?), stellt fest: Mehr als die Hälfte der aufgeführten dicksten Personen sind Amerikaner (ein 600-Kilo-Mann kommt aus Mexiko, notabene ganz in der Nähe der US-Grenze). Auch das Durchschnittsgewicht in den USA steigt seit Jahren. In Sachen *Obesity* herrscht jedoch ein grosses regionales, nun, Ungleichgewicht: In Colorado etwa, dem sportlichen *Rocky Mountain State,* sind nur zwanzig Prozent der Bewohner fettleibig, weniger als in Deutschland. Im schwelgerischen Süden allerdings, in

Staaten wie dem *Sugar State* Louisiana, erreicht die Dicken-Rate bald 35 Prozent. Esskultur und Bewegungsgelegenheiten spielen da eine Rolle, entscheidend aber ist der Zugang zu gesundem Essen: Wer meilenweit vom nächsten Supermarkt entfernt wohnt, in einem sogenannten *food desert,* hat Mühe, an einen Apfel oder eine Gurke zu kommen – ein Burger hingegen findet sich stets in der Nähe. Und selbst wer im Baumarkt einen Hammer kauft, trifft an der Kasse auf Coke und Schokoriegel. *Obesity* ist in den USA ein soziales Problem: Wer arm ist, wird oft auch dick. Das Nudel-Käse-Fertiggericht macht für unter einen Dollar satt, ein gesunder Teller Reis-Fisch-Blumenkohl kostet locker das Fünffache. Wer auf jeden Cent achten muss, lebt darum deutlich ungesünder als jemand, der sein Essen ohne Geldsorgen wählen kann. Die Dicksten der Dicken allerdings können sich ihre Mahlzeiten gut leisten: Walter Hudson verdrückte laut Medienberichten allein zum Mittagessen acht Portionen Burger and Fries. Solch Völlerei finanzierte er, indem er von seinem Bett aus sein eigenes Business führte: Kleider aus dem Katalog verkaufen. Für füllige Damen.

Odorismus

Ich geb's ja zu: Dieses Wort gibt es nicht. Passt aber trotzdem perfekt für die Parfümierungsmanie in amerikanischen Haushalten. Damit sind notabene nicht jene Damen gemeint, die sich von Kopf bis Fuss mit *Flowerbomb* einsprühen (den Duft gibt's tatsächlich). Nein, dem Odorismus verfallen sind vielmehr die Hersteller von gewöhnlichen Haushaltswaren. Das fängt schon bei den Raum-Parfüms an, den *air fresheners* – nichts gegen frische Luft, aber wenn das Wohnzimmer nach Apfel-Zimt riecht oder das Schlafzimmer nach Kokosnuss-Schokolade, kann es mit der Frische nicht so weit her sein. Auch Abfallsäcke mit Mandel-Aroma sind eher gewöhnungsbedürftig. Ganz wie beim Smalltalk ist der Amerikaner auch in den eigenen vier Wänden bemüht, alles Anrüchige hinter süsser Penetranz zu verbergen. Der Odorismus macht sogar vor Windeln nicht halt, obwohl man ja genau dort ganz gerne wüsste, wie es wirklich riecht, um entsprechende elterliche Massnahmen zu ergreifen. Doch Vanille-Pampers machen so was schwierig, selbst für Anti-Odoristen aus der Alten Welt.

Ohio

«Nichts. Wir haben schlicht und einfach nichts.» Das die Antwort, die mir ein Bewohner von Ohio (Sagt man da Ohioaner? Ohionike? Egal.) einmal auf die Frage gegeben hat, was seinen Staat speziell mache. Warum also ein Eintrag zu Ohio in diesem Buch? Darum. Ohio, das ist der Gipfel der amerikanischen

Durchschnittlichkeit. Sprich: Man ist hier repräsentativ, und darauf ist man durchaus stolz. Wenn zum Beispiel ein Food-Multi ein neues Fertiggericht testen will, dann tut er das in Ohio. Wenn ein Umfrage-Institut für eine Studie *Mr. and Mrs. Normality* sucht, dann fängt es in Ohio an. Und alle vier Jahre wird Ohio zum Zentrum des US-Wahlkampfs, weil der Staat so durchschnittlich ist, dass nie klar ist, welcher Kandidat ihn für sich verbuchen kann. Im Land, wo alles und jeder stets ausserordentlich sein will, kommt es somit bei der wichtigsten Wahl nicht zuletzt auf jenen Ort an, der alles andere als ausserordentlich ist. Eine echt amerikanische Ironie.

OK

Okay, was ist das bekannteste amerikanische Wort der Welt? Finden Sie nicht *OK,* wenn ich mit so einer Frage ins Haus platze? Auch O.K. Ja, diese beiden Buchstaben haben eine erstaunliche Karriere hingelegt: *Okay* versteht man rund um den Erdball. Um die Entstehung dieses US-Exporterfolgs ranken sich einige Mythen: Geht der Ausdruck auf *okeh* zurück, was in der Sprache der Choctaw-Indianer so viel wie einverstanden heisst? Oder eher auf das griechische *ola kala* (alles gut)? Beides falsch, lehrt uns die Wissenschaft. *OK* hat eine viel bizarrere Geschichte: Ähnlich wie heute LOL, OMG und XOXO

waren Abkürzungen in den 1830er-Jahren ziemlich hip, damals allerdings war der letzte Schrei eine obendrein bewusst falsche Orthografie. So stand NSMJ zum Beispiel für *'nough said 'mong jentleman*, übersetzt «dazu hat ein Kavalier nichts mehr zu sagen» oder so. Und *OK* stand für *oll korrekt*, also: stimmt so. Als nun Präsident Martin Van Buren (1782–1862) zur Wiederwahl antrat, wollten seine Anhänger betonen, dass ihr Kandidat in Kinderhook NY geboren wurde, was ihn zum ersten in den USA geborenen Staatsschef machte (alle seine Vorgänger waren in der Kolonialzeit unter britischer Herrschaft auf die Welt gekommen). Van Buren hatte darum den Spitznamen «Old Kinderhook», und um zeitgemäss zu wirken, wurde das mit dem populären *OK* gleichgesetzt und so zum Wahlkampfschlachtruf. Genützt hat's wenig: Van Buren wurde abgewählt. Der Ausdruck *OK* aber überlebte bis heute als uramerikanische, ultrakurze und universelle Formel der Bejahung von, na ja, so ziemlich jeder Aussage.

OK Corral

Schiessereien kamen ja öfter vor im Wilden Westen. Eine aber hallt bis heute nach: Das Feuergefecht beim *OK Corral* (bei einem Pferdestall in Tombstone, Arizona) im Jahr 1881 gilt in den USA als Mutter aller Schiessereien. Gesetzeshüter gegen Gesetzlose. Zwei Verletzte hier, drei Tote dort. Und nach dreissig Sekunden war alles vorbei. Wer zuerst geschossen hat, darüber gehen die Meinungen auseinander. Kein Zweifel kann allerdings darüber bestehen, wer letztlich als Sieger aus dem Streit hervorging: Wyatt Earp (1848–1929) gelang es in einer Art frühem Marketing-Coup, den Vorfall in seiner posthum veröffentlichten Biographie als Stunde der Helden beschreiben zu lassen – die Helden waren, wenig verwunderlich: Wyatt selbst, dessen Brüder Virgil und Morgan sowie Familienfreund Doc Holliday. Sie alle vertraten als *U.S. Marshals* Recht und Ordnung in einer Zeit, die, nun, recht unordentlich war. Basierend auf seinen eigenen Erzählungen (vieles stellte sich später als frei erfunden heraus), wurde Wyatt Earp zur Wildwest-Symbolfigur, zum *frontier hero* in unzähligen Filmen und TV-Serien. Zwar haben ihn andere im Laufe der Jahre angezweifelt, gar angeschwärzt. Doch Wyatt Earp hat mit seiner Version der Schiesserei vom *OK Corral* bewiesen: Wer Geschichte schreiben will in den USA, sorgt mit Vorteil dafür, dass diese in seinem Sinn beschrieben wird.

Oprah

Ausgerechnet Oprah und ausgerechnet jetzt. Aber versuchen musste ich es trotzdem: Ein Interview mit der berühmtesten Fernsehfrau der USA zu kriegen, nachdem sie in einer Schweizer Luxusboutique brüskiert wurde. («Diese Handtasche ist zu teuer für Sie.») Also rufe ich ihren Agenten an, ihr Büro ebenfalls. Nun muss man wissen, dass die Interviewanfrage eines Schweizer Fernsehsenders bei US-Prominenten etwa so chancenlos ist wie der Mitgliedsantrag eines Chihuahua beim Club der Königstiger. Also stellte ich mich auf die üblichen Absagen ein, «Leider keine Zeit» oder «Schreiben Sie uns doch ein E-Mail, wir melden uns dann» (was nie passiert). Umso erstaunter war ich, als ich im Handumdrehen eine Telefonnummer bekam, was sonst nur nach x-fachem Nachfragen geschieht. E-Mail? «Gibt's nicht, nur diese Nummer.» Natürlich lande ich dort dann auf *voicemail,* dem Beantworter. So ist das also. Wirklich wichtige Promis lassen Anfragen nicht in irgendeiner Inbox versanden, sie haben eine eigene Nummer mit *voicemail,* das garantiert von niemandem je abgehört wird. Und Oprah Winfrey (geboren 1954 in Mississippi) gehört zweifellos zu den Wichtigen in den USA: TV-Ikone, Selfmade-Milliardärin, Gallionsfigur des schwarzen Amerika. Niemand war öfter auf der Liste der hundert einflussreichsten Menschen der Welt, die das *«Time Magazine»* jährlich veröffentlicht. War also nix mit dem Interview, janu. Keine zwei Wochen später sah ich Oprah dann doch persönlich – aus fünfzig Metern Entfernung, in der Ehrenloge beim 50-Jahr-Jubiläum von Martin Luther Kings «I have a dream»-Rede. Um ein Interview bitten konnte ich sie dort auch nicht. Ihre Handtasche aber sah ganz schön schick aus.

Orlando

Es gibt Orte in den USA, die sind wie ein Blumenwanderpfad, der jäh in eine Schlucht abstürzt. Mir ging das in Orlando so. Eigentlich ist diese Stadt in Florida als Spassmetropole bekannt: Disneyworld, diese Zuckerwattenwelt, wo alles grinst und singt, ist hier zuhause. Ebenso zwei Freizeitparks von Universal, dazu das Aqua-Abenteuer *Seaworld* und, und, und. Orlando, Spitzname «Stadt der Schönheit», gehört zu den meistbesuchten Orten des Landes – besser gesagt: Die Hotels und Resorts hier gehören dazu. Die eigentliche Stadt bekommen Touristen und Businessreisende praktisch nie zu Gesicht. Als Reporter habe ich 2012 aber auch diese Seite von Orlando gesehen: Armut, Hunger, Obdachlosigkeit. Eine junge Mutter erzählte mir, dass sie sich trotz zwei Tieflohnjobs und einem 13-Stunden-Arbeitstag keine Wohnungsmiete leisten kann. Sie wohnt, wie tausende andere in der Region, in einem Obdachlosenheim. Disneyworld kennen ihre drei Kinder nur aus dem Fernsehen. Der Gegensatz zwischen Ghetto und Glitzerland ist in Orlando besonders krass, doch es gibt ihn auch in New York, Los Angeles, überhaupt in jeder grösseren US-Stadt. Das liegt nicht zuletzt daran, dass Armut in den USA viel sichtbarer ist als zum Beispiel in der Schweiz: Bettler gehören zum Strassenbild, die Hilfe für die Ärmsten erfolgt nicht in aller Stille vom Staat, sondern von Kirchen und privaten Organisationen, so öffentlichkeitswirksam wie möglich, da diese auf Spenden beim nächsten Fundraising angewiesen sind. Wie mir der Leiter des Obachlosenheims in Orlando erzählte, ist der wichtigste Sponsor dort auch ein privates Unternehmen: Disney. In bester amerikanischer Tradition sind es die Gewinne der Spassindustrie, die Mitmenschen in Not das Überleben sichern.

Outlets

Sommer 2005. Fast machte sich ein wenig Enttäuschung breit. Unsere erste Reise durch Amerika, über 700 Highway-Kilometer hatten wir bereits hinter uns, und noch hatten wir keines dieser sagenumwobenen Konsumparadiese erspäht, von denen unsere Freunde so geschwärmt hatten. Wo waren nur diese *Outlet Malls?* Da plötzlich tauchte die ersehnte Shopping-Landschaft neben uns auf – *Gap! Levi's! Nike!* –, und wie es sich für Eurotouristen gehört, kauften wir die US-Markenklamotten gleich sackweise ein. Ach, *outlets.* Da hatte der Schuhhersteller Harold Alfond (1914–2007) in den Sechzigern eine echt geniale Idee gehabt: Sein Fabrikladen mit Ausschussware lief so gut, dass er dort gleich auch die Treter verscherbelte, die in normalen Geschäften liegen blieben. Das Konzept des *outlet* war geboren: Ware direkt vom Hersteller, günstig, dafür vielleicht nicht gerade ein Topprodukt. Alfond eröffnete einen Zweitklass-Schuhladen nach dem anderen, bis er seine Firma für 433 Millionen Dollar an Investment-Ikone Warren Buffett verkaufen konnte. Der wurde damit aber nicht recht glücklich: «Der schlechteste Deal, den ich je gemacht habe», gab er später zu Protokoll. Tja: Schuster, bleib bei deinen Leisten. Das gilt auch im *Outlet*-Business.

Oval Office

King Arthur hatte seine Tafelrunde, der US-Präsident hat sein Ovalbüro. Die Legende besagt, dass die Form auf Gründervater George Washington zurückgeht, ironischerweise der einzige Präsident, der nie in Washington DC gelebt hat. Er regierte erst von New York, später von Philadelphia aus, wo er Gäste jeweils in einem Raum mit Erkerfenster empfing (wirkte so schön repräsentativ), und diese Tradition sollte auch im Weissen Haus fortgesetzt werden. Der *Resolute Desk,* der Tisch des Präsidenten, steht darum auch vor so einem Erkerfenster, an das sich nahtlos die Fensterfront zum *Rose Garden* reiht. Alles ist im *West Wing* des

Regierungssitzes konzentriert, passt ja ganz gut in einer Nation, die von Osten nach Westen gewachsen ist. Im Ostflügel sind unter anderem die Privatgemächer der Präsidentenfamilie zu finden. Beides, Betten und Büro, bekommen gewöhnliche Besucher allerdings nicht zu sehen, sie werden bei der offiziellen Tour durch den langweiligen Teil des Hauses geschleust – mit mehrheitlich rechteckigen Räumen. Das *Oval Office* muss man sich in der Phantasie ausmalen. Und genau das macht einen Teil des Mythos rund um die präsidiale Schaltzentrale aus.

Parking

Von einem Land, das quasi eine einzige grosse Liebeserklärung ans Auto ist, darf man genügend Parkplätze erwarten, oder? Und tatsächlich werde ich bei meiner ersten USA-Reise (mit dem Auto quer durch das Land) nicht enttäuscht: allgegenwärtig, breit, endlos, das ist *Parking in Big America*. Bis man von den Strassenschluchten der Grossstädte verschluckt wird. Hier dominieren Schilder, bei denen der Autofahrer nur noch Bahnhof versteht, eine denkbar unglückliche Kombination. Ein Beispiel aus Washington: «TOW AWAY. NO STANDING OR PARKING. 7 AM–9.30 AM / 4 PM–6.30 PM. MONDAY–FRIDAY.» Das alles in Rot, gleich darunter dann in Grün «TWO HOUR PARKING. 9.30 AM–4 PM. PERMIT 2 HOLDERS EXCEPTED», gefolgt von einem «NO PARKING THURSDAY. 12.30 AM–2.30 PM. EXCEPT HOLIDAYS» in Rot und schliesslich noch mal grün «EXCEPT 7 AM–6.30 PM FRIDAY». Alles klar? Bis man das entschlüsselt hat, ist man längst von einem ungeduldig wartenden Ford F-150 überrollt oder mindestens ins Nirvana gehupt worden. Immerhin, wer den Dreh mal raus hat, kann in Washington sein Auto in vielen Strassen noch gratis abstellen. In Midtown Manhattan, Herz von New York, ist das Wunschdenken; allein die Suche nach dem Parkplatz würde den Tank leeren. Also ab ins Parkhaus – wer's sich leisten kann: Ich habe mal fast achtzig Dollar für drei Stunden bezahlt. Dann lieber gleich *no parking*. Womit auch geklärt wäre, warum die New Yorker lieber per U-Bahn oder yellow cab unterwegs sind.

Parks, Rosa

Die Geschichte Amerikas wurde nicht allein von Präsidenten und Unternehmern geschrieben. Einige der nachhaltigsten Umwälzungen gingen von ganz gewöhnlichen Bürgern aus – Bürgern wie Rosa Parks (1913–2005). Indem sie sich 1955 als schwarze Frau im Staat Alabama weigerte, ihren Platz im Bus für weisse Fahrgäste freizumachen, löste Parks einen Busboykott aus, der zum Kraftsymbol der Bürgerrechtsbewegung wurde; und den Baptistenpastor Martin Luther King zu deren Anführer machte. Gut sechzig Jahre zuvor war eine ähnliche Aktion von Homer Plessy (1862–1925) noch am Obersten Gericht gescheitert, welches die Segregation und ihr Motto «Getrennt und doch gleich» als rechtens bestätigt hatte. Nicht so im Amerika der Fünfzigerjahre: Ein Jahr nachdem Rosa Parks zivilen Ungehorsam bewiesen hatte, erklärten die höchsten Richter die Rassentrennung im Bus für verfassungswidrig. Ein Sieg, der Parks zur «First Lady der Bürgerrechtsbewegung» werden liess. Jahrelang wurde in den USA die Legende verbreitet, Parks sei an jenem Donnerstagabend 1955 nach einem langen Arbeitstag als Näherin einfach müde gewesen und sei darum nicht aufgestanden. In Wahrheit wusste sie als langjährige Aktivistin genau, was sie tat: «Die Leute stellen sich vor, dass ich damals eine alte Dame war. Ich war 42. Nein, ich war nicht müde – ich war es nur müde nachzugeben.»

Pearl Harbor

Der 7. Dezember 1941 werde «in Schande fortleben», sagte Präsident Franklin Roosevelt einen Tag nach dem Schock: Dass Japan den Navy-Stützpunkt Pearl Harbor auf Hawaii an einem Sonntagmorgen buchstäblich aus heiterem Himmel angreifen könnte, damit hatten die USA nicht gerechnet (eine Hand voll Skeptiker jedoch ist bis heute überzeugt, dass die US-Regierung die Attacke bewusst zugelassen habe, als Kriegsvorwand). Über 2400 tote Amerikaner machten aus einer Nation, die vom Zweiten Weltkrieg Abstand halten wollte, eine wütende Weltmacht, gewillt mit aller Kraft zurückzuschlagen – und auch in Europa einzugreifen. Es gehört zum Wesen der USA, dass Angriffe aller Art so wuchtig wie möglich beantwortet werden; man will niemanden einladen, Ähnliches noch einmal zu versuchen. Sinnbildlich dafür: Der Grossteil der Kriegsschiffe, die dem Angriff auf Pearl Harbor zum Opfer fielen, wurde gehoben, repariert und in den Krieg geschickt. Heute lebt der 7. Dezember im nationalen Andenken tatsächlich weiter, da hat Roosevelt Recht behalten. Jedoch ist es weniger eine Erinnerung in Schande als ein stilles Gedenken. Überlebenden steht auch über siebzig Jahre danach die Möglichkeit offen, sich unter Wasser im Hafen von Pearl Harbor beerdigen zu lassen – an einem Ort, der heute neben Militärbasis auch Attraktion für Millionen Hawaiitouristen ist. Die meisten ausländischen Besucher kommen übrigens aus Japan.

Pharmacy

«Du, ich brauch noch Zigaretten, wo kauft man so was hier?», fragt mein Freund B. aus der Schweiz. «Am besten in der Apotheke», antworte ich beiläufig und bemerke erst nach ein paar Sekunden, wie B. mich entgeistert anschaut. Dabei war das gar nicht als versteckte Anklage seiner Rauchgewohnheit gedacht: In den USA findet man Tabak tatsächlich am ehesten in der *pharmacy*. Ebenso Schokolade, Unterhosen, Regenschirme und Grusskarten. Apothekenketten wie *CVS*, *Walgreens* oder *Rite Aid* sind erste Anlaufstelle für spontane Konsumgelüste aller Art. Medikamente gibt's dort zwar auch, vor lauter Krimskrams geraten die aber oft in den Hintergrund (buchstäblich: Sie befinden sich meist ganz hinten im Laden). So bunt zusammengewürfelt ist das Sortiment, dass ich mich öfter dabei ertappt habe, wie ich einfach durch die Regale schlendere

und staune: Hier eine Decke mit Är-
meln, bekannt aus der TV-Werbung.
Dort eine Büste von Präsident Obama,
auf der man Kresse züchten kann, er bekommt dann so eine lustige grüne Rasta-
frisur. Ja, so manch amerikanische
pharmacy könnte ebenso gut *funmacy*
heissen, weil sie ein ganz unterhaltsa-
mer Zeitvertreib ist; selbst dann, wenn
man gar keine Zigaretten braucht.

Pilgerväter

Sie waren nicht die ersten Amerikaner
(das waren naturgemäss die Ureinwohner). Sie waren auch nicht die ersten erfolgreichen englischen Siedler (die waren über zehn Jahre zuvor in Jamestown
gelandet). Trotzdem sind es die kaum
vierzig Pilger an Bord der «Mayflower»,
die in den USA heute als Urahnen der
eigenen Gesellschaft verehrt werden.
Diese religiösen Überzeugungstäter, die
sich im Jahr 1620 abwandten von der
englischen Kirche und Politik (damals
eigentlich ein und dasselbe), um furcht-
los in der Neuen Welt ihr Glück zu suchen, diese Menschen stellt man sich
lieber als eigene Ahnen vor als den
rauflustigen Haufen junger Männer in
Jamestown – obwohl dort mit dem Ta-
bakanbau der Grundstein für die erste
Boom-Industrie Amerikas gelegt wurde
respektive gepflanzt. Die Pilgertruppe
wird als moralisch rein angesehen,
schliesslich waren diese Leute Puritaner, und sie hatten der Legende nach

sogar ein Herz für Ureinwohner, was
sich unter anderem in der gemeinsamen
Erfindung von Thanksgiving niederschlug.
In Wahrheit hatten die frommen Mannen und Frauen ihr Leben den Eingeborenen zu verdanken, sie waren es, die
ihnen beibrachten, was sie in dieser
Neuen Welt anpflanzen konnten und
wie. Historisch bedeutender als ihre eigentliche Siedlung in Plymouth allerdings war, was die Pilger vor ihrer Ankunft noch auf der «Mayflower» beschlossen hatten: ein Regelwerk über das
Zusammenleben mit den restlichen Pas-
sagieren und der Besatzung des Schiffs,
eine Aufgabenverteilung für die Zukunft
im neuen Land. Diese Vereinbarung,
bekannt als *Mayflower Compact* und nur
einen Absatz lang, begründete die Tradition der Selbstverwaltung einer bunt zusammengewürfelten Gesellschaft; bis
heute das Fundament der USA. So gesehen waren die Pilgerväter in der Tat die
ersten modernen Amerikaner.

Poe, Edgar Allan

Sie fanden den vermissten Mann vor einer Bar – in fremden Kleidern und zu
verwirrt, um zu erzählen, was ihm wi-
derfahren war. Eine Woche später war
er tot. Was klingt wie der Beginn eines
Krimis, ist das Ende von Edgar Allan
Poe (1809–1849). Sein Tod könnte ohne
Weiteres aus einem seiner Bücher
stammen, gilt Poe doch als Vater des
Detektivromans: Ohne seine Erzählung

«Doppelmord in der Rue Morgue» hätten die USA also weder *«Dirty Harry»* noch *«Columbo»* hervorgebracht, geschweige denn *«CSI»*. Edgar Allan Poe war daneben auch einer der Ersten, die Elemente von Horror und Science-Fiction in ihren Büchern verwoben. Populäre Gattungen, da erstaunt es, dass Poe zu Lebzeiten ständig von Geldsorgen geplagt war, mal abgesehen von jenem Jahr, als er sein Gedicht *The Raven* veröffentlichte. Mit dem geheimnisvoll dunklen Text avancierte Poe sozusagen zum Rockstar der amerikanischen Literaturszene. Nach seinem Rätseltod vier Jahre später wurde die Geschichte des Raben endgültig zum Kult, zur Inspiration für Hollywood-Filme und Comicserien, ja sogar einen Profi-Wrestler sowie ein Football-Team. Ein wahrhaft amerikanisches Vermächtnis.

Political Correctness

«So sagt man nicht!» Auch Erwachsene kommen sich in den USA manchmal wie Dreijährige vor, denen die Eltern erklären, was sie wie nennen sollen – und was nicht. Betont politisch korrekt sind Amerikaner vor allem, wenn es um Rasse, Gechlecht oder sexuelle Orientierung geht. Gleichzeitig werden Beschimpfungen von betroffenen Gruppen mit Freude umgedeutet, so geschehen etwa beim N-Wort. Hier darum ein kurzer *Guide to American Political Correctness:* 1. Schwarze. Meistens ist es völlig okay, *black* zu sagen, besser jedenfalls als *colored* (erinnert an die Sechziger und Segregation). Offiziell aber gilt das gestelzte *African American* als korrekt (obwohl man damit alle schwarzen Amerikaner sofort mit Afrika in Verbindung bringt, aber janu). 2. Indianer. Hier verrennt man sich schon in der Zuordnung: *indian* kann sowohl amerikanische Ureinwohner bezeichnen wie auch Menschen aus Indien. Üblich sind daher die Begriffe *American Indian* oder *Native American*. 3. Schwul. Ähnlich wie im Deutschen ist *gay* heute absolut üblich – *fag* und *queer* allerdings sind tabu; es sei denn, man ist selbst schwul, dann ist auch das kein Problem. 4. Zwerg. Kleinwüchsige Menschen reagieren zu Recht empfindlich, wenn man sie als *dwarf* beschreibt oder als *midget* (entspricht auf Deutsch etwa «Liliputaner»). Besser einfach *little people* sagen. 5. Fett. Hinter dem Rücken übergewichtiger Menschen wird *fat* immer noch häufig gebraucht – aber wohl nicht mehr lange. *Overweight* und *obese* sind politisch viel korrekter.

Präsident

Mal angenommen, Sie hätten zehn Jahre verschollen auf einer einsamen Insel verbracht und fänden sich bei Ihrer Rückkehr (Sie sind jetzt eine globale Attraktion!) in einem Raum mit allen Staatschefs dieser Welt wieder. Auch wenn Sie niemanden kennen würden,

Sie wüssten sofort, wer US-Präsident ist. Ganz ohne sein Weisses Haus, ohne seine *Air Force One*. Warum? Macht ist fühlbar. Und der amerikanische Präsident ist bekanntlich der mächtigste Mann der Welt (bis eine Frau gewählt wird zumindest). Mein Aha-Erlebnis hatte ich diesbezüglich an einer der fünf Uno-Generalversammlungen in New York, über die ich im Laufe der Jahre berichtet habe. Mein Kameramann und ich warteten auf Barack Obama und seine Entourage, um ein Treffen mit dem Präsidenten der Uno-Vollversammlung zu filmen. Betonung auf: warten. Und warten. Und – yep, warten. Als er dann endlich kam, mit präsidialer Verspätung von 35 Minuten, fiel mir sofort der Unterschied zu allen anderen Staatschefs auf: Die meisten eilen am Uno-Hauptsitz geschäftig durch die Gänge; man ist wichtig, man hat Termine hier. Obama aber eilte nicht. Er schlich. Selten habe ich jemanden gesehen, der sich so langsam bewegt wie der Präsident der Weltmacht am Weltgipfel. Die Message ist klar: Wer wirklich wichtig ist, auf den wird gewartet. Er hat keine Termine, er gewährt Zeitfenster. So er denn will. Wenn Sie also von Ihrem Inseldasein zurück sind und wissen wollen, welcher der Würdenträger US-Präsident ist, suchen Sie einfach den Langsamsten (und wenn das nicht reicht: Einen Anstecker in Form einer USA-Flagge dürfte derjenige ebenfalls am Revers tragen).

Presley, Elvis

Elvis. Warum ausgerechnet Elvis? Wie schaffte es ein Mann, in einem Leben, das Showbusiness neu zu erfinden, zum unsterblichen Sexsymbol zu werden und die Musikwelt für immer zu verändern? Die Antwort: Elvis Aaron Presley (1935–1977) war anders – oder, um dem *King* die Worte im Mund herumzudrehen, *all shook up,* sehr frei übersetzt heisst das: gut durchgeschüttelt. Wie in einem Becher *Velvet Elvis* (ja, diesen Cocktail gibt es wirklich) kamen beim Phänomen Presley einfach die richtigen Zutaten zusammen: Die Eltern mit schottisch-irisch-deutsch-indianischen Wurzeln (!) brachten ihren 13-jährigen Sohn 1948 mit nach Memphis, Tennessee. Zu jener Zeit herrschte dort zwar noch strenge Segregation, Ehen zwischen Schwarz und Weiss etwa waren verboten. Trotzdem wuchs klein Elvis sowohl mit weisser Country-Musik wie auch schwarzem Blues, Gospel und R&B auf, einem Mix, wie ihn damals nur der amerikanische Süden bieten konnte. Sam Phillips (1923–2003), Inhaber des legendären *Sun Studio* in Memphis, soll einmal gesagt haben: «Hätte ich einen weissen Sänger mit schwarzem Sound und schwarzem Feeling, ich könnte eine Milliarde Dollar machen.» Und da spaziert dieser Presley zur Tür herein, wohl noch ohne Hüftschwung, aber schon mit ordentlich Selbstbewusstsein. (*«I don't sound like nobody.»* – Niemand klingt wie ich.) Schon auf seiner ersten Single fand ein «schwarzer» Blues-Song auf Seite A mit einem «weissen» Country-Stück auf der B-Seite zusammen, und beide tönten – nun, anders, nach Elvis halt. Der Rest ist Rock'n'Roll-Geschichte und gleichzeitig amerikanische Geschichte: Schwarze und weisse Musik trafen aufeinander, es entstand etwas völlig Neues; der Soundtrack des 20. Jahrhunderts. Als die Rassengrenzen im Tonstudio verschwammen, Takt für Takt, und in der Folge in den Ohren der tanzenden Teenager, war ein sozialer Damm gebrochen. Im Wirtschaftsboom der Fünfziger, nach einem von Weissen wie Schwarzen erkämpften Sieg im Zweiten Weltkrieg, trieb die farbenblinde Musik aus dem Radio den sozialen Wandel voran. So gesehen führt eine direkte Linie von Elvis Presley zu Martin Luther King, zu Michael Jackson und zu Barack Obama. Das machte den Mann mit der Haartolle letztlich zum *King,* zur revolutionären Ikone der US-Popkultur. Er hatte schon Recht: Niemand klang wie er. Und verdammt gut ausgesehen hat der Kerl auch noch.

Privatsphäre

«Willkommen, tragen Sie doch in diesem Buch Ihren Namen ein und den Grund für Ihren Besuch», begrüsst mich der Bankangestellte. Das Buch liegt gleich am Eingang der Filiale, ganz of-fen, als wären wir hier in einer Kunstgalerie. Und dort soll ich nun reinschreiben, was ich von meiner Bank will? Für einen Schweizer ist das in etwa so, als fordere man ihn auf, splitternackt durchs Gourmet-Restaurant zu spazieren. Ich blicke den Herrn entgeistert an und schaffe es irgendwie, ein paar Worte über Privatsphäre zu stammeln. Der Begriff *private* allerdings wird in den USA etwas anders ausgelegt als in Europa. Er hat entweder mit Sex zu tun – Geschlechtsorgane heissen nicht umsonst *private parts* – oder dann mit etwas furchtbar Exklusivem, einem *private jet* oder so. Privat im Sinne von «das geht Sie verdammt noch mal nix an» ist eine Seltenheit in einem Land, wo Freunde von uns sogar die Geburt ihres Kindes detailgetreu auf ihrem Blog beschreiben (und dafür hunderte *Facebook-Likes* einheimsen). In den USA ist es normal, dass man an der Kasse im Kleiderladen nach E-Mail-Adresse und Telefonnummer gefragt wird. Wer mit Kreditkarte bezahlt, und das tun hierzulande bereits Teenager, der hinterlässt eine lange Spur all seiner Konsumvorlieben. Dieser schnüffeln dann private Datenexperten nach, wenn es darum geht, wie viel dieser Kunde zum Beispiel für eine Versicherung bezahlen soll. Daran hat man sich in Amerika genauso gewöhnt wie an die Tatsache, dass Apple, Google und Co. exakt wissen, wann wir wo sind und oft auch warum. Kein Wunder, hielt sich in den USA die Empörung denn auch in Grenzen, als bekannt wurde, dass die Geheimdienste das Internet grossräumig überwachen. Wenn die Privatsphäre bereits von Computerriesen, Kleiderläden und Kreditkartenfirmen durchlöchert wurde, und das im Namen des Profits, dann ist es nur logisch, dass Uncle Sam im Namen der Sicherheit ähnliche Wege geht. Auf den Komfort von Plastikgeld und Gratis-E-Mail verzichten will deshalb kaum ein Amerikaner. Immerhin, ins Bankgästebuch muss sich nur eintragen, wer will.

«Psycho»

Seit 1960 ist Duschen in den USA nicht mehr das Gleiche. Damals lehrte Alfred Hitchcock die Nation in seiner berühmt-berüchtigten Messer-trifft-auf-Brause-Szene das kollektive Fürchten. Und das wirkt bis heute nach: *«Psycho»* war der erste sogenannte *Slasher*-Film, der einen psychopathischen Mörder zur Hauptfigur hat. Der durchgeknallte Einzeltäter, der seitdem in hunderten Filmen und TV-Serien sein Unwesen treibt, hat den amerikanischen Alltag entscheidend geprägt: Im Auto zum Beispiel, da bleiben die Türen beim Anhalten an der Ampel verschlossen, komme, was wolle, damit kein *«Psycho»* zusteigen kann. Und fragt man überzeugte Besitzer mehrerer Waffen, warum sie all die Gewehre und Pistolen im Schrank brauchen, lautet die Antwort

in der Regel: *crazy people*. Die Angst vor dem unbekannten Psychopathen mit dem Messer in der Hand ist allerdings ziemlich irrational: Fast achtzig Prozent aller Tötungen in den USA werden von Tätern begangen, die dem Opfer persönlich bekannt sind. Die Furcht, von einem irren Serienkiller dahingerafft zu werden, bleibt jedoch weit verbreitet – *«Psycho»* und Co. sei Dank. Oder so.

«Pulp Fiction»

Eigentlich mag's Hollywood ja eindeutig: Held hier, Bösewicht da, alles der Reihe nach und am Ende immer *happy*. Da weiss man, was man hat: Man hat ein Rad, das rollt fast von allein. Dann und wann kommt aber ein Streifen ins Kino, der all das aufbricht und so der amerikanischsten aller Kunstformen, dem Film, neue Flügel verleiht. Mit *«Pulp Fiction»* schenkte Ausnahme-Regisseur Quentin Tarantino (geboren 1963 in Knoxville, Tennessee) im Jahr 1994 der Welt genau so einen Film. Da sind die Bösewichte mal Helden und die Helden häufig böse, die Geschichte wird nicht Stück für Stück erzählt, sondern regelrecht zerstückelt. Was der Erfolgsformel des Hollywood-Films derart krass widerspricht, kann eigentlich nicht erfolgreich sein, dachten sich jedenfalls ein paar Studiobosse und reichten das Script weiter – sie dürften es noch heute bereuen. *«Pulp Fiction»* wurde nicht

nur zum absoluten Kultfilm der Neunziger, sondern auch zum durchschlagenden Erfolg. An der Kinokasse spielte
er mehr als das Fünfundzwanzigfache
seiner Produktionskosten ein. Und bewies damit, dass es sich in Hollywood
durchaus lohnen kann, das Rad neu zu
erfinden.

Q

Queens

Wer das wahre New York erleben will, muss nach Queens. Okay, ich bin da etwas voreingenommen, weil wir dort immerhin vier Jahre lang gelebt haben. Doch auch wenn die Bewohner von Manhattan ob so einer Aussage die Nase rümpfen (in Brooklyn, der Bronx und Staten Island wäre die Reaktion wohl eher Schulterzucken), ich bleibe dabei: Queens ist New York City. Das zeigt sich zum Beispiel an der Vielfalt der Einwohner. Der Stadtteil ist der bunteste im ganzen Land. Hier mischen sich Weisse, Schwarze, Latinos und Asiaten, und ihre Gene tun es auch. In unserer Nachbarschaft wurden sogar Tests durchgeführt, um diesen extremen Mix von Erbgut aus der ganzen Welt zu erforschen. In Manhattan leben derweil vor allem Menschen, die sich die Mieten dort leisten können, und solche Leute sind zum grossen Teil weiss. Queens ist auch deshalb das echte New York, weil hier kein künstlicher Hype gemacht wird für Touristen: Wer Chinatown in Manhattan besucht, wähnt sich in einem grossen Laden mit Asienkitsch. Chinatown in Queens, das ist praktisch Asien, man fühlt sich als Weisser schon leicht exotisch. Und schlussendlich ist es ja auch die Wolkenkratzer-Skyline, die New York ausmacht. Von Manhattan aus ist sie aber nicht zu sehen (da steht man einfach mittendrin, mit Halsstarre und so). Wer die berühmte Silhouette der Stadt in voller Pracht geniessen will, der muss – Sie haben's erraten – nach Queens.

Queue up

Seien wir ehrlich: Es gibt Dinge, die können Amerikaner einfach besser. Marketing gehört dazu, und ich meine auch, Gitarre spielen. Am allerbesten aber können Amis Schlange stehen – *queue up*. Egal ob für die Disney-Attraktion im Freizeitpark, ein neues Apple-Gadget oder einen *Cupcake* im New Yorker *West Village*: Amerikaner stehen. Und stehen. Und stehen. Die längste Schlange meiner USA-Zeit habe ich am Parteitag der Demokraten 2008 in Denver gesehen, als über 80 000 Menschen die Schlussrede von Barack Obama hören wollten. Die Reihe der Köpfe vor dem Stadion war kilometerlang, doch so was kann wackere Amerikaner nicht abschrecken. Dreieinhalb Stunden warten? Kein Problem, dafür gibt's schliesslich Smalltalk. Wie anders doch Europäer in dieser Hinsicht sind. Spontan muss ich dabei an die dutzenden von französischen Journalisten denken, mit denen ich 2011 vor einem New Yorker Gericht auf den Beginn des Vergewaltigungsprozesses gegen IWF-Präsident Dominik Strauss-Kahn wartete. Dauerte keine zwei Stunden, bis die Tür aufging, ein Klacks für Amerikaner. Nicht so für die Kollegen aus Paris: Kaum ist die Türe einen Spalt breit offen, gibt's kein

Halten mehr. Sturm auf die Bastille, mitten in Manhattan. Keine Schlange, eine wilde Horde jagt auf den Wachmann zu. Dem guten Mann steht der Schock ins Gesicht geschrieben, das Ellbogenprinzip scheint ihm völlig fremd zu sein. Nein, Amerikaner wissen, wie man sich aufreiht, ein gewisser Anstandsstandard ist die Folge des Zusammenlebens mit über dreihundert Millionen Mitbürgern. Anders kommt man gar nicht durchs Leben: im Stau, auf der Post und – demokratiepolitisch unerlässlich – alle vier Jahre an der Wahlurne. Kein Drängeln, kein Quengeln. *Queuing,* das ist eine echte amerikanische Tugend.

Quickie

Und, wie lange dauert's bei Ihnen so? Indiskrete Frage, ich weiss, aber Sie müssen ja auch nicht antworten. Für so was hat man Umfragen. Schaut man sich zum Beispiel jene im *«Atlas of Human Sexual Behaviour»* an, dann steht da: Deutsche sind nach 17 Minuten fertig mit dem Geschlechtsverkehr, Italiener nach 14 – Amerikaner hingegen lassen sich 28 Minuten Zeit. Da fragt man sich natürlich, woran das liegt. Haben Amis besseren Sex? Vielleicht. Wahrscheinlicher aber ist, dass einmal mehr die Lust an der Übertreibung mit ihnen durchgegangen ist, während die Europäer im Namen der Wissenschaft brav ehrlich bleiben, sogar wenn's um Sex

geht. So zeigt zum Beispiel eine Erhebung unter Sexualtherapeuten in Nordamerika, dass für deren Klienten dort ein gewöhnlicher Koitus non interruptus im Idealfall 3 bis 7 Minuten dauert. Mit anderen Worten: Amerikaner sehen sich zwar selber als, man verzeihe den Ausdruck hier, Vorreiter in Sachen Sex; in den eigenen vier Wänden aber sind Sie vollauf zufrieden mit – dem Quickie.

Quizshows

Ich fand das eigentlich immer ganz lustig: Da sitzt man zuhause vor dem Fernseher und schaut anderen zu, wie sie allerlei Fragen gestellt bekommen. Entweder man weiss die Antwort und klopft sich im Geiste auf die Schulter, oder man lernt halt was dazu. In den USA ist mir die Lust an Quizshows allerdings vergangen, seit ich ein paar Mal *«Are you smarter than a 5th grader?»* gesehen habe (lief im deutschen Fernsehen als «Das weiss doch jedes Kind!»). Die Kids in der Sendung, so neun bis elf Jahre alt, müssen nicht nur schlau sein, sondern offensichtlich auch extrem extrovertiert: Nach jeder richtigen Antwort fuchteln sie wild herum, posieren, tänzeln oder produzieren sich sonst irgendwie. In den USA ist das normal – hier gibt's schliesslich auch Schönheitswettbewerbe für Zweijährige –, aber auf Europäer wirkt so ein exaltiertes Gebaren einfach nur künstlich. Vielleicht stört sich das US-Publikum weniger daran, weil es schon in den Fünfzigerjahren miterleben musste, wie künstlich Quizshows sein können: Mehrere beliebte TV-Fragerunden wurden damals nach Strich und Faden manipuliert. So gesehen zerstörte das amerikanische Fernsehquiz seinen Ruf bereits, als es noch in den Kinderschuhen stand.

Quotes

Amerikaner lieben knackige Zitate. Und so trete ich an dieser Stelle einen Schritt zurück und lasse andere sprechen – in ein paar *quotes* aus verschiedenen Epochen, die zeigen, wie die USA so ticken: «Die Wahrheit ist: Allen, die Macht haben, sollte man misstrauen.» (James Madison, 4. Präsident, 1751–1836) — «Jeder Indianer-Aufstand, von dem ich je gehört habe, war das Resultat gebrochener Versprechen der Regierung.» (Buffalo Bill, Cowboy-Ikone, 1846–1917) – «Dieses Land wird für niemanden ein guter Lebensraum sein, solange es nicht für alle ein guter Lebensraum ist.» (Theodore Roosevelt, 26. Präsident, 1858–1919) – «Amerika ist so gross, dass fast alles, was darüber gesagt wird, wahrscheinlich stimmt.» (James T. Farrell, Autor, 1904–1979) – «Für andere Nationen ist Utopia eine glückselige Vergangenheit, die nie zurückgewonnen werden kann; für Amerikaner liegt es gleich hinter dem Horizont.» (Henry Kissinger, Diplomat, geboren 1923) – «Die Leute wollen einfach ein Amerika, das so gut ist wie sein Versprechen.» (Barbara Jordan, Bürgerrechtlerin, 1936–1996) – «Es gibt nichts, was falsch ist in Amerika, das nicht behoben werden könnte mit dem, was richtig ist in Amerika.» (Bill Clinton, 42. Präsident, geboren 1946) – «Nicht jeder kann der Star im Team sein. Aber jeder kann der Star in seinem Leben sein.» (Sylvester Stallone, Schauspieler, geboren 1946) – «Ich bin im Leben immer und immer und immer wieder gescheitert, und deshalb habe ich Erfolg.» (Michael Jordan, Basketball-Legende, geboren 1963) – «Lieber werde ich dafür gehasst, wer ich bin, als dafür geliebt zu werden, wer ich nicht bin.» (Kurt Cobain, Rockstar, 1967–1994) – «Ich gehe gern an die Grenze.» (Lady Gaga, Popstar, geboren 1986). Damit ist alles gesagt.

Radio

Von wegen «*Video Killed the Radio Star*»: In den USA jedenfalls bringt das Radio Stars hervor wie eh und je (besagter Song kam sowieso aus England). Die Radio-Ikonen der Gegenwart sind keine Popsternchen oder Rockbands – sie sind *pundits,* politische Meinungsmacher. Obwohl: Meinungshaber trifft's eher. Vor allem die konservativen Radio-Kommentatoren sind landesweit berühmt, so sehr, dass man sie schon am Vornamen erkennt; «Rush» Limbaugh (geboren 1951 in Missouri) ist da nur das bekannteste Beispiel. Wer viel Auto fährt (und das tun in den USA fast alle), der hört auch öfter mal Radio, und so lande auch ich regelmässig auf einem Sender, der mir die politische Wahrheit einbläuen will. Als selbständig denkender Schweizer bleibt mir dann regelmässig die Spucke weg. Da wird verdreht, gepoltert und aufgepeitscht, als stünde der Weltuntergang nächste Woche an. Über Präsident Obama etwa sagte der Tea-Party-Held Glenn Beck (geboren 1964 im Staat Washington) einmal: «Er hat einen tief sitzenden Hass auf Weisse. Er ist ein Rassist.» Starker Tobak, Obamas Mutter war schliesslich weiss. Doch in der konstanten Fieberstimmung des amerikanischen *Talk Radio* ist nun mal alles erlaubt, was Hörer bringt. Gut gibt es auch anderes Radio in den USA: Die news-Shows des öffentlichen *National Public Radio,* kurz NPR, gehören zum Besten, was weltweit an Audio-Journalismus produziert wird – und über zwölf Millionen Amerikaner hören jeden Morgen zu, mehr als bei jedem anderen Nachrichtenprogramm. «Rush» kommt mit seiner Meinungsdrescherei allerdings auf weit über 14 Millionen.

Rasse

Es kostet durchaus Überwindung, das Wort auf Deutsch laut auszusprechen: Rasse. Auf dem Begriff lastet seit den Nazigräueln das Gewicht der Geschichte. Nicht so in den USA: *Race,* das ist ein ganz gewöhnliches Wort, in jedem Arztformular zum Beispiel – so habe ich dann auch gelernt, dass ich *caucasian* bin, die politisch-genetisch korrekte Bezeichnung für weiss (dabei kenne ich den Kaukasus nur aus Büchern, aber egal). In politischen Debatten, wenn es etwa um die Förderung von Minderheiten geht, wird *race* ohne Zögern ausgesprochen. So selbstverständlich das Wort verwendet wird, so selten wird im Alltag darüber geredet, was Rasse für den einzelnen Bürger heisst: dass Armut zum Beispiel deutlich öfter Schwarze oder Latinos betrifft. Dass ganze Stadtteile von Weissen gemieden werden. So wurde ein Schweizer Freund von mir einmal von seiner US-Begleitung flugs zum Schweigen angehalten, nur weil er im Bus seine Beobachtung kundtat, dass plötzlich nur noch Schwarze einsteigen. In vielerlei Hinsicht erleben Minderheiten ein anderes Amerika als ihre weissen Mitbürger: In New York kann zum Beispiel so ziemlich jeder männliche Schwarze davon erzählen, wie er in der Vergangenheit von den cops spontan kontrolliert wurde – *stop and frisk* nennt sich die mittlerweile umstrittene Praxis, von der die meisten weissen New Yorker erst aus den news erfahren haben. Insbesondere jungen schwarzen Männern schlägt oft eine unterbewusste Skepsis entgegen, ist doch allgemein bekannt, dass diese *young black males* laut Statistik besonders häufig zu Verbrechern werden. So nehmen alle schwarzen Mütter im Land ihre Söhne früher oder später zur Seite und erklären ihnen, dass die Gesellschaft sie nicht ohne Vorurteile behandeln wird – ein Ritual, das als *the talk* bekannt ist; einer jener vielen kleinen Unterschiede, die in der Summe das ergeben, was wir Lebenserfahrung nennen. Dass Rasse in den USA dabei in praktisch jeder Situation eine Rolle spielt, ist ein Fakt; die unumgehbare Konsequenz einer vielfarbigen Gesellschaft. Oft bleiben Schwarze, Weisse, Latinos oder Asiaten dann auch unter sich, in ihrer Community. Das birgt durchaus Zündstoff: Alle paar Jahre flammen Spannungen auf, etwa nach Fällen von Polizeigewalt gegen Schwarze. In der Regel allerdings leben die verschiedenen Rassen wenn auch nicht fröhlich miteinander, dann doch immerhin friedlich nebeneinander. Dass die soziale Durchmischung vielerorts fehlt, wird von Europäern nicht selten als versteckter Rassismus ausgelegt – dabei handelt es sich einfach um Rassenbewusstsein. Etwas, das in Europa mit seiner relativen Einheitlichkeit kaum existiert, und wenn doch, dann wird es gern unter den Teppich gekehrt; wie das Wort Rasse selbst.

Reagan, Ronald

Ich kann mich nicht mehr an viel erinnern, was ich mit sechs Jahren so gedacht habe. Ich weiss aber noch genau, wie in den TV-Nachrichten über die US-Bombardierung von Tripolis berichtet wurde und wie da ein US-Präsident in seinem Oval Office sass und sich der Welt erklärte. Dieser Mann weiss, was er tut, dachte ich damals, obwohl ich natürlich rein gar nichts verstand. Und genau das machte die Faszination Ronald Reagan (1911–2004) aus: Er konnte am Bildschirm sogar einen Sechsjährigen ohne Englischkenntnisse für sich gewinnen. Klar, als ehemaliger Schauspieler wusste Reagan genau, wie er mit der Kamera umgehen musste, und er war ein Meister darin, den Bürger via Fernsehen direkt anzusprechen. Dabei galt er bis zum Wahlkampf 1980 als ziemlich radikal, als gefährlich konservativ. Es war Reagans Kameratalent, das dieses Rennen um das Weisse Haus herumriss: Vor seiner Fernsehdebatte gegen Präsident Jimmy Carter (geboren 1924 in Georgia) lag er zurück, danach zog er davon und siegte am Ende deutlich. Reagan charmierte sich ins Herz der Nation, und dort bleibt er bis heute als Strahlemann in Erinnerung. Er wirkte unverwüstlich – wie zum Beweis überlebte er ein Attentat und, so will es die Legende, klopfte schon auf dem Spitalbett wieder Sprüche. Reagan, das war die fleischgewordene Coolness. Der *Teflon President* wurde er darum auch genannt, weil Skandale an ihm abglitten wie Speckstreifen von einer Bratpfanne. Das macht hungrig, klar, und so suchen die Republikaner seit seiner Amtszeit verzweifelt einen Kandidaten, der auch nur ansatzweise die Ausstrahlung von *Ronnie* hat. Jeder in der Partei will sein wie er, und jeder wird mit ihm verglichen. Doch es gibt nur einen Reagan; irgendwie war mir das schon mit sechs Jahren vor dem TV-Schirm bewusst.

Recht

Grosse Frage: Was hält Amerika zusammen? Einfache Antwort: Recht. Nur als Rechtsstaat konnte dieses Land, so gross und vielschichtig, überhaupt überleben (und zum Schlaraffenland für Anwälte werden). Anders als in Deutschland oder Frankreich kann sich die Nation nicht auf eine gemeinsame Kultur berufen, hier leben schliesslich Menschen mit Vorfahren aus allen Teilen der Welt. Wenn Steakfans mit Vege-

tariern und Weizen-Allergikern an einem Tisch sitzen, ist ein Nationalgericht undenkbar. An seine Stelle tritt das Oberste Gericht; Rechtsstaat statt Folklore. An die Regeln, sprich Gesetze, hat man sich in den USA zu halten – denn diese Regeln sind die Fasern, die das komplexe Gesellschaftsnetz zusammenhalten. Sie sind der gemeinsame Nenner in einem Land, wo Gemeinsamkeiten rar sind. Es gibt unendlich viele Arten, Amerikaner zu sein, jeder darf sich kleiden, wie er will, glauben, woran er will, und sagen, was er will; das hochverehrte Ideal der Freiheit eben. Doch beim Gesetz, da hört jede Freiheit auf. Wie beim Poker ist das: Wer sich nicht an die Spielregeln hält, muss weg vom Tisch. Das erklärt, warum selbst der banalste Parkplatzstreit nicht selten vor dem Richter landet. Warum Steuersünder bis ans Ende der Welt verfolgt werden oder gar bis in die Schweiz. Wer Recht bricht in den USA, der bricht mit dem Konzept der Nation an sich. Und verwirkt damit in den Augen der Gesellschaft auch sein höchstes Gut, die Freiheit.

Religion

«Und, habt ihr eure Kirche schon gefunden?», fragt unsere Freundin K. aus Texas und setzt ihren Hundeblick auf – ist ja möglich, dass wir als Neuzuzüger noch zu den suchenden Seelen gehören. «Wir suchen eigentlich gar keine

Kirche», antworte ich etwas unbedarft. Damit hat K. jetzt nicht gerechnet. Eine Kirche, einen *place of worship,* einen Glauben, so was hat man schliesslich hierzulande. Woran man genau glaubt, ist dabei zweitrangig, von der Weltreligion bis zur Lokalsekte ist alles erlaubt (schon mal von den Nuwaubianern gehört oder der Euthanasiekirche?). Wer mit der bunten Welt des Glaubens in den USA aufgewachsen ist, empfindet Leute, die mit Religion nix am Hut haben, als weissen Fleck, als wandelndes Etwas, das von Gott noch ausgefüllt werden muss. Nun gibt es aber immer mehr weisse Flecken: Sogenannt Nichtreligiöse sind die am schnellsten wachsende Gruppe aller Glaubensrichtungen, rund ein Fünftel der Bevölkerung ordnet sich ihr zu. Dogmatische Atheisten à la Europa allerdings sind die Ausnahme; dass jemand den Glauben des andern in Frage stellt, kommt kaum vor. Warum auch? Glaubensfreiheit bedeutet schliesslich, sich nicht rechtfertigen zu müssen für die eigene Religion. So fallen die Nichtreligiösen kaum auf in einer Gesellschaft, wo Gläubige ihre Überzeugung nicht selten dick unterstreichen (zum Beispiel mit einem Jesus-T-Shirt oder so). Ob laut, ob leise, ob Kirche oder nicht, in Sachen Religion gilt in den USA die Devise: glauben und glauben lassen. So hat auch K. uns nie wieder nach unserer Kirche gefragt.

Republikaner

«Aber – aber die sind doch rechts!» Ungläubiges Staunen macht sich breit in der Besuchergruppe aus der Schweiz. Dabei habe ich nur gesagt, dass die republikanische Partei die Sklaverei praktisch im Alleingang abgeschafft hat, damals während des Bürgerkriegs und unter Führung ihres ersten Präsidenten Abraham Lincoln. Doch das passt nicht recht ins aktuelle Bild, das viele Europäer von den Republikanern haben: rechts, ruppig und reaktionär. Und es stimmt schon: In den letzten Jahren gibt sich die *Grand Old Party,* kurz *GOP,* primär als Bollwerk gegen jegliche Veränderung. Doch das war eben nicht immer so: Zu Lincolns Zeiten und noch Jahrzehnte danach standen die Republikaner für mitunter radikalen gesellschaftlichen Wandel. Sie waren die Partei des industrialisierten Nordens, während die Demokraten den ländlichen Süden vertraten. Verkehrte Welt, ist man versucht zu sagen: Die «Partei Lincolns», wie sie sich bei guter Laune heute noch manchmal nennt, hat im weitläufigen konservativen Süden ihre Machtbasis und schreibt sich spätestens seit Ronald Reagan die Verteidigung traditioneller Werte auf die Fahnen. So in der Art: Früher war's besser – also rückwärts marsch! Je ländlicher eine Region, desto besser kommt das an; oft so gut, dass das R für Republikaner auf dem Wahlzettel zur Selbstverständlichkeit wird, Demokraten treten in gewissen Wahlkreisen gar nicht erst an. Resultat ist eine dauerhafte strukturelle Machtbasis für die GOP auf regionaler Ebene. Ein schleichendes Problem allerdings ist die Einfarbigkeit der Partei: Wohl weiss sie eine Mehrheit der weissen Wähler hinter sich, und deren Wahlbeteiligung ist traditionell höher als jene bei Minderheiten. Allerdings: In drei Jahrzehnten schon wird die Mehrheit des Landes nicht mehr weiss sein. Und Schwarze, Latinos und Asiaten fühlen sich nur in Ausnahmefällen angesprochen von republikanischen Slogans wie «Take America back!». So droht die Partei langfristig das Schicksal des Elefanten zu teilen, durch den sie oft symbolisiert wird: grösser und stärker als alle anderen und dennoch eine bedrohte Art. Mit einem Lebensraum, der stetig kleiner wird. Es sei denn, die Republikaner erfänden sich neu, wie sie das in der Vergangenheit wiederholt getan haben.

«Respect»

Einer der bedeutendsten Songs der US-Geschichte war ursprünglich ein Betteln um Liebe. R&B-Meister Otis Redding (1941–1967) schrieb das Stück als einen sehnsüchtigen Aufschrei: Ein Mann tut alles für seine Frau, solange er Sex bekommt (weil man so was in den USA weder sagen noch singen kann, ist die Rede euphemistisch von «Respect»). Nur zwei Jahre nach Redding nahm sich die *Queen of Soul* den Song zur Brust: Die Version von Aretha Franklin (geboren 1942 in Memphis) war ein mit Wucht vorgetragenes Manifest der Weiblichkeit. «*Respect*» stand zwar nach wie vor für Sex (der Background-Refrain «*sock it to me*», also «gib's mir», lässt da kaum Zweifel). Doch «*Respect*» hiess nun auch sehr viel mehr: Gleichbehandlung, Wertschätzung, Selbstbewusstsein, Würde. Getragen von Aretha Franklins Energie, wurde das Stück zum Schlachtlied der Bürgerrechte und des Feminismus, in den USA und weit darüber hinaus. Redewendungen aus dem Song wie *TCB (taking care of business)* oder *propers* respektive *props* (etwa: Achtung) hielten Einzug im alltäglichen amerikanischen Sprachgebrauch (*TCB* schaffte es gar zum Motto von Elvis himself). «*Respect*» ist ein Meilenstein der US-Musik und wurde deshalb vom «*Rolling Stone Magazine*» hochoffiziell in die Top Ten der grössten Songs aller Zeiten erhoben. Respekt.

Restaurants

Vom Tellerwäscher zum Millionär, das ist der amerikanische Traum (so hiess es zumindest, bevor Milliardäre zum Alltag gehörten. Und Spülmaschinen). Die Realität sieht eher so aus, dass jemand vom Tischwischer zum Kellner zum Platzanweiser aufsteigt. In US-Restaurants, von Burger-Ketten mal abgesehen, herrscht nämlich eine strikte Hierarchie: Die

Gäste werden begrüsst von einer Person, die Bestellung nimmt jemand anderes auf, und kredenzt wird das Essen von einem Dritten. Somit wuseln im 08/15-US-Restaurant ständig Servicekräfte aller Couleur vor sich hin, stets bedacht, nur das zu tun, wofür sie auch bezahlt sind. Fragen Sie also nie den Kellner, der Ihre Getränke bringt, ob Sie bei ihm Essen bestellen können, sonst exponieren Sie den armen Kerl, und er muss kleinlaut zugeben, dass er das nicht darf. Meiden Sie zudem die Todsünde, Kellner vom Nebentisch zu fragen – die Zuständigkeit ist genau geregelt, und Amerikaner halten sich an Regeln, in der Regel. Und da Sie am Ende wohl so oder so Trinkgeld springen lassen müssen, merken Sie sich auch gleich, wer von Ihrer Tisch-Truppe den Dankesbatzen wirklich bekommt. Ja, so ein US-Restaurant ist ein komplexer Mikrokosmos. Guten Appetit!

Revolutionskrieg

Eigentlich müsste der amerikanische Revolutionskrieg von 1775 bis 1783 als Weltkrieg betitelt werden. Sicher, am Anfang ging es darum, dass sich die Kolonien in der Neuen Welt vom britischen Reich abspalten wollten – aus idealistischen, vor allem aber auch aus wirtschaftlichen Gründen (wer die unendlichen Weiten des amerikanischen Kontinents vor sich liegen hat, lässt sich ungern aus London vorschreiben, was er tun darf und was nicht). Je länger dieser Krieg jedoch dauerte, desto mehr Nationen waren involviert: Franzosen und Spanier eilten den Revoluzzern rund um General George Washington zu Hilfe, die Holländer schickten Geld; dem englischen Königreich eins auf die Krone zu hauen, das wollten sie sich alle nicht nehmen lassen. Vor allem die von Paris nach 1778 in die Schlacht geschickten Schiffe waren von immensem taktischem Wert für die Amerikaner, die über keine eigene Flotte verfügten. Diese Tatsache wird heute in den USA gern unter den Stammtisch gekehrt; die eigene Revolution will man schliesslich selbst gewonnen haben. Respektive Nationalheld Washington hat sie gewonnen. Der Mann war ohne Zweifel die zentrale Figur in der Ablösung der USA von Grossbritannien. Eine wichtige Rolle jedoch spielte auch ein gewisser James Armistead (ca. 1748–1830), von dem die meisten Amerikaner noch nie gehört haben. Das mag daran liegen, dass er ein Sklave war. Als Doppelagent im Dienste der Revolution allerdings war es Armistead, der im Dunstkreis britischer Generäle Wind bekam von einer geplanten Truppenverstärkung in Yorktown – was Washington und seinem französischen Pendant, dem Marquis de Lafayette (1757–1834) erlaubte, diese strategisch wichtige Stadt von der Aussenwelt abzuschneiden. Die Schlacht von Yorktown war der entscheidende Wendepunkt des Krieges, der somit am Ende von den Aufständischen, ihren internationalen Alliierten und Menschen wie Armistead gewonnen wurde. Der Anfang der USA.

Robinson, Jackie

Wer sich die Endspiele im amerikanischen Baseball anschaut, sieht so einiges: weisse Spieler, schwarze Spieler, Latinos, Asiaten und alles zwischendrin. Was er nicht sieht, sind Spieler mit der Nummer 42 auf dem Rücken. Denn sie gehört für alle Zeiten Jackie Robinson (1919–1972). Am 15. April 1947 betrat er für die *Brooklyn Dodgers* das Spielfeld, als erster Schwarzer seit sechs Jahrzehnten durchbrach er damit die *color barrier,* die Rassengrenze in der amerikanischsten aller Sportarten. Das verlief alles andere als geräuschlos: Gegner wie Mitspieler waren wenig begeistert vom «Neger» im Team. Die üblen Beschimpfungen, die Robinson entgegenschlugen, schweissten die Dodgers in der Folge jedoch zusammen, und sie gewannen 1955 sogar den Titel. Jackie Robinson steht seit dieser Zeit für ein Amerika, das Differenzen überwinden kann, wenn der Wille nur stark genug ist. Daran erinnern Spieler, Schiedsrichter und Trainer im Profi-Baseball jedes Jahr am 15. April. An diesem einen Tag nämlich, dem *Jackie Robinson Day,* tragen sie alle die gleiche Nummer auf dem Rücken: 42.

Rock'n'Roll

Ich würde ja auch gern mal einen Begriff erfinden, der dann von der ganzen Welt benutzt wird. Am besten so einen saucoolen Begriff, wie ihn Radio-DJ Alan Freed (1921–1965) geprägt hat: Rock'n'Roll *(*zugegeben, auf Deutsch hätte «Schaukeln'un'Wanken» wohl nicht die gleiche Wirkung erzielt). Mit seiner Beschreibung der neuen Musik, die im Amerika der Fünfzigerjahre aus Blues, Jazz und Country zusammenschmolz, traf Freed den Nerv der Zeit. Rock'n'Roll wurde bald zu mehr als einer Musikrichtung, zu einer Lebenshaltung, die allem Altbewährten entgegenbrüllt: Es geht auch anders! Das sind die USA in Reinkultur: Einflüsse aller Art verbinden sich zu etwas unwiderstehlich Neuem, einem Ganzen, das so viel mehr ist als die Summe seiner Teile. Und obendrauf ein cooler Name. Für seine Erfindung des Begriffs Rock'n'Roll wurde Alan Freed mit diversen Jobs bei grossen Stationen sowie einer eigenen TV-Show belohnt. Bis sich herausstellte, dass er sich fürs Abspielen bestimmter Songs bezahlen liess, was seine Karriere in einen Sturzflug versetzte. Er beteuerte bis zuletzt, nur Musik auf den Sender gebracht zu haben, die er ehrlich mochte. Trotzdem starb der Erfinder des Begriffs Rock'n'Roll als gebrochener Mann. Alan Freeds Asche ist heute Teil der *Rock'n'Roll Hall of Fame* in Cleveland, Ohio; jenem Ort, wo er die vielleicht wichtigsten beiden Wörter der US-Musikgeschichte populär gemacht hatte.

Rockefeller, John D.

Von ganz unten nach ganz oben, so sieht der Traum vom schnellen Aufstieg in den USA aus *(from rags to riches* sagen Amerikaner, in etwa: aus Lumpen zu Luxus). Keiner symbolisiert dieses Ideal so sehr wie John D. Rockefeller (1839–1937), dessen Name auch drei Generationen nach seinem Tod noch Synonym für Reichtum schlechthin ist. Klar, dass der Herr der erste Milliardär der Geschichte war, spielt dabei eine Rolle. Mehr noch aber haben seine zwei Gesichter Rockefeller zur Verkörperung des Wohlstands gemacht: hier der skrupellose Monopolkapitalist, der mit seinem Konzerngiganten *Standard Oil* die US-Volkswirtschaft dominierte wie kein anderer; dort der freigebige Mäzen, Vorreiter der modernen Philanthropie und ausserdem bekannt dafür, jedem, den er traf, eine Münze in die Hand zu drücken. So steht Rockefeller für beide Seiten des Reichtums, für die private Anhäufung wie für die soziale Einsprenkelung von Geldsummen, die sich die meisten Amerikaner gar nicht vorstellen können. Das macht den *selfmade man* aus einem Ort namens Richford (!) zum unsterblichen Teil der US-Wirtschaftsgeschichte. Lumpen tragen musste er jedoch nie. Bereits mit sechzehn arbeitete er als Buchhalter; einen besseren Einstiegsjob für einen werdenden Milliardär gibt's kaum.

Rohstoffe

Stellen Sie sich mal vor: Sie sitzen zuhause, der Kühlschrank ist randvoll. Die Vorratskammer platzt fast vor Verpflegung. Und im Keller haben Sie genug Coke, um einen Monat lang wach zu bleiben. Wie genügsam wären Sie dann wohl, wenn's ums Essen und Trinken geht? In einer ganz ähnlichen Situation befinden sich die USA in Sachen Rohstoffe: Das Land ist so gross, dass einfach alles im Überfluss vorhanden ist respektive war. Was aus dem Boden kam oder aus ihm wuchs, spielte in der amerikanischen Geschichte oft eine zentrale Rolle: Am Anfang stand der Tabak, der die Kolonien rasend schnell reich machte. Dann die Baumwolle, die im Süden so grosses wirtschaftliches Gewicht erlangte, dass sie zu quasi feudalistischen Zuständen führte, die Sklaverei am Leben hielt und so wesentlich zum Bürgerkrieg beitrug. Danach das Gold, das hunderttausende nach Kalifornien lockte. Und schliesslich das Öl, das erst Staaten wie Texas oder Alaska einen Boom bescherte – und später zur dauerhaften Militärpräsenz am persischen Golf führte. In Europa heisst es oft, «den Amis geht es nur ums Öl», wenn die USA mal wieder ihre uniformierten Muskeln spielen lassen; selbst dann, wenn im betroffenen Gebiet kaum Erdöl zu finden ist, wie etwa in Afghanistan. Das Vorurteil der ewig nach Öl dürstenden Supermacht verkennt zudem, dass die USA in den letzten Jahren eine wesentliche Energie-Alternative aufgetan haben: Schiefergas, das dank dem sogenannten *Fracking* (herrliche Kurzform von *Hydraulic Fracturing)* quasi im eigenen Garten gewonnen werden kann. Das Gas-Business ist heute einer der wichtigsten Wachstumsmärkte der USA und sorgt zusammen mit immer mehr heimischer Ölförderung dafür, dass das Land mittlerweile mehr vom schwarzen Gold exportiert als importiert. Egal in welcher Form: Der amerikanische Rohstoffreichtum hat Dimensionen, die für Europäer schwer vorstellbar sind. Ein Vertreter der Holzindustrie in Maine hat mich ins Staunen versetzt, als er mir erzählte, seine Nutzwälder seien in etwa so gross wie die ganze Schweiz. Amerikaner sehen diese natürliche Fülle als fast gottgegeben an: hier, um von den Menschen verwertet zu werden. So wie der volle Kühlschrank bei Ihnen zuhause.

Roosevelt

Es kommt vor, dass sich jemand als Kenner der US-Geschichte ausgibt und doch eigentlich keinen blassen Schimmer hat. Am besten testet man das Basiswissen dieser Leute mit der Frage: War Roosevelt eigentlich Republikaner oder Demokrat? Die einzige richtige Antwort hier ist die Gegenfrage: Von welchem Roosevelt sprechen wir? Der erste, Theodore, genannt «Teddy» (1858–1919), war Republikaner – obwohl: Aus heutiger Sicht würde der *Rough Rider* (was für ein Spitzname!) wohl als Linker eingestuft, war er doch überzeugter Naturschützer und Freund der Nationalparks, dazu Kämpfer gegen die Wirtschaftsmonopole der *Trusts* und obendrein Träger des Friedensnobelpreises. Den USA bleibt ihr 26. Präsident nicht zuletzt als Kerl-Person in Erinnerung, als Cowboy-Politiker, obwohl er eigentlich als Kind gut betuchter Eltern in New York aufwuchs. Nur wenige Kilometer weiter nördlich und wenige Jahrzehnte später erblickte sein entfernter Cousin Franklin Delano Roosevelt (1882–1945) das Licht der Welt; einer Welt, deren Geschichte er wesentlich mitprägen sollte. *FDR*, wie er meist genannt wird, war ein Demokrat, wie er im Buche steht: Überzeugt von der gestalterischen Rolle des Staates, stellte er in den ersten hundert Tagen nach seiner Wahl die Sozialpolitik der USA vom Kopf auf die Füsse und sagte damit der *Great Depression* den Kampf an. Als Oberbefehlshaber der US-Truppen spielte dieser Roosevelt zudem eine Schlüsselrolle beim Sieg der Alliierten im Zweiten Weltkrieg. Kein Wunder, gilt der 32. Präsident heute als eine der zentralen Figuren der Geschichte der Vereinigten

Staaten. Flankiert wird *FDR* dabei von seiner Ehefrau Eleanor (1884–1962), die mit ihrer unverblümten Art zum Idol jeder selbstbewussten Frau im Land avancierte. Der Name Roosevelt steht, dank Theodore und Franklin und Eleanor, in den USA für Führungskraft schlechthin – bei Kennern der amerikanischen Geschichte genauso wie bei jenen, die eigentlich keinen Schimmer haben.

San Francisco

Immer wieder dieser Nebel. Obwohl Postkarten die Stadt mitsamt der *Golden Gate Bridge* stets im warmen Licht der kalifornischen Sonne zeigen, wissen die Bewohner von San Francisco: Der Nebel gehört hier einfach dazu (Touristen wird das selbstredend kaum je mitgeteilt, und so sahen wir bei unserem ersten Besuch hier von der weltbekannten Brücke nur einen Pfeiler, in blassem Rot hinter grauen Schwaden). Ja, Nebel hat in San Francisco sogar einen eigenen Namen: Karl. Und weil Karl es öfter mal wenig attraktiv macht, das Haus zu verlassen, bleiben die Menschen gern daheim – und tüfteln. Woran, das ist eigentlich egal. Da gibt es die *whiz kids,* die gerade das nächste Facebook erfinden, allein oder im Auftrag irgendeines Internet-Riesen aus dem nahen *Silicon Valley* (dem Westufer der *San Francisco Bay).* Oder Visionäre wie Tech-Pionier Elon Musk (geboren 1971 in Pretoria), die an Raumfahrt, Elektroautos und Superzügen gleichzeitig herumstudieren. Es geht aber auch einfacher: Der Glückskeks zum Beispiel wurde hier erfunden. Von japanischen Einwanderern, die ihn als chinesische Tradition verkauften und damit die China-Restaurants der Welt eroberten (ausserhalb Chinas zumindest). So sieht amerikanischer Erfindungsgeist aus. Dass da kulturell gemauschelt wird, stört die wenigsten, im Gegenteil: Die Erfindung des Glückskeks wird auch von San Franciscos ewigem Rivalen Los Angeles beansprucht. Das lassen die Bewohner von *SF* natürlich nicht gelten, ebenso wenig wie den oft gehörten Spitznamen *Frisco* für ihre Stadt. Wer sich täglich mit Karl herumschlägt, hat schliesslich auch ein Recht, mit legendärem Erfindungsreichtum alles so zu benennen, wie er will. Nebel inklusive.

Segregation

«Getrennt und doch gleich». Wenn man das so liest, klingt's gar nicht so übel, oder? Das fand jedenfalls das Oberste Gericht der USA während der ersten fünf Jahrzehnte des 20. Jahrhunderts. Die Trennung nach Rassen war zulässig, solange alle Zugang zu gleichen Einrichtungen hatten, zu Schulen und Krankenhäusern zum Beispiel. In der Realität waren die Schulen und Krankenhäuser für Schwarze indes alles andere als gleich, und genau das war das Problem der Segregation. Obwohl seit dem Bürgerkrieg frei und kurz danach auch wahlberechtigt, wurden schwarze Amerikaner fast ein Jahrhundert lang als minderwertig behandelt. Im Süden oft völlig unverhohlen, rassistische Gesetze mit dem herablassenden Namen *Jim Crow* für Afroamerikaner waren selbstverständlich. Politische Aktivitäten dieser Bürger wurden nicht selten mit Gewalt unterdrückt (der *Ku Klux Klan* trat hier auf den Plan). Statt schwarze Menschen in der Gesellschaft zu akzeptieren, wurde vielerorts eine zweitklassige Parallelgesellschaft aufgebaut. Und Washington schaute weg, redete sich ein, dass «getrennt und doch gleich» gar nicht so übel klinge. Das endete mit Oliver Brown (1918–1961). Zusammen mit zwölf anderen schwarzen Eltern verlangte er zu Beginn der Fünfzigerjahre, dass seine kleine Tochter Linda die gleichen Schulen besuchen durfte wie weisse Kids. Durch den legendären Anwalt Thurgood Marshall vertreten, gab das Oberste Gericht Brown im Jahr 1954 Recht. Der Anfang vom Ende der Segregation war gekommen – der Segregation im Gesetz, um genau zu sein. Im Alltag besteht eine Trennung von Schwarz und Weiss vielfach bis heute, in Form von mehrheitlich schwarzen, armen Innenstädten und mehrheitlich weissen, reichen Vorstädten zum Beispiel. Die sozialen Unterschiede in Amerika spiegeln sich im Stadtbild, die Folgen jahrhundertelanger Trennung und Ungleichheit verschwinden nicht in ein paar Jahrzehnten. «Getrennt und doch gleich» ist zwar Geschichte, doch «untrennbar gleich» bleibt ein Ziel für die Zukunft.

Sex

Hm. Jetzt wird's heikel. Über zwanzig Jahre ist es her, seit die Girls des amerikanischen Hip-Hop-Trios *Salt'n'Pepa* unmissverständlich gefordert haben: *«Let's talk about Sex!»* Und Amerika hat seine Antwort gefunden, sie lautet in etwa: *You mean – what? Please, let's not.* (Übrigens: Der Song, in der Schweiz, Österreich und Deutschland ein Nummer-eins-Hit, schaffte es in den USA bezeichnenderweise nur auf Platz 13 der Charts.) Sex. Ist. Tabu. Zumindest im öffentlichen Raum, und das schliesst auch die Schule mit ein – Sexualkunde gibt es zwar in allen Staaten, vielerorts können Eltern ihre Sprösslinge davon allerdings jederzeit ausnehmen, wenn sie ein adäquates Formular unterzeichnen. Selbst wer im Klassenzimmer erfährt, was Sache ist, lernt dort oft nichts über Dinge wie Verhütung oder Oralsex. Vielerorts steht stattdessen Abstinenz im Zentrum. Kein Wunder, werden laut Uno-Statistik Teenager in den USA rund zehn Mal häufiger schwanger als in der Schweiz. Und was Oralsex angeht, steht die Welt Kopf: Anders als in Europa, wo uns diese Spielart der Liebe als besonders intim vermittelt wurde, gilt sie in den High Schools der USA mehr als intensives Rummachen. (Wie man mir glaubhaft versichert, war das schon so, bevor Präsident Bill Clinton 1998 den berühmtesten Fellatio der Weltgeschichte wie folgt umschrieb: *«I did not have sexual relations with that woman, Miss Lewinsky.»)* Auch dass Krankheiten durch Oralsex übertragen werden, ist vielen Teenies unbekannt. Wer sich nicht vorher schlaugoogelt, kommt im College auf die Welt, wo Sex als Zeitvertreib an der

Tagesordnung ist, jeder mit (fast) jedem, frei von Verpflichtungen; *hooking up* nennen das US-Studenten. Bei solch krass gegensätzlichen Erfahrungen ist es kein Wunder, dass das Thema Sex weitestgehend vermieden wird. «Die sind einfach prüde Puritaner», hat mein Freund F. aus der Schweiz einst resümiert. Sorry F., aber das ist *bullshit*. Die Zurückhaltung in Sachen Sex – keine nackten Frauen am Kiosk, keine Brüste im frei empfangbaren Fernsehen und so – ist mehr ein Ausdruck von sozialer Rücksicht. Auf Kinder, die so etwas (noch) nicht zu sehen brauchen, und auf diverse Kulturen im eigenen Land, die so etwas (immer noch) nicht sehen wollen, und das ganz bewusst. In einem Land, wo Töchter von Einwanderern aus Saudi-Arabien zusammen mit Söhnen von holländischen Tätowiererinnen zur Schule gehen, wo der indische Taxifahrer das gleiche TV-Programm zur Auswahl hat wie der texanische Cowboy, da beschränkt sich die Sexdiskussion notwendigerweise auf den kleinsten gemeinsamen Nenner. Und im Zweifelsfall heisst der: *Please, let's not talk about that.*

Shopping

Für Europäer mit entsprechendem Reisebudget (viele davon Schweizer) sind die USA ein Shopping-Paradies: Ob T-Shirt aus der Outlet Mall oder Lichtschwert aus dem Internet, es gibt hier einfach alles. Ausser eins: Beratung. Wer etwa, ganz blauäugig, die neue Fotoausrüstung beim blauen Elektronikriesen kauft, erlebt dort schnell sein blaues Wunder. «Warum ist diese Linse teurer als die andere?» – «Weiss nicht.» – «Aber Sie arbeiten doch hier, und der Preisunterschied ist deutlich.» – «Hm. Ist wohl die Marke. Die Leute mögen Marken.» – «Echt? Sonst gibt es keinen Unterschied, kann die eine etwas, was die andere nicht kann?» – «Keine Ahnung, Mann, ich arbeite hier nur. Vielleicht googeln Sie das doch am besten.» Diese Konversation ist nicht erfunden, und so oder ähnlich passiert sie im Shopping-Paradies Amerika Tag für Tag. Gelernte Verkäufer sind in den USA so rar wie Strandpenner in der Luxusboutique. Entsprechend schlecht ist der Lohn, oft unter zehn Dollar die Stunde. Motivation, Karriereperspektive und Arbeitsfreude werden so zu Fremdwörtern. Die Ausnahme sind Jobs, wo mit Provision und Trinkgeld ein Anreiz zur Freundlichkeit gegeben wird. Der hingelächelte Satz «Hi, mein Name ist Megan, wie kann ich Ihnen helfen?» kann als untrügliches Zeichen verstanden werden, dass hier jemand leistungsabhängig entlöhnt wird. Für Beratung indes googelt man besser mal.

Sinatra, Frank

Chairman of the Board, «Verwaltungsratspräsident», ist ja nicht eben ein besonders cooler Spitzname. Die Coolness von Frank Sinatra (1915–1998) allerdings ist über jeden Zweifel erhaben: In den USA der Vierzigerjahre war er so etwas wie eine Ein-Mann-Boyband, angehimmelt wie kein anderer (es sollte noch Jahre dauern, bis Elvis seinen Durchbruch feierte). Im Gegensatz zu anderen Pop-Idolen schaffte es Sinatra allerdings, mit seinem unverwechselbaren Schubidubidu jahrzehntelang ein Publikumsmagnet zu bleiben; er war und ist so etwas wie der Goldstandard des Entertainments. Scheinbar mühelos gelang es Ol' Blue Eyes, Frauen wie Männer um den Finger zu wickeln – die Damen wollten ihn, die Herren wollten sein wie er (oder zumindest als Teil seiner Rat-Pack-Bande Vegas unsicher machen). Ganz der Star der alten Schule, schien dieser Mann immer ein wenig über seinen Zuhörern zu schweben; der Schuss Arroganz im Auftritt wurde ihm nicht nur verziehen, das Publikum lechzte förmlich danach. Kaum zu glauben im Zeitalter des Reality TV: Unnahbarkeit kann attraktiver sein als Exhibitionismus. Das ist das Vermächtnis des Frank Sinatra, der übrigens einen tiefen Hass hegte gegen den Spitznamen «Verwaltungsratspräsident». Verständlich.

Sklaverei

Nichts hat auf der amerikanischen Volksseele grössere Narben hinterlassen als die Sklaverei. Auf ihrem Höhepunkt, der wohl eher als Tiefpunkt zu bezeichnen ist, waren um 1860 herum in den USA fast vier Millionen Menschen das Eigentum anderer Menschen – und dies ausgerechnet im Land, das sich die Freiheit des Individuums auf seine Fahne geschrieben hatte. Die Sklaverei war somit, und das war vielen Bürgern damals bewusst, zutiefst unamerikanisch. Warum also konnte sie sich nach der Unabhängigkeitserklärung noch fast hundert Jahre lang halten? Vereinfacht gesagt: weil die Wirtschaft sie verlangte. Der Süden lebte von der Landwirtschaft, konkret vom Tabak-, Reis- und vor allem Baumwollanbau. So endlos die Agrarfläche dafür in jenen Jahren schien, so begrenzt war die Zahl der Feldarbeiter. Jahrzehntelang wurden darum Sklaven aus Afrika nach Amerika gezerrt, um diese Arbeit zu verrichten. Resultat: In einer Hälfte des Landes fusste praktisch der gesamte Reichtum auf Ausbeutung. Als im Norden, wo statt Landwirtschaft die Industrie dominierte, der Ruf nach Abschaffung (abolition) der Sklaverei laut wurde, sah sich der Süden in seiner Existenz und Lebensart bedroht. Es folgte der Bürgerkrieg. Noch heute ist die schwarze Bevölkerung in den USA von der Erfahrung der Sklaverei geprägt; so reagieren Afroamerikaner sehr viel empfindlicher auf scharfe Worte von den Lippen weisser Mitbürger, weil sie sofort als herrisch empfunden werden. Manche Narben brauchen Jahrhunderte, um zu verheilen.

Smalltalk

Wer schon mal nach längerem USA-Aufenthalt nach Europa zurückgekehrt ist, kennt das Gefühl: Auf einmal sind alle so still. Schweigen an der Bushaltestelle. Schweigen vor der Kasse im Supermarkt. Schweigen im Lift zum Büro. Der Smalltalk fehlt. Die Amerikaner haben den lockeren Zwischendurch-Wortwechsel perfektioniert, vielleicht weil er einst lebenswichtig war: Wenn sich zwei Cowboys in der Prärie begegnen, jeder mit einem *Colt 45* an der Hüfte, dann zeigen die ersten Worte, die da fallen, ob man es mit Freund oder Feind zu tun hat. Wer sich heutzutage an den Smalltalk erst mal gewöhnt hat, dem fehlt er schmerzlich auf dem alten Kontinent. Umgekehrt wissen viele Touristen aus Europa oft wochenlang nicht, worüber sie mit den immerzu saloppen Amis denn quatschen sollen. Darum hier meine Top-3-Smalltalk-Themen, wie sie in den USA täglich millionenfach zum Einsatz kommen. 1) Das Wetter. Klingt banal, aber hey, genau darum geht es ja. Das Wetter ist für alle gleich, also betrifft es auch jeden, irgendwie *(when will get some summer here, whatyathink?)* Zudem erlaubt das Wetter, eine Meinung zu äussern, ohne dass man jemandem gleich auf die Füsse tritt *(man I hate humidity)*. Wetter geht immer. 2) Sport. Genauer gesagt: TV-Sport *(did you see that game?)*. Nicht ganz so allgemeingültig wie Wetter, aber fast.

Solange man sich auf die heilige Dreifaltigkeit von Football-Baseball-Basketball beschränkt und das Gegenüber ein, na ja, Y-Chromosom aufweist. 3) Situation. Das ist mein Lieblings-Smalltalk, direkt aus dem Geschehen geboren *(this is really weird elevator music if you ask me)*. Oft entsteht daraus ein ganz flotter Gedankenaustausch, und der Tag ist um eine Perspektive reicher. Es gibt jedoch auch Themen, die man niemals im Vorbeigehen anschneiden sollte: Religion, Politik und Sex gehören dazu. Und wem gar nicht nach Smalltalk zumute ist – auch Amis kennen diese Lassmich-Tage –, der greift am besten zum ultimativen Schwatzstopper: zum Kopfhörer. Diese Möglichkeit hatten die Cowboys von einst noch nicht.

Staat

In der Schweiz, in Europa generell, ist der Staat in erster Linie dazu da, Probleme zu lösen. In den USA dient er vor allem dem Zweck, keine Probleme zu machen. Zwar gehen wenige Amerikaner in ihrer Staatsskepsis so weit wie Ronald Reagan. («Die neun furchteinflössendsten Worte in der englischen Sprache sind: Ich bin vom Staat und da, um zu helfen.») Doch pflegen die meisten US-Bürger ein gesundes Misstrauen gegenüber dem Verwaltungsapparat; die einen, weil sie von kafkaesken Behördenkontakten mit IRS oder DMV geschädigt sind, die anderen, weil sie Lobbyisten und

Armee (auch bekannt als schauriger *Military-Industrial Complex)* nicht über den Weg trauen. Zudem sorgt allein schon die Entstehungsgeschichte der USA, der Revolutionskrieg gegen einen übermächtigen (britischen) Staat, für Distanz zu *Big Government.* Vor diesem Hintergrund und unter dem Eindruck diverser Skandale hat das Ansehen der Politik in den letzten Jahren mehr und mehr gelitten: Der Kongress wähnt sich mittlerweile in einem Popularitätshoch, wenn seine Zustimmungsrate nur schon in der Nähe der 20-Prozent-Marke liegt. So kritisch Amerikaner ihren Staat und sein Personal beurteilen, so unerschütterlich ist gleichzeitig ihr Vertrauen ins System an sich – ganz anders als in Europa, wo es an diversen Demos zum guten Ton gehört, einen Systemwechsel zu fordern. Das mag daran liegen, dass die meisten Staaten in Europa jüngere Verfassungen haben als die USA, teilweise sind sie erst wenige Jahrzehnte alt. Die Constitution der Vereinigten Staaten hingegen hat weit über zweihundert Jahre auf dem Buckel, in denen sie zwar erweitert, aber nie radikal verändert wurde. Das System USA ist somit eines der stabilsten der Geschichte. Die Kehrseite: Reformen, beim Wahlrecht etwa, sind nur äusserst schwer durchzusetzen – und wenn ein besonders mutiger Politiker sie anregt, schlägt ihm prompt uramerikanische Staatsskepsis entgegen.

Staatsschulden

Wenn Sie einen Amerikaner, von Natur aus ein optimistisches Wesen, mal richtig pessimistisch sehen wollen, brauchen Sie nur zwei Worte zu sagen: *national debt.* Der nationale Schuldenberg bringt bei jedem noch so zuversichtlichen Neuweltler die Sorgenfalten zum Vorschein: rund 18 000 000 000 000 Dollar und steigend. Nur zu, zählen Sie die Nullen ruhig. Es sind deren zwölf. Wir sprechen also von Billionen (die Amerikaner, mit einem gewissen Flair für Superlative, nennen das bereits *trillions).* Da ist jedem klar: So kann das nicht weitergehen. Leider wird der Schuldenbetrag indes auf absehbare Zeit wachsen, weil die Einnahmen des Staates nicht reichen, um die Ausgaben zu decken (am meisten Geld – über zwei Drittel des jährlichen Budgets – verschlingen übrigens allein die Bereiche Renten, Gesundheitsfürsorge und Armee). Unser Sorgenfalten-Amerikaner ist mittlerweile ganz eingeknickt. Zeit, ihn aufzumuntern, mit einer Tatsache, die den wenigsten Bürgern bekannt ist: Die USA schulden nicht dem Ausland am meisten Geld, sondern – sich selbst. Ein Arm des Staates borgt dem anderen Geld: Rentenfonds oder die Zentralbank halten US-Staatsanleihen in Mengen, die China oder Japan nie aufhäufen werden (respektive wollen). Zusammen mit den Anteilen amerikanischer Banken und anderen einheimischen Finanz-jongleuren ist deshalb klar: Weit über die Hälfte aller US-Staatsschulden ist in amerikanischen Händen. Das macht es vielleicht nicht angenehmer, mit jedem Jahr tiefer in der Kreide zu stehen, die Volksseele im Land der ewigen Opti-misten beruhigt es aber allemal.

«Stand By Your Man»

Welcher Mann wünscht sich nicht, dass seine Frau über seine Fehler hinweg-sieht? Trotzdem waren es nicht nur Männer, die 1968 den Country-Hit «Stand By Your Man» kauften und damit aus Country-Sternchen Tammy Wynette (1942–1998) eine amerikanische Mu-sik-Ikone machten. Das Lied handelt, wie viele von Wynettes Stücken, vom bisweilen aufreibenden Zusammenle-ben von Mann und Frau – und richtet sich direkt an Letztere: «Wenn du ihn liebst, verzeihst du ihm, auch wenn er schwer zu begreifen ist. Und wenn du ihn liebst, oh, sei stolz auf ihn. Denn letztlich ist er nur ein Mann.» Das tönt, als dürfe Mann sich alles erlauben. Ent-sprechend ablehnend stehen überzeug-te US-Feministinnen dieser Treueballa-de gegenüber: Hillary Clinton etwa sagte vor Jahren einmal, sie sei «keine kleine Frau, die neben ihrem Mann steht wie Tammy Wynette». Eine Aussage, die bei Countryfans, sprich halb Amerika, gar nicht gut ankam; die First Lady of Coun-try Music beleidigt man nicht. Wer also

nicht gerade aus politisch Gründen sei-ne Eigenständigkeit betonen will, tut gut daran, «Stand By Your Man» in höchsten Tönen zu loben (davon hat der Song selbst ja auch einige zu bieten).

«Star Wars»

Wir Schweizer haben den «Wilhelm Tell». Die Deutschen haben das «Nibe-lungenlied», die Finnen ihr «Kalevala». Und die USA? Ihr Nationalepos heisst «Star Wars». Klar, da werden jetzt ein paar Literaturprofessoren nach Luft schnappen, wenn ich das so schreibe, aber es stimmt nun mal: Die Sci-Fi-Saga von George Lucas (geboren 1944 in Kalifornien) erfüllt spielerisch die Du-den-Definition vom «Heldenepos, das für eine Nation von besonderer Wich-tigkeit ist». Da ist zum einen die kultu-relle Bedeutung: «Star Wars» wird von einer Generation zur nächsten weiter-erzählt, vereint Väter und Söhne in Be-wunderung für den Orden der Jedi-Rit-ter. Zum anderen ist der «Krieg der Sterne» wirtschaftlich gesehen von be-trächtlicher Bedeutung: Rund 30 Milli-arden (!) Dollar Umsatz soll mit der Marke seit der Lancierung des ersten Films 1977 erzielt worden sein, sei's an der Kinokasse oder im Spielzeugladen (daneben sehen die 4 Milliarden Dollar, die der Disney-Konzern 2012 für die «Star Wars»-Mutterfirma Lucasfilm bezahlt hat, fast schon nach einem vernünfti-gen Preis aus). Und zu guter Letzt ist da auch die politisch-historische Dimension: Immer wieder wird *Star Wars* in Verbindung mit dem amerikanischen Revolutionskrieg gebracht – Rebellen gegen das Imperium, das liegt nahe. Gerne stellen «*Star Wars*»-Analytiker auch einen Bezug zum Zweiten Weltkrieg her, wenn sie etwa die Uniformen des *Empire* mit denjenigen der SS vergleichen. Die eigentliche politische Bedeutung dieses Epos aber liegt – aufgepasst jetzt – in der visuell expressiven Demonstration des Systemwandels von rechtmässiger Republik zu unrechtmässiger Diktatur, wodurch der bewaffnete Widerstand gegen ebendiese seine normative moralische Legitimation in geradezu exzeptioneller Evidenz bezieht (puh, mit diesem Ungetüm von Satz habe ich die Literaturprofessoren hoffentlich für «*Star Wars*» zurückgewonnen).

Suburbia

«Hier, ein paar *cookies* zur Begrüssung», flötet unsere Neu-Nachbarin. «Und noch die Liste mit den Kontaktdaten aller Leute, die in dieser Ecke wohnen. Willkommen!» Die Liste aller Namen, Haustiere inklusive. Da war uns schlagartig klar: Das Leben in *suburbia* wird ganz anders als der Stadtalltag, den wir bisher in den USA gekannt haben. Hier in der Vorstadt, keine zwanzig Autominuten von meinem Büro in Washington entfernt, tickt Amerika anders. Man braucht nur mal beim Landeanflug auf irgendeine US-Grossstadt aus dem Flugzeugfenster zu schauen: Einfamilienhäuser, soweit das Auge reicht. Das eigene Haus, der eigene Garten, die eigene Einfahrt, für viele hier sieht so der amerikanische Traum aus. Und träumen kann man hier gut, wird es nachts doch fast unamerikanisch still, nur gelegentlich ein Motorenbrummen eines heimkehrenden Nachbarn. Das verzeiht man gern, ist doch jedem klar: Ohne Auto geht hier nichts. Denn wenn jedermann sein Haus mit Garten und Einfahrt haben will, bleibt kein Platz für Shops, Apotheken, Cafés und dergleichen. Solche Dinge finden sich in den vorstädtischen USA prinzipiell in einer unbewohnten *commercial area,* gewohnt wird in einer ladenfreien *residential area.* Die einzige Verbindung zwischen beiden ist das Auto. Das bedeutet auch: Wer (noch) keinen Führerschein hat, ist quasi gefangen in *suburbia,* aus der eigenen Nachbarschaft gibt es ohne vier Räder oft kein Entrinnen. Deshalb ist das Vorstadtparadies bei Jugendlichen (und solchen, die es gerne wären) als Vorstadthölle verschrien – ein Gefühl, das die Rockband *Green Day* in ihrem Protestsong *«Jesus of Suburbia»* mit den Worten verewigte: «Das Zentrum der Welt ist der Parkplatz vorm Minimarkt.» Himmel oder Hölle, letztlich eine Frage der Perspektive: Eltern steuern zwangsläufig auf die Vorstädte zu, weil die Kriminalität hier niedriger, die Schulen besser und die Rasen grüner sind als in der Innenstadt. Dass die Kids allein nicht weit kommen, kann aus elterlicher Perspektive durchaus als Standortvorteil gewertet werden. Und für Notfälle gibt's ja immer die Liste mit Kontaktdaten aller Nachbarn.

Süden

Süden, das ist in Europa einfach eine Himmelsrichtung. Vielleicht noch ein Ferienziel oder (politisch sozusagen überkorrektiert) der arme Teil der Welt. In den USA bedeutet Süden etwas anderes: *Southern* (südlich) steht für eine eigene Lebensweise, Geschichte, Ästhetik. Umgangssprachlich beschreibt *The South* die alten Südstaaten, jenen Teil des Landes also, der sich im Bürgerkrieg gegen die Union stellte (jüngere Staaten im geographischen Süden heissen *Southwest* – namentlich Arizona, New Mexico, Oklahoma und Teile von Texas). Der klassische Süden wird gern auch als *Deep South* bezeichnet und umfasst grob die Staaten Alabama, Georgia, Louisiana, Mississippi und South Carolina. Dass man dort angekommen ist, merkt man zuerst an der Sprache. Jedes A, das sich nicht irgendwie verstecken kann, wird zum nasalen Ä, und Wortnuancen versinken in gemütlichem Genuschel: Im «Südlichen Wörterbuch» wird so aus *ice* ein *ass,* aus *coward* wird *card,* und *tired* klingt mehr wie *tarred.* Zudem steigt die Chance erheblich, dass Familien anstatt wie sonst üblich mit *you guys* mit einem wohlgekauten *y'all* angesprochen werden (wer allein aufkreuzt, heisst prinzipiell *sweetheart,* auch wenn er ein tätowierter Mittdreissiger ist). Zweitens erkennt man den Süden auf dem Teller: Essen ist hier mehrheitlich frittiert und wird mit Beilagen der guten alten Hausmannskost versehen, zum Beispiel *coleslaw* (Kohlsalat). Zu allen Mahlzeiten gibt's *corn bread* (Maisbrot), zum Frühstück gibt's *grits* (Maisschleim). Drittens gibt sich der Süden zu erkennen, indem er alles verlangsamt: Gang, Kommunikation, Musik. Hier lebt man einfach in einem anderen Rhythmus, und wer einmal durch die Gassen von New Orleans oder Savannah geschlendert ist, weiss diese Gangart ein Leben lang zu schätzen. Das Magazin «*Southern Living*» hat denn auch eine monatliche Auflage von fast drei Millionen Exemplaren und wird mit Freude auch im Norden, Osten und Westen gelesen.

Superman

Comics sind nichts anderes als amerikanische Mythologie: Heldensagen, die buchstäblich jedes Kind kennt. Und der heldenhafteste Held von allen heisst Superman. Seit drei Generationen ist der *Man of Steel* bereits fixer Bestandteil der US-Kultur. Er ist der Archetyp des Superhelden – jeder, der nach ihm in ein buntes Kostüm geschlüpft ist, um die Welt zu retten, ist von ihm inspiriert. Dabei hat sich Superman im Laufe der Jahre gewaltig gewandelt: Bei seinem Comicdebüt 1938 noch ein Kämpfer gegen das Establishment, entwickelte er sich während des Zweiten Weltkriegs zusehends zur patriotischen Identifikationsfigur. Selber wurde er, respektive sein Alter Ego Clark Kent, von seinen Schöpfern Joe Shuster (1914–1992) und Jerry Siegel (1914–1996) allerdings nie an die Front geschickt; stattdessen liess man ihn im Comic bei seiner Ausmusterung patzen (aus Versehen liest er beim Sehtest die Tafel im nächsten Raum; ein Röntgenblick-Problem, wie nur Superman es haben kann). Auch sein Outfit ging mit der Zeit: Der von Zirkusartisten inspirierte Elastan-Anzug hatte irgendwann ausgedient, das rote Cape und der seltsam sinnlose Gürtel aber haben die Jahre überdauert. Eines hat sich nicht Im Geringsten geändert: seine Motivation. Superman hat den ultimativen Helferkomplex. Er ist selbstlos, und er gibt nie auf. Das macht ihn zum Superidol – und zur *super cash cow:* Der Comicband *Action Comics 1,* in dem Superman erstmals auftaucht, wird heute für über zwei Millionen Dollar gehandelt. Ursprünglich kostete das Heft gerade mal zehn Cent. Eine wahrlich überirdische Wertsteigerung.

Swiss

Stimmt schon: Amerikaner verwechseln uns Schweizer konstant mit den Schweden. Und wenn sie etwas über uns wissen, dann hat es in der Regel mit Bergen, Schokolade oder Banken zu tun. Es gibt Schlimmeres, ist die Reaktion doch stets positiv: *Switzerland, beautiful, always wanted to go there!* Die Negativschlagzeilen der letzten Jahre rund um US-Steuersünder mögen die Schweiz bewegen, in den USA interessieren sich dafür nur eine Hand voll Steueranwälte (respektive vor allem deren Kunden). Viel mehr Neugier werden Sie bei einem Amerikaner wecken, wenn Sie ihm erzählen, welche Helden der US-Geschichte Schweizer Wurzeln hatten. Eidgenossen, die great *America* mit aufgebaut haben? Da schliesst jeder Ami Sie sofort ins Herz, egal wie schwedisch Sie auch sind. Hier darum vier Asse, die Sie aus dem Ärmel ziehen können. Ein legendärer Politiker: Albert Gallatin (1761–1849) hat als US-Finanzminister unter Thomas Jefferson den Jahrhundertlandkauf Louisiana Purchase abgewickelt. Offenbar so gut, dass auch Jeffersons Nachfolger James Madison den Genfer noch eine Amtszeit lang im Job behielt. Zu politisch? Wie wär's mit einem echten Pionier des amerikanischen Westens: John Sutter (1803–1880) liess seine Familie in Burgdorf zurück, um in der Neuen Welt ein Agrar-Utopia namens «Neu-Helvetien» zu schaffen; sein Sohn gründete Sacramento, heute die Hauptstadt des Bundesstaates Kalifornien. Der Goldrausch liess Sutters amerikanischen Traum jedoch platzen. Ein weitaus bekannterer Schweizer Name in den USA ist Louis Chevrolet (1878–1941), Gründer der bis heute sehr erfolgreichen Automarke gleichen Namens, im Volksmund als *Chevy* bekannt. Wenn das nicht spannend genug tönt, einen schweizerischen US-Kriegshelden gibt's auch: Eddie Rickenbacker (1890–1973), Sohn von Einwanderern aus der Region Basel, war schon als Rennfahrer bekannt, als der Erste Weltkrieg ihn zum Kampfpiloten machte – zum Besten von allen. Mit 26 Abschüssen war er die Nummer eins der USA und avancierte zum *all American hero*. Ein knallharter Typ, oder wie Amis sagen: *a real badass*. Nicht schlecht, oder? Allerdings alles kein Grund, jetzt vor Ahnenstolz zu platzen: Solch amerikanische Heldengeschichten weiss fast jedes Land der Welt zu erzählen. Und genau das macht die Vereinigten Staaten einzigartig.

Tailgating

Fleisch, Football, Fahrzeugfetisch – das ultimative amerikanische Spasspaket. Willkommen beim *tailgating*. Diese spontanen Parkplatzpartys vor dem Sportstadion sind mittlerweile eine soziale Institution in den USA. Vor, während und gern auch nach dem Spiel der Lieblingsmannschaft treffen sich die Fans und öffnen nicht nur Herzen und Bierdosen, sondern auch die Heckklappen ihrer meist ziemlich grossen Autos, die *tailgates*. Eine Art Zwischendurch-Camping auf Asphalt: Es wird gemeinsam gegessen, getrunken, Leitergolf und Flaschen-Frisbee gespielt. Was will Mann mehr im Leben? Eben. Auf keinen Fall vergessen gehen dürfen: 1) reichlich Sitzgelegenheiten, vom Campingstuhl bis zum Sofa, wenn möglich in den Farben des eigenen Teams, 2) Essen, mehr als genug, so fettig wie möglich, sprich passend zum Bier, 3) Fernseher oder mindestens Radio zwecks Mitfiebern beim Spiel. Der letzte Punkt ist besonders wichtig, denn die Sportübertragung ist das Kernstück, das aus dem Partyparkplatz erst eine Ad-hoc-Gemeinde macht. Es muss aber nicht immer Football sein: Mittlerweile gibt's *tailgating* auch am Rand von Autorennen, Konzerten und sogar Hochzeiten.

Tea Party

Eigentlich ist William Temple an allem schuld. Temple, und ich bin mir ziemlich sicher, dass das nicht mal sein richtiger Name ist, wurde zum Gesicht der konservativen Protestbewegung, der Tea Party. Ich treffe den Herrn mit seinem Dreispitz-Hut und der Uniform aus der Kolonialzeit an jeder grösseren konservativen Kundgebung. William Temple ist Demo-Tourist, und er liebt Kameras. Kaum ist eine in der Nähe, brüllt er irgendwas Empört-Patriotisches. Und so ziert sein bärtiges Gesicht fast jeden Medienbericht über die Tea-Party-Bewegung, was zu deren Image als wütendem Haufen reaktionärer Geschichtsverdreher beigetragen haben dürfte, vor allem im Ausland (okay, das Klammern an die Verfassung und abwegige Sozialismus-Vergleiche haben wohl das ihrige beigetragen). Dabei trifft man an Tea-Party-Demonstrationen durchaus auch vernünftige Leute. Menschen, die genug haben von den wachsenden Staatsschulden, die Angst haben, Amerika könnte das Schicksal von Griechenland ereilen, wenn nichts unternommen wird. Wie so oft in der Politik wird die Bewegung aber nicht darüber definiert, was sie fordert, sondern wie sie es tut. Und da ist die Tea Party auch vielen Bürgern der immerzu extremen USA einfach zu extrem. Der aggressive Auftritt bringt vor allem eins: Aufmerksamkeit. Und ich kenne da einen Herrn mit Bart, den das mit Bestimmtheit freut.

Teddybär

Haben Sie sich jemals gefragt, warum Millionen Kinder in aller Welt Teddybären durch die Gegend schleifen und nicht, was weiss ich, Peterbären oder Karlkatzen? Schuld sind wieder mal die Amerikaner. Allerdings nicht Elvis mit seinem Song *«Teddy Bear»,* auch nicht *«Winnie the Pooh»,* der im Übrigen ursprünglich sowieso Engländer ist. Nein, der Vater des Teddybärs ist kein Geringerer als Theodore Roosevelt, seines Zeichens 26. Präsident der Vereinigten Staaten. Der jüngste Staatschef der US-Geschichte war zwar schon zu alt für Plüschbären, hatte aber doch ein Herz für Tiere. So weigerte sich *Teddy,* wie das Volk ihn zu seinem Missfallen gern nannte, auf einem Jagdtrip einst, ein Bärenjunges zu töten, das übereifrige Helfer für ihn gefangen und an einen Baum gebunden hatten. Die noble Geste des Präsidenten wurde in einer Karikatur verewigt, die auch Morris Michtom (1870–1931) zu Gesicht bekam. Der russische Einwanderer in Brooklyn bewies typisch amerikanischen Sinn für effektvolles Marketing, als er in seinem Süss- und Spielwarenladen prompt einen Bären à la Roosevelt ins Schaufenster stellte; ein sofortiger Verkaufsschlager. Der Präsident erlaubte Michtom, den kleinen *Teddy* zu nennen, und machte den Bären sogar zu seinem Maskottchen im Wahlkampf, den er überlegen gewann.

Eine Geschichte, wie nur Amerika sie schreiben kann.

Terrorist

One man's terrorist is another man's freedom fighter – des einen Terroristen ist des anderen Freiheitskämpfer. So lautet eine auch in den USA viel zitierte Weisheit. Sie stammt jedoch nicht von einem Amerikaner, sondern von einem britischen Romanautor, der sich damit auf den Terror der irischen IRA bezog. Heute, nachdem die Vereinigten Staaten an Nine-Eleven am eigenen Leib erfahren haben, was Terror bedeutet, würden die wenigsten Amerikaner die Analogie vom Freiheitskämpfer unterschreiben. Selbst wenn sich dutzende Terrororganisationen mit dem Label der Freiheit schmücken: Wer gezielt so viele Unschuldige wie möglich massakriert, um seine Ziele zu erreichen, hat in den Augen der US-Öffentlichkeit jegliches Recht verwirkt, sich auf irgendein Ideal zu berufen. Dem (oftmals aus Europa) folgenden Einwand, die USA töteten im Krieg gegen den Terror ja auch Unschuldige, mit den verhassten Drohnenschlägen etwa, begegnet Amerika mit einem lapidaren «im Krieg gelten andere Regeln». Das ist vor allem so zu verstehen, dass im Krieg wenigstens Regeln gelten; der Schutz der Zivilbevölkerung, das Verbot von chemischen Waffen und dergleichen. Auch der Einsatz von Killerdronen untersteht exakt festgeschriebenen Regeln (unmittelbare Bedrohung, Gefangennahme ausgeschlossen etc.). Terroristen kennen keine Regeln. Nun wird der Begriff «Terrorist» in den USA mittlerweile jedoch derart wahllos in die Luft geworfen, dass solche moralischen Grenzen verschwimmen: Sind skrupellose Drogenschmuggler wirklich *narco terrorists?* Kann jemand, der Daten stiehlt und veröffentlicht, damit gleich als *data terrorist* betitelt werden? Sind rabiate Umweltaktivisten *eco terrorists?* Je weiter sich die USA von der eigenen Schreckenserfahrung des 11. Septembers 2001 entfernen, desto verschwommener wird der Terrorismus-Begriff im Land – bis das nächste grausame Attentat oder entsetzliche Video am anderen Ende der Welt Amerika daran erinnert, was Terror bedeutet.

Texas

In Europa heisst es oft: «Alles ist grösser in Amerika», was häufig stimmt. In den USA selbst sagt man «*Everything is bigger in Texas*». Das bestätigt sich mir, als ich zum ersten Mal im *Lonestar State* lande: An der Dinner-Portion könnten sich gut zwei New Yorker satt essen oder grob geschätzt vier Schweizer. Passt ganz gut, schliesslich gibt es in Texas jede Menge Leute zu ernähren (26 Millionen, nur im Superstaat California leben noch mehr). Das war allerdings nicht immer so: Früher waren hier vor allem Kuhhirten zuhause, und diese Cowboy-Tradition wird bis heute zelebriert, von Kopf (Hut!) bis Fuss (Stiefel!) und zwischendrin (Gürtelschnalle!). Der Anfang vom Ende der Wildwestromantik kam am 10. Januar 1901. Damals stiess der gebürtige Kroate Anthony Francis Lucas (1855–1921) auf einem Hügel namens *Spindletop* auf Öl – jede Menge Öl. Man erzählt sich, die schwarze Fontäne sei über fünzig Meter hoch in die Luft geschossen. Es war der Beginn des *Texas oil boom,* der dem Staat enormen Reichtum und der Welt TV-Serien wie «Dallas» bescherte. Das Schwarze Gold machte Texas erst so übergross, wie es heute ist, und zu einem Zentrum der Macht in der Wirtschaft (Stichwort ExxonMobil) und Politik (Stichwort Bush-Familie). Die Kombination von *big business* und konservativen Farmer-Werten sorgt auch dafür, dass der Staat zuverlässig republikanisch wählt. So gelten Texaner im Rest des Landes oft automatisch als rückwärtsgewandte *rednecks.* Zu Unrecht: Die Hauptstadt Austin etwa ist ein liberales Eldorado, die Studenten- und Musikszene hier hat mit den Republikanern nicht das Geringste am Cowboyhut. In keiner anderen Stadt der USA habe ich offenere oder tolerantere Menschen getroffen oder buntere Bands spielen hören (das Trendfestival *SXSW* gilt als vielleicht hipster Event des Landes). Aber keine Sorge: Riesenportionen gibt's auch dort, oder wie die

Einheimischen hier nicht ohne Stolz dazu sagen: *Texas sized meals*.

Thanksgiving

Worum geht's hier eigentlich? «Erntedankfest» ist die gängige deutsche Übersetzung für *Thanksgiving* – Ernte, im Ernst? Das kennen die meisten Amerikaner nur aus Wiederholungen von «Unsere kleine Farm». Nein, heute bedeutet *Thanksgiving* vor allem Essen, Familie, Shopping: Essen! Das umfasst traditionell den Truthahnbraten, Süsskartoffelbrei und Preiselbeersauce, zum Dessert Kürbiskuchen und von allem so viel, dass, egal wie gross die Gästeschar auch ist, immer etwas übrig bleibt. Von ihren *Thanksgiving leftovers* lebt die typische amerikanische Familie tagelang. Familie! Noch mehr als Weihnachten ist es dieser Donnerstag der Dankbarkeit, der in den USA die ganze Verwandtschaft an einen Tisch bringt. Das bedeutet auch: Flughäfen und Strassen kommen kapazitätsmässig an ihr Limit, nicht unähnlich den *Thanksgiving*-Gästen am reich gedeckten Tisch. Da tut Bewegung not – sprich: Shopping! Der Freitag nach dem Fest ist als *Black Friday* bekannt (der Einzelhandel schreibt ab dann oft schwarze Zahlen). Es locken jeweils so viele Rabatte und Produktaktionen, dass die Werbebeilagen dicker sind als die Zeitungen, die sie begleiten: Fernseher zum Beispiel, für einen Drittel des Preises – aber nur solang's

hat! Der Schnäppchensturm beginnt deshalb oft Stunden, ja Tage im Voraus; immer mehr Läden öffnen ihre Türen schon am eigentlich feierlich-freizeitlichen Donnerstag, um mit den Discountfans ordentlich Kasse zu machen. Das entspricht nicht eben dem Geist des ersten *Thanksgiving,* bei dem sich der Legende nach Pilger und Ureinwohner Zeit nahmen, um ein Festmahl zu teilen. Tja, Hauptsache, man ist dankbar; der eine für die Ernte, der andere für einen neuen Fernseher und alle für die Familie, mit der man sich so herrlich überfressen kann.

«This Land Is Your Land»

Die USA haben eine offizielle Nationalhymne, die heisst *«Star Spangled Banner»*. Von ihrem recht kriegerischen Text wird heute nur noch die erste Strophe gesungen. Grosser Abwesender darin: Gott. In einem Land, das *«In God We Trust»* als Nationalmotto hat, ist der Wunsch nach mehr Glauben im Landeslied aber natürlich weit verbreitet. Also gibt es für alle, die christlich dick auftragen wollen, den Patrioten-Evergreen *«God Bless America»*. Eine solch blauäugig Hände faltende Vaterlandsliebe ist allerdings nicht jedermanns Ding. So hatte auch Folk-Poet Woodie Guthrie (1912 – 1967) irgendwann die Nase respektive die Ohren voll von dem Stück, so dass er 1940 sein eigenes Loblied auf Amerika schrieb: *«This Land Is Your*

Land» gilt heute als eine Art alternative Nationalhymne. Patriotismus geht auch ohne martialische Untertöne (wie im *«Banner»)* oder religiösen Überschwang (wie bei *«God Bless»).* Als ehemaliger *hobo,* als Wanderarbeiter, hatte Guthrie das weite Land, das er da besang, mit eigenen Augen gesehen. Man spürt die ehrliche Einfachheit, die einfache Ehrlichkeit in jeder Strophe. Und das macht *«This Land»* zu einem amerikanischen Klassiker.

Tocqueville, Alexis de

Zog einer aus, um Amerika zu sehen. Um mit europäischen Augen zu beschreiben, was die USA ausmacht. Man verzeihe mir, wenn ich diesen Alexis de Tocqueville (1805–1859) ein klein wenig als meinen Vorgänger ansehe – auch wenn *«Abc 4 USA»* nie die Bedeutung seines Werks «Demokratie in Amerika» erreichen wird, gilt jenes Buch doch als ultimatives Standardwerk der USA-Beobachtung, wohlgemerkt auf beiden Seiten des Atlantiks. Anders als viele seiner Landsmänner trat der Franzose Tocqueville nicht mit einem bis heute lebendigen Euro-Snobismus an die USA heran («Amerika hat doch gar keine Kultur!»), sondern mit echter intellektueller Neugier. So gelang es ihm als Sohn einer Adelsfamilie anno 1835 nach einer neunmonatigen Reise quer durch die USA, die noch so junge Demo kratie differenzierter zu beschreiben als jeder andere. Seine Amerika-Observationen waren teils fundamental (Religion als Pfeiler der Gesellschaft zum Beispiel), teils beinahe prophetisch (er sah unter anderem voraus, dass die Sklaverei das Land zerreissen könnte). Ja sogar die Neigung zu deutlich grösseren Tellerportionen im Land der uneingeschränkten Mahlzeiten fiel ihm auf. Und das alles, obwohl Alexis de Tocqueville eigentlich nur einen Bericht über Gefängnisse schreiben wollte. Stattdessen erkannte er, dass die USA eine ganz neue Kiste waren, wo alte Regeln nicht mehr galten. Besonders beeindruckt zeigte sich der edle Herr aus Frankreich nach seiner Tour durch siebzehn Bundesstaaten von der relativen Gleichheit *(equality of conditions)* in den USA. Tocqueville wäre wohl tief erschüttert, wenn er heute sehen müsste, dass die wirtschaftliche und soziale Ungleichheit in «seinem» Amerika nachweislich grösser ist als in jedem europäischen Land. Und wenn er schon den US-Patriotismus des frühen 19. Jahrhunderts unerträglich fand, wäre ein July 4th der Neuzeit für ihn wohl die reinste Qual. Ganz zu schweigen von Schweizern ohne Adelstitel, die Bücher über Amerika mit kryptischen Titeln wie *«Abc 4 USA»* verfassen.

Todesstrafe

Von allen Unterschieden zu Europa ist die staatlich angeordnete Exekution in den Vereinigten Staaten wohl jener, der auf dem alten Kontinent auf das geringste Verständnis stösst. Grund dafür ist ein grundlegend anderes Justizverständnis: Deutsche und Franzosen wollen Verbrecher bessern, Ziel ist ein Sinneswandel. Amerikaner wollen Verbrecher bestrafen, Ziel ist die Abschreckung. Die Todesstrafe ist in diesem System der ultimative Drohfinger: Wer sich nicht ans Recht hält, kann alles verlieren, sogar das eigene Leben. Dazu kommt die Grauen erregende Vorstellung, nach einem Todesurteil im Schnitt über zehn, manchmal mehr als zwanzig Jahre hinter Gittern auf das eigene Ende warten zu müssen; häufig in Einzelhaft. Alltag für über 3000 Menschen in den USA, sie leben auf der *death row* – im Wartezimmer des Todes. Zwar haben sich seit Mitte des 19. Jahrhunderts diverse Teilstaaten vom Prinzip der staatlichen Lebensbedrohung abgewandt, und von 1972 bis 1976 war die Todesstrafe sogar landesweit aufgehoben. Doch der Tod hat überlebt: Noch immer kommt sie in 32 Staaten sowie auf Bundesebene zur Anwendung. Seit vierzig Jahren spricht sich eine deutliche Mehrheit der Amerikaner für die Tötung als äusserstes Rechtsmittel aus. Grund dafür ist wohl, dass Amerikas Gerichte mit der Todesstrafe einem uramerikanischen Prinzip treu bleiben: immer bis zum Äussersten. Das Extrem als Maxime. Verständnis im Rest der Welt hin oder her.

Toleranz

Hier ein rotes. Dann folgen gelb, pink, grün. Und das nächste – ich würde mal sagen türkis, könnte aber auch als himmelblau durchgehen. Wer durch die Wohnquartiere von Washington spaziert, sieht Häuser in allen möglichen und unmöglichen Farben, aufgereiht wie Plastikperlen an einer Kinderhalskette. Von einheitlichem Stadtbild keine Spur, hier wohnt jeder, wie er's grad am schönsten findet, und der Nachbar kann damit gut leben. Die Farbe der Fensterläden behördlich vorzuschreiben, wie das in der Schweiz schon passiert ist – unvorstellbar. Ebenso ein Verbot von Plastikstühlen, Minaretten oder Burkas. Leben und leben lassen, das ist in den USA ein allgegenwärtiges Prinzip. Muss es auch, in einem Land, wo sämtliche Kulturen der Welt aufeinandertreffen. Die Toleranz geht so weit, dass sie mitunter zur Ignoranz wird: Was interessiert mich der Ganzkörper-Schleier der Frauen am anderen Ende der Stadt, wo ich ohnehin nie hingehe, wenn in meinem Quartier alle *hot pants* tragen? So entsteht in jedem US-Ballungsraum eine Vielzahl unterschiedlicher Lebenswelten, in Europa würde man wohl Ghettos sagen – in Amerika sagt man communities. Und diese leben dann statt miteinander einfach aneinander vorbei. Das kann zu Problemen führen, wenn es etwa um die Verteilung von Steuergeldern geht. Gleichzeitig verhindert es auch eine Menge Probleme, die in Europa immer wieder aufflammen, weil den einen die Andersartigkeit der anderen zu, nun, anders ist. Amerika schaut da einfach weg. Wie beim Haus, das türkis ist oder himmelblau oder was weiss ich.

Traum, der amerikanische

Morgen wird alles besser. Wenn ich einen Slogan erfinden müsste für die USA, dann wäre das meine erste Wahl: «Amerika – morgen wird alles besser.» Egal wie tief die Krise, was ein echter Ami ist, erkennt im Sonnenuntergang bereits den nächsten Morgen; das ist der amerikanische Traum. Was ist, verblasst zwangsläufig neben dem, was sein kann. Das verstand schon Thomas Jefferson, als er in der Unabhängigkeitserklärung das «Streben nach Glück» verankerte. Ein Recht, happy zu sein, hat niemand – ein Recht, happy sein zu wollen, hingegen schon. Ein Versprechen von universeller Gültigkeit. Das Problem mit Versprechen ist nun leider, dass sie nicht immer eingehalten werden. Wie sagt Brad Pitt (geboren 1963 in Oklahoma) doch in *«Fight Club»*: «Das Fernsehen hat uns allen versprochen, dass jeder eines Tages Millionär, Filmikone oder Rockstar wird. Aber das wird nicht passieren. Und wir sind deshalb sehr, sehr angepisst.» Drastisch formuliert, aber es trifft den Nagel auf den Kopf. Nun ist es für *Joe Somebody* mitten in Amerika aber nicht leicht, seine

Träume einfach herunterzuschrauben. Was also soll Joe machen? Joe macht das Einzige, was ihm einen Teil seines Traums erfüllen kann: Joe macht Schulden. Oft mehr, als er tragen kann. Das Streben nach Glück führt öfter direkt zum Sturz ins Unglück. Dem Grundoptimismus tut das allerdings keinen Abbruch, schliesslich ist klar: Je tiefer man sinkt, desto höher kann man danach steigen, oder? Wer untendurch muss (man denke an die Behandlung von Schwarzen, Schwulen oder Frauen im Lauf der Jahrzehnte), der kann mit Recht sagen: Morgen wird alles besser.

Trinkgeld

«Fünfzehn bis zwanzig Prozent.» Das habe ich meinen Besuchern aus Europa gefühlte fünfzehn- bis zwanzigtausend Mal erklärt. Das ist der landesübliche Trinkgeld-Ansatz in den USA, schliesslich ist, wer diese *tips* bekommt, in der Regel darauf angewiesen (der nationale Minimallohn für Angestellte, die auf Trinkgeld hoffen dürfen, beträgt kümmerliche 2 Dollar und 13 Cent – der Rest ist *tipping*). Geübte Ami-Finger kritzeln den adäquaten Betrag dann innert Sekunden grob korrekt auf die Rechnung im Restaurant, paar Prozent mehr oder weniger, *who cares?* Ganz anders wir Schweizer: Erst wird das Trinkgeld basisdemokratisch bestimmt, dann präzise gerundet. Kein Amerikaner käme im Ernst auf die Idee, den *tip* genau auszurechnen. Bei mir hat es Jahre gedauert, bis ich den Dreh raus hatte und ohne nachzudenken richtig tippen konnte; wobei «richtig» wohl im Auge des Betrachters liegt, meine Frau jedenfalls sagt, ich gebe tendenziell immer zu viel. Und da bin ich wohl nicht allein, schliesslich hat Trinkgeld in den USA nicht nur die Funktion, eine Dienstleistung monetär zu belobhudeln, sondern es ist zudem Projektion der eigenen Selbstwahrnehmung: Ich bin nicht knausrig, das kann ich mir leisten, ich mache klar, wer hier der Chef ist (alles amerikanische Urinstinkte). Diese Kombination aus Dankbarkeit und Statusbewusstsein ist es, die das *Tipping*-System in den USA so selbstverständlich macht. Weniger selbstverständlich allerdings ist, wann getippt wird und wann nicht. So war ich immer der Meinung, dass, wer mir mein Essen nach Hause bringt, auch ein anständiges Trinkgeld verdient hat. Und so bekam der alte Inder, der in New York mehrmals pro Woche an meine Türe klopfte, immer brav zwanzig Prozent. Bis uns Freunde aus Texas sagten: «Für Essen auf Bestellung geben wir nie was.» – «Wirklich? Warum denn, ist doch die grössere Leistung, als Essen im Restaurant aufzutischen.» – «Nein, im Restaurant muss die Bedienung ja obendrein freundlich sein, nachfragen, ob alles stimmt, und lächeln und so.» – «Das ist es ja, ich finde, das nervt, wenn mich jemand fünf

Mal fragt, ob alles okay ist, und erst noch blöd grinst.» – «Oh. Das ist wohl eine ... europäische Sicht.» Mag sein. Doch so klar der Prozentsatz beim *tipping* ist, so klar sage ich auch: Ich tippe, wen ich will. Und so bekommt der Inder nach wie vor sein Trinkgeld. Tendenziell wohl zu viel.

Twain, Mark

Die Nation steuerte auf ihren hundertsten Geburtstag zu und hatte bereits einiges hinter sich: Revolution, Goldrausch, Bürgerkrieg. Was den USA jedoch noch fehlte, waren eigene Geschichten – Geschichten von Amerikanern und über Amerikaner, die der Welt erzählen konnten, wie Land und Leute wirklich waren. Diese Geschichten schrieb Mark Twain (1835–1910). Seine zwei bekanntesten Bücher schildern die Abenteuer von Tom Sawyer und Huckleberry Finn, die auf Twain selbst und seinem Jugendfreund Tom Blankenship basieren. Wie keinem anderen Autor gelang es Samuel Langhorne Clemens (so sein richtiger Name), Landleben-Romantik mit sozialkritischem Humor zu verbinden. Twain traf den Ton seiner Zeit, durchaus wörtlich: Als einer der Ersten schrieb er im amerikanischen *slang*, trug die Sprache der Neuen Welt auch in die guten Stuben des alten Europa. Kritiker stritten darüber, ob er nun Schund oder Weltliteratur schrieb, das Publikum indes schien nie genug von diesem

Geschichtenerzähler aus Übersee zu kriegen. Typisch amerikanisch, war sich Twain auch nicht zu schade, aus seiner Prominenz Profit zu schlagen: Eine Lesereise quer durch die Welt erlaubte es ihm, all seine Schulden zu begleichen. Der Mann war der quintessenzielle US-Autor, oder wie Hemingway einst sagte: «Jegliche amerikanische Literatur geht auf Mark Twain zurück.»

U-Bahn

Im Untergrund gibt's selten was zu lachen. Kein Wunder, sieht man in der U-Bahn darum kaum strahlende Gesichter (obwohl: Das ist in einer Schweizer Strassenbahn auch nicht anders). Doch egal ob im New Yorker «Subway» oder in der «Metro» von Washington, es gibt ein Geheimnis, wie man einen unterkühlten amerikanischen Grossstädter im Nu auftaut: Fragen Sie ihn nach dem Weg. Kein Thema ist beliebter als das alte Wie-komme-ich-von-hier-nach-da. Woher diese Liebe der Amerikaner zum Wegweiser-Smalltalk? Erstens geben Sie Ihrem Gegenüber zu verstehen, dass Sie ihn für vertrauenswürdig halten – im alltäglichen Misstrauen einer US-Grossstadt schon mal ein gehöriges Kompliment. Zweitens kann jemand, wenn Sie ihn nach dem Weg zu Ihrem Ziel fragen, endlich ein wenig von dem Wissen loswerden, das er sich über Jahre angeeignet hat, in Stunden und Stunden im U-Bahn-Labyrinth. Gerade in New York hat jeder seine ganz eigene Theorie, warum die eine Linie schneller ist als die andere, wo es sich lohnt umzusteigen und natürlich, was Sie auf dem Weg dorthin auf jeden Fall vermeiden müssen. Ehrlich gesagt: Ich gebe auch stets mit grösstem Vergnügen Auskunft. Leider werde ich praktisch nie gefragt, wenn ich privat unterwegs bin; mag daran liegen, dass ich oft Deutsch rede, hat aber wohl mehr damit zu tun, dass zielsuchende Touristen einem Typen mit Dreitagebart und abgewetzten Jeans nicht über den Weg trauen – respektive: Sie trauen ihm den Weg nicht zu. Wenn ich arbeitsbedingt im Anzug unterwegs bin, sprudeln die Anfragen nur so los (Dreitagebart hin oder her). Kleider machen Leute, auch im Untergrund.

Umgebung

Strassenkriminalität ist in den USA ein konstantes Problem. Besucher aus der Schweiz fragen mich darum gerne: Welche Umgebung ist sicher, welche nicht? Es gibt da eine einfache Möglichkeit, *No-go*-Zonen zu vermeiden: die Orientierung an Fastfood-Ketten. Sie ist millionenfach erprobt und ganz ohne technische Hilfsmittel sofort anwendbar. Es gibt vier Kategorien: 1) Die *Starbucks*-Nachbarschaft. So gut wie unbedenklich. Wer hier verkehrt, zahlt schon mal ein paar Dollar zu viel für einen Latte, man hat's ja. Im Umkreis von einer halben Meile ist nicht mit spontanen Gewaltakten zu rechnen. 2) *Pizza-Hut*-Nachbarschaft. Laien erkennen diese Gegend vor allem daran, dass ein *Starbucks* fehlt. Trotzdem ist auch dieses Gebiet recht sicher. Werden Sie nicht nervös, wenn Sie als Weisser in der Minderheit sind und alles aussieht wie im Hip-Hop-Video, das gehört sich so. 3) *McDonald's*-Nachbarschaft. Nenne ich auch «*Minimum Security Area*». Ist ausser dem gelben M weit und breit keine andere Kette zu sehen, ist Vorsicht geboten. Vorgehen: Suchen Sie den McDonald's auf, vielleicht finden Sie ein gebrauchtes Clown-Kostüm, in welchem Sie die Gegend unbehelligt verlassen können. 4) Kein Fastfood-Restaurant weit und breit. Nicht gut. Wenn sich nicht mal die billigsten Burger-Brater hierher vorwagen, warum dann Sie? Spricht Sie jemand an, sagen Sie nichts, ein Grummeln genügt. Lässt er nicht locker, sagen Sie: «*Man, I'm fuckin' hungry.*» Das bringt Sie vielleicht zum nächsten McDonald's.

Umtausch

Alles begann damit, dass meine Frau fand, ich bräuchte neue Schuhe. «Welche, die erwachsen aussehen», meinte sie (ich trage, seit ich siebzehn bin, mit Vorliebe schwarze *sneaker,* in der einen oder anderen Variante). Warum eigentlich nicht? Also machte ich eines Morgens einen Abstecher zum Schuhgeschäft und kaufte schwarze Lederschuhe, die zwar weder schön noch bequem waren, aber wahnsinnig erwachsen aussahen. Die trug ich dann den ganzen Tag, bis meine Frau abends feststellte, die Treter sähen echt übel aus. Was tun? In der Schweiz wäre an Umtausch nicht zu denken, in den USA hingegen wird alles getauscht. Und das nicht etwa gegen gleichwertige Waren oder Gutscheine, sondern gegen das

Geld, das man bezahlt hat: Egal welches Produkt, egal aus welchem Grund, die Rückerstattung ist selbstverständlich. So auch bei meinem (getragenen) Paar Herrenschuhe — Geld zurück, ohne auch nur eine Frage zu stellen. Ganz ohne Schachtel und Preiszettel und all dem Zeugs, ja ich brauchte nicht mal die Quittung zu zeigen, schliesslich hatte ich die Dinger mit der Kreditkarte bezahlt, und ich bekam den Betrag flugs wieder gutgeschrieben. So geht das immer im Shopping-Eldorado Amerika. In der Regel hat man volle neunzig Tage Zeit, einen Artikel zurückzugeben, auch wenn man ihn online bestellt hat. Das führt dazu, dass Amerikaner viel schneller mal etwas kaufen als Europäer, kann man ja alles wieder retournieren – was allerdings auch trotz nachträglichem Meinungsumschwung nicht alle Kunden tun; so bleiben viele Produkte einfach daheim liegen, und das wissen die Verkäufer sehr genau. Unter dem Strich lohnt sich die Nimm-doch-mal-mit-Philosophie damit auch für sie. In den meisten Fällen jedenfalls. Einmal, als wir gerade von New York nach Washington umgezogen waren, hatten wir während ein paar Tagen keine Winterjacken dabei, und prompt sank die Temperatur Richtung Gefrierpunkt. Den Mantel, den meine Frau damals kaufte, retournierten wir nach zwei Wochen wieder, als das Wetter wieder wärmer und alle unsere Kleider im neuen Zuhause angekommen waren. Wir brauchten ihn einfach nicht mehr. Schade eigentlich, ich fand ihn ganz schön, sie sah darin irgendwie erwachsen aus.

Umweltschutz

Der legendäre amerikanische Naturfotograf Ansel Adams (1902–1984) hat es ganz gut getroffen: «Es ist erschreckend, dass wir unsere eigene Regierung bekämpfen müssen, um die Umwelt zu retten.» Ja, Umweltschutz hat als Politikum einen schweren Stand in den USA: Sind die Republikaner an der Macht, wird der Klimawandel schon mal als Märchen hingestellt. Und sind Demokraten am Ruder, rutscht das Thema Umwelt auf der Prioritätenliste oft stetig weiter nach unten, bis die Republikaner wieder dran sind. Vielleicht liegt es an der Weite des Landes: Wer durch die unendlichen Wälder von Maine fährt oder am Rande des Grand Canyon steht, der empfindet die Natur als so gewaltig, dass ein Einfluss des Menschen beinahe lächerlich scheint. Und trotz massivem Bevölkerungswachstum (heute leben drei Mal so viele Menschen in den USA wie vor hundert Jahren) scheint der Lebensraum nie knapp zu werden; dank dem Auto kann man ja auch zwei Stunden entfernt vom Arbeitsplatz wohnen. Dazu kommt das Erbe der Pionierzeit, als die ersten Einwanderer der Natur jeden Quadratmeter abringen mussten. Besiedlung war

damals Zeichen des Fortschritts, der Zivilisation. Derlei Bedingungen sind kein idealer Lebensraum für ökologisches Gedankengut à la Europa, und so bleibt es normal, dass der Abfallberg nach jedem *take away lunch* mit der Familie grösser ist als so mancher Schweizer Mülleimer. Trotzdem: Es gibt Umweltschützer in den USA, und sie sind sehr aktiv. Selbst wer ihre Theorien anzweifelt (was in gewissen Landesteilen zum guten Ton gehört), der muss doch die katastrophalen Tatsachen anerkennen: Rekorddürre, ständige Waldbrände, Horrorstürme. Die Folgen des Klimawandels treffen die Vereinigten Staaten mit voller Wucht. Das gibt sogar notorisch fahrlässigen Amerikanern zu denken.

Uncle Sam

Vater Staat ist in den USA ein Onkel. Das an sich ist schon verwunderlich, noch seltsamer aber ist, dass man ihm ganz lässig den Namen *Sam* verpasst hat. Warum ausgerechnet *Sam*? Es gab nicht mal einen Präsidenten namens *Sam* respektive Samuel. Den Vornamen James hingegen trugen nicht weniger als sechs US-Staatschefs, doch statt zum Synonym für den staatlichen Machtapparat zu werden, hat es «Uncle Jimmy» nur zum Label für Tiersnacks geschafft. Schön blöd. Kommt hinzu, dass zu Beginn der Nation der Staat den mönchisch anmutenden Spitznamen

«*Brother Jonathan*» hatte, was nun mit «*Uncle Sam*» so gar nicht verwandt scheint. Der Legende nach geht die Veronkelung der Vereinigten Staaten auf den Fleisch-Lieferanten Sam Wilson (1766–1854) zurück, der seine Pakete an die US-Armee im 19. Jahrhundert mit «U.S.» beschriftete, was laut den Soldaten für «*Uncle Sam*» stand statt «*United States*» (Soldatenhumor scheint in Europa und Amerika durchaus verwandt). Heute wird der Spitzname in der Regel verwendet, um staatliche Umverteilung zu kritisieren – allerdings mehr in Bezug auf Steuergelder als auf Fleischpakete.

Uncle Tom

So manches Buch wird geschrieben, um die Welt zu verändern. So mancher Autor wird rundweg missverstanden. Bei Harriet Beecher Stowe (1811–1896) ist beides gleichzeitig eingetreten. Zwar wurde ihr Anti-Sklaverei-Roman «*Uncle Tom's Cabin*» ein augenblicklicher Bestseller, der die Unterdrückung der Schwarzen mit einem Schlag zum Gesprächsthema Nummer eins machte. Ein Jahrhundertbuch – ja man erzählt sich sogar, Lincoln habe im Werk einen der Auslöser für den Bürgerkrieg gesehen. Gleichzeitig aber verlor die Autorin schlagartig die Kontrolle über den von ihr erschaffenen Charakter: Im Buch ist der Sklave *Uncle Tom* eine Art Christusfigur, der Stärke beweist, indem er stoisch seine Not erträgt. Sein Glaube an Gott macht ihn menschlich und moralisch überlegen. Damit traf Beecher Stowe den Nerv ihrer Zeit. In den Theaterversionen aber, die mit dem Erfolg des Buches im ganzen Land wie Pilze aus dem Boden schossen, verkam der heldenhafte Sklavenmessias zum unterwürfigen alten Mann, der sich nicht wehrt, weil er nicht der Hellste ist. Als rassistische Karikatur hat der Begriff *Uncle Tom* deshalb bis heute überlebt, als Begriff für servile, alte, schwarze Männer. Die Autorin dreht sich wohl im Grab um.

Underground Railroad

Nein, wir reden hier nicht von der ersten U-Bahn der USA (obwohl nicht wenige Amerikaner den Begriff spontan heute so interpretieren dürften). Die *Underground Railroad* war weder unterirdisch, noch war sie eine Eisenbahn. Sie war die Bahn in die Freiheit für zehntausende schwarze Sklaven Mitte des 19. Jahrhunderts. Ein Netzwerk, erschaffen von Sklavereigegnern und ehemaligen Sklaven, das «sichere Strassen» und «sichere Häuser» bot und vom Süden der USA bis nach Kanada reichte. Eine, die dank der *Railroad* ihre Freiheit erlangte, war Harriet Tubman (ca. 1820–1913). Kaum im sklavenfreien Philadelphia angekommen, kehrte sie auch schon wieder um und befreite ihre Familie. Es war der erste von fast zwanzig

Trips in den Süden, mit welchen Tubman unter Lebensgefahr schliesslich über dreihundert Sklaven in die Freiheit führte. So verdiente sie sich unter Gegnern der Sklaverei den Übernamen «Moses». Tubman selbst meinte einst lakonisch: «Ich war acht Jahre lang Lokführerin auf der *Underground Railroad*. Und wie die meisten Lokführer kann ich sagen: Ich bin nie entgleist und habe nie einen Passagier verloren.»

United

Irgendwer sollte mal untersuchen, was das beliebteste Wort in erfundenen Namen ist. Namen für Unternehmen, meine ich, oder Gebäude und so. In den Vereinigten Staaten dürfte da *united* respektive *union* die Rangliste anführen: Es schmückt Flugzeuge *(United Airlines)* und Bahnhöfe *(Union Station)*, verleiht eine Aura der Wichtigkeit für Konzerne *(United Steel)* oder präsidiale Reden *(State of the Union)*. Die Popularität erklärt sich zu einem guten Teil daraus, dass das Land USA ja bereits *united* in seinem Namen trägt, aber nicht nur. Sie ist auch Ausdruck der Suche nach Zusammenhalt in einem Land, das sich in der Summe seiner Teile ständig neu finden muss: Wer für alle sprechen oder mindestens alle ansprechen will, der ist mit *united* gut beraten (was auch Wortschöpfungen wie Unix, Unisys und so weiter erklärt). Man kann's allerdings auch übertreiben: *United Receptacle* ist

doch etwas pompös. Frei übersetzt heisst dieser Firmenname nämlich: Vereinigte Mülltonnen.

Ureinwohner

Vergangenheitsbewältigung ist nirgends leicht, in einem Land, das sich als globale Beispielnation sieht, schon gar nicht. Von den zwei schwierigsten Kapiteln in der US-Geschichte wird eines breit diskutiert: Die Sklaverei ist Thema in der Schule, hin und wieder auch in der Bar. Am anderen schwarzen Fleck aber schaut Amerika vorbei: Die praktisch vollständige Ausrottung der Ureinwohner hat das Land nie in aller Breite aufgearbeitet. Der Begriff «Indianer» ist stattdessen geprägt vom seinerzeit bewusst gezeichneten Zerrbild des brutalen Wilden (Stichwörter Kriegspfad, Marterpfahl, Skalp). Traurige Tatsache ist: Am Anfang der USA stand ein Massenmord. Dabei waren es weniger die europäischen Siedler, welche die Uramerikaner zu tausenden töteten; es waren die Krankheitserreger, die vom alten Kontinent her eingeschleppt wurden. Laut Schätzungen wurden über drei Viertel aller Eingeborenen durch Seuchen dahingerafft, die in Amerika bis dato unbekannt waren: Masern, Grippe und Typhus hatten die Ureinwohner nichts entgegenzusetzen. Am schlimmsten wüteten die Pocken (was ein besonders skrupelloser britischer General prompt ausnutzte, indem er verseuchte Decken an die «Wilden» verteilen liess). Die Neuankömmlinge wurden durch die Schutzlosigkeit der Eingeborenen in ihrem Glauben bestärkt, es sei der Wille Gottes, dass der weisse Mann das Land für sich erobere – eine Idee, die später unter dem Titel *«Manifest Destiny»* praktisch zur nationalen Ideologie erhoben wurde. Fast schmerzlicher als der millionenfache Tod (Schätzungen gehen bis 20 Millionen Opfer), der die Jahrzehnte nach der Ankunft von Columbus prägte, waren die gebrochenen Versprechen der folgenden Jahrhunderte: Territoriale Ansprüche, Jagd- und Fischereirechte wurden wiederholt für nichtig erklärt. In der offiziellen Geschichte der USA ist das Leiden der Urbevölkerung allerdings nur eine Fussnote. Vom *Trail of Tears* haben Amerikaner vielleicht einmal gehört; dass es dabei um die ethnische Säuberung weiter Landesteile im Südosten geht, wissen die wenigsten. Dass eine Schlacht am *Little Bighorn* stattfand, gehört zum Allgemeinwissen – das Augenmerk liegt häufig jedoch auf der blutigen Niederlage von US-General George Armstrong Custer (1839–1876), weniger auf dem letzten Aufbäumen der grossen Indianerstämme Sioux, Cheyenne und Arapaho. Selbst das Massaker von *Wounded Knee,* bei dem zwischen 200 und 300 gefangene Lakota getötet wurden, ist nur geschichtsinteressierten Amerikanern ein Begriff.

Dabei sieht man das Erbe der Ureinwohner in den USA auf Schritt und Tritt, diverse Namen haben indianischen Ursprung: Manhattan, Chicago und Mississippi genauso wie Tennessee, Alaska und Iowa. So lebt, ganz nach indianischem Glauben, der Geist der Vorfahren weiter. Auch wenn kaum jemand in den USA heute über diese Vorfahren spricht.

USA (oder nicht)

USV. Sagt Ihnen nix? Muss es auch nicht, doch die Vereinigten Staaten könnten eigentlich genauso gut USV heissen: Vereinigte Staaten von Vespuccia. Dass wir diesen Sprachbrocken heute nicht fortwährend ausspucken müssen, verdanken wir dem deutschen Kartographen Martin Waldseemüller (ca. 1470–ca. 1520). Wer so heisst, hat's verständlicherweise gesehen mit sperrigen Nachnamen, und so beschloss Ilacomilus, wie er sich selber nannte, die Neue Welt eben nicht «Vespuccia», sondern ungleich klangvoller «Amerika» zu nennen. Möglich war beides, wollte Waldseemüller doch einfach jenen Mann ehren, der den Kontinent als solchen «entdeckt» hatte: Amerigo Vespucci (1454–1512). Anders als sein Vorgänger Columbus glaubte Vespucci nämlich nicht, irgendwo in Asien gelandet zu sein, als Erster erkannte er die Neue Welt als neu (die heutigen USA hat Vespucci allerdings nicht erreicht). Sein Vorname stand damit Pate für den

Namen *America,* den Waldseemüller 1507 in Grossbuchstaben auf seiner Karte eintrug. Den Begriff «Vereinigte Staaten von Amerika» hat dann fast 270 Jahre später der US-Gründervater Thomas Jefferson geprägt, in der Declaration of Independence. Glück gehabt: USV klingt schliesslich mehr nach Fussballverein als nach Weltmacht.

Vacation

«Wie könnt ihr nur?» Unser Nachbar versteht die Welt nicht mehr. Na ja, eigentlich versteht er nur die Schweizer nicht. Die haben sich soeben per Volksabstimmung geweigert, sechs Wochen als gesetzliches Ferien-Minimum festzulegen, worüber sogar in ein paar US-Medien berichtet wurde. «Wir können von sechs Wochen nur träumen», seufzt der Nachbar. Oder von fünf, drei oder auch nur einer garantierten Woche, muss man da anfügen: In den USA gibt es kein festgeschriebenes Ferien-Minimum. Wer wie lang frei bekommt, ist dem Arbeitgeber überlassen. In Tieflohnjobs gibt's oft gar keinen Urlaub, und auch der Mittelstandsamerikaner kriegt kaum mehr als zwei Wochen. Das sei das Resultat der tief verwurzelten Abneigung gegen staatliche Vorschriften in den USA, resümiert mein Nachbar. «Obwohl wir natürlich alle gern mehr Ferien hätten.» Zum Trost werden alle gesetzlichen Feiertage – *President's Day, Labor Day, Memorial Day* und so weiter – auf einen Montag gelegt. Dann machen Millionen Amis einen Dreitageausflug und bezeichnen ihn danach trotzig als *vacation*. Ich laufe derweil jedes Mal rot an, wenn ich den Nachbarn bitte, im Sommer doch drei Wochen lang unsere Blumen zu giessen.

Valet Parking

Es gibt viele Dinge, die ich an den USA liebe. Es gibt viele, die finde ich nicht so gut. Und es gibt ein paar, die ich regelrecht verabscheue – ganz oben auf dieser Liste steht *valet parking*. Sein Auto am Hoteleingang irgendeinem schwitzenden Pubertätsopfer anzuvertrauen, dem man dafür erst noch Trinkgeld zustecken muss, obwohl der Service auch auf der Zimmerrechnung erscheint, nur um bei akutem Mobilitätsbedarf zwanzig Minuten auf den eigenen Wagen warten zu müssen – die Hölle für Vielfahrer. Die Idee beim *valet parking* ist, habe ich mir sagen lassen, dem Gast mehr Bequemlichkeit zu bieten: Er muss keinen Parkplatz suchen, muss nicht durch den Regen laufen und all so Kram. Alles Quatsch. Das ist bewährte amerikanische Augenwischerei: Wir knöpfen dir Geld ab für etwas, was du nicht brauchst, weil du so etwas Besonderes bist! Da sag ich *thanks, but no thanks:* Erstens hat ein waschechtes US-Hotel genug Parking für seine Gäste, von suchen kann also keine Rede sein. Zweitens laufe ich lieber durch den Regen, als Gefahr zu laufen, mein Auto nie wieder zu sehen; falsche «Valets», gemeinhin bekannt als Autodiebe, gibt's schliesslich immer wieder mal. Zu guter Letzt schachteln die Parkwächter die Autos so dicht ineinander, dass Kratzer und Beulen vorprogrammiert sind. Wer will so was schon? Da steige ich lieber in den Hotels einer Billigkette ab, wo's garantiert kein *valet parking* gibt. Zur Hölle damit, es gibt Dinge, die verabscheut man mit Vergnügen.

Vegas

Richtig gelesen: Das «Las» lassen wir mal weg, so wie die glühenden Fans der Glitzerstadt in der Wüste Nevadas das in der Regel tun. Vegas, das ist für viele Amerikaner die ultimative Spassdestination – und das nicht nur wegen des klassischen Glücksspielvergnügens. Vegas hat die überschwänglichsten Hotels, die atemberaubendsten Shows und bestellbarsten Stripper im ganzen Land. Hier, so will es das Klischee, lässt der regulär regelergebene Amerikaner mal richtig die Sau raus: *What happens in Vegas stays in Vegas,* lautet ein Sprichwort, was hier passiert, wird niemand je erfahren. Schaut man sich dann aber um in den Hotel-Casino-Spa-Komplexen von *Sin City* (was Zeit braucht, schliesslich sind diese Dinger hier so gross wie andernorts Flughäfen), dann beobachtet man statt Sünde oft einfach gutamerikanischen Überschwang: am Buffet zulangen, bis nichts mehr reingeht, oder Roulette spielen, bis, nun, nichts mehr geht. Die meisten Touristen sehen denn auch nur einen kleinen Teil der Stadt: den *Strip,* den ich mal als Boulevard der Riesenattrappen bezeichnen möchte, weil von Venedig bis zum Eiffelturm alles nachgebaut wurde, was *Mr. and Mrs. America* sonst nur aus dem Fernsehen kennen.

Diese unverhohlene Künstlichkeit macht Vegas so einzigartig – entweder liebt man diesen Freizeitpark für Erwachsene, oder man will nichts von ihm wissen. Letzteres ist daran zu erkennen, dass jemand die Stadt bei ihrem vollen Namen «Las Vegas» nennt.

Veggies

«Aber, ich meine, sind Sie denn auch sicher?», fragt die Kundin im Supermarkt den Verkäufer, der mit wildem Kopfnicken zu bekräftigen versucht, dass sein Gemüse, im Volksmund *veggies* genannt, nicht des Teufels ist. Ohne Erfolg. Denn seit Wochen warnen Medien im ganzen Land vor Tomaten. Genau wie sie zuvor vor Spinat gewarnt haben und im nächsten Jahr vor Melonen warnen werden – tragische Todesfälle inklusive. Vielleicht ist das der Grund für die Gemüse-Skepsis vieler Amerikaner. *Veggies* kommen hier ganz anders auf den Teller als in Europa, statt sanft gedämpft lieber deftig gebraten oder frittiert, wenn's geht. Und die Kids kriegen ihr Gemüse häufig in versteckter Form untergejubelt: So erzählt uns eine Freundin aus Kalifornien stolz, dass ihr Sohn jede Menge Karotten isst – in Form von *«carrot muffins. It's so yummy!».* Karotten pur, das war für sie unvorstellbar. Frische Früchte sind als Snack ebenso unüblich, in der Spielgruppe unserer Tochter etwa gab's für die Zweijährigen stattdessen Kekse und

Käsestangen zwischendurch. Zwar wissen viele Amerikaner, das ist buchstäblich ein Bauchgefühl, dass ihre in Mais-Sirup getränkte Industrienahrung im Alltag nicht eben, sagen wir mal, das Gelbe vom Ei ist. Aber was tun? Früchte, Gemüse, am besten bio, denkt sich der Schweizer. Doch Obst und Gemüse, gerade bio, kosten in den USA oft sehr viel mehr als Fertigessen. Gesund isst nur, wer es sich leisten kann. Wer aufs Geld schauen muss, ist dem Mais-Sirup hilflos ausgeliefert. Und wenn er Pech hat, auch der Teufelstomate.

Verfassung

Schluss mit lustig jetzt. Bei der Verfassung hört der Spass für Amerikaner auf. Man darf den Präsidenten kritisieren, Gott und die Welt in Frage stellen (im Zweifelsfall: lieber die Welt). Aber die *Constitution,* die ist heilig. Das amerikanische Urdokument aus dem Jahr 1787, von den Gründervätern persönlich erhirnt, gilt gemeinhin als Werk staatsschaffender Perfektion. Unter uns gesagt: Stimmt natürlich nicht, immerhin musste die Verfassung bis dato 27 Mal erweitert werden, unter anderem um die Religionsfreiheit zu sichern, die Sklaverei zu beenden und das Wahlrecht für Frauen einzuführen. Trotzdem: Die *Constitution* ist das älteste geltende Grundgesetz der Welt, das will schon etwas heissen. Sie ist ein Musterbeispiel an Kooperation und Kompromiss-

fähigkeit, musste sie doch fundamentale Fragen klären: Was macht der Einzelstaat, was der Bund? Wie sind grosse und kleine Staaten in der Union «gerecht» vertreten? Und welche Macht hat ein Präsident, ein Kongress, ein Oberstes Gericht? Die Antworten, die George Washington und Co. gefunden respektive erfunden haben, mögen nicht so perfekt sein, wie viele Amerikaner sie heute gern sehen. Aber sie waren und sind kreativ – so kreativ, dass die US-Verfassung zur Vorlage für die Geburtsurkunden diverser anderer Staaten wurde, nicht zuletzt für die Bundesverfassung der Schweiz. Und wir Schweizer haben bekanntlich einen Hang zur Perfektion, insofern muss die *Constitution* schon verdammt gut sein.

Veteranen

Es ist eine ganz alltägliche Geste: Im Café um die Ecke sitzt ein Mann mit Baseball-Cap, darauf steht in goldenen Lettern: «Vietnam Veteran». Jeder sieht sofort: Hier trinkt einer seinen Kaffee, der den Krieg erlebt hat (es gibt auch Mützen für Veteranen des Zweiten Weltkriegs, Korea, Irak oder Afghanistan). «*Thank you for your Service* – danke für Ihren Dienst», sagen Amerikaner dann oft und schütteln dem Mann die Hand. Veteranen haben einen ganz besonderen Status in der US-Gesellschaft: Unzählige Denkmäler sind ihnen gewidmet, ja sie haben sogar ihren eigenen

Feiertag und ihre eigene Bundesbehörde. In einem Land, wo der Bürger vielfach sich selbst überlassen wird, erfolgt die staatliche Unterstützung der Kriegsveteranen ganz selbstverständlich. Amerika weiss, dass man sich um diese Menschen kümmern muss, nicht erst seit Autor David Morrell 1972 in seinem Roman *First Blood* zeigte, dass zuhause das Chaos ausbrechen kann, wenn ehemalige Soldaten von der Gesellschaft verstossen werden (sein traumatisierter Protagonist *Rambo* wurde Jahre später zum missverstandenen Idol der Hobbykrieger in den USA). Dass man Veteranen nicht einfach ignorieren kann, erfuhren die USA bereits 1932, als sich zehntausende von ihnen zusammentaten und als *Bonus Army* nach Washington marschierten, um dort lautstark ihre Entschädigungen einzufordern. In der Folge nahm sich der Staat seiner einstigen Kämpfer an, verabschiedete mit der *G.I. Bill* ein Gesetz, das Veteranen aus dem Zweiten Weltkrieg so schnell wie möglich wieder in die US-Gesellschaft einbinden sollte; mit Zugang zu Bildung, Arbeit und Wohneigentum. Es gilt heute als eine der grössten sozialen Errungenschaften in der amerikanischen Geschichte, weil dank ihm unzählige Menschen statt in Armut in der Mittelklasse leben konnten – und weil sie die Rolle der Veteranen in der US-Gesellschaft verankerte. Wer allerdings in den letzten Jahren aus Irak oder Afgha-

nistan heimkehrte, fand oft mehr Bürokratie als Unterstützung vor. Die Arbeitslosigkeit bei Kriegsveteranen lag in der Krise oft weit über dem Durchschnitt. Als obendrein ans Licht kam, dass tausende Veteranen von den eigens für sie geschaffenen Spitälern statt wie versprochen gepflegt auf obskure Wartelisten abgeschoben wurden, ging ein Aufschrei durchs Land. Von links bis rechts war man sich einig: «Danke für Ihren Dienst» sieht anders aus.

Vietnam

Wer sich schon mal einen Arm oder ein Bein gebrochen hat, kennt das Gefühl: Auch Jahre später spürt man die Verletzung noch, sie meldet sich regelmässig zurück. So geht es den USA mit Vietnam. Dieser Krieg ist heute das Sinnbild der Sinnlosigkeit. Die USA marschierten, getrieben von der Weltangst des Kalten Kriegs, in einem Land ein, von dem sie nichts wussten und wo sie nichts erreichen konnten. Das Bild von amerikanischen Soldaten, die sich auf der Suche nach *Charlie* (den feindlichen Vietcong) orientierungslos durch den Dschungel schleppen, ist eingebrannt im kollektiven Gedächtnis der USA. Ebenso das Bild des Mädchens, das nach einem südvietnamesischen Napalm-Angriff aus seinem Dorf flieht – nackt, hilflos, verzweifelt. Bald fragten sich viele in den USA: Mit wem kämpfen wir da, und wen bekämpfen wir eigentlich? Dann kam My Lai: Ein Massaker an über dreihundert unschuldigen Dorfbewohnern, das wie kein anderes Ereignis das Bild vom tugendhaften amerikanischen Soldaten erschütterte, das nur eine Generation zuvor am D-Day gezeichnet worden war. Immer mehr Amerikaner lehnten den Krieg als sinnlos ab, und so zogen sich die US-Streitkräfte 1973 sieglos und gebrochen zurück. Viele Soldaten fühlten sich hintergangen, von den Kriegsgegnern, vom Staat, vom ganzen eigenen Land. So prägte die Vietnam-Erfahrung die Gesellschaft jahrzehntelang: «Wo waren Sie damals, an der Front oder an einer Demonstration?», wurde zur Gretchenfrage in der Politik. Erst vor wenigen Jahren, mit einer Generation an der Macht, die zu jung war, um davon geprägt zu sein, begann die Vietnam-Frage in den Hintergrund zu rücken. Ganz verheilt ist dieser Bruch indes noch lange nicht.

VIP

Wenige Kürzel sind in den USA beliebter als *VIP,* was eigentlich für *very important person* steht, mittlerweile aber so allgegenwärtig ist, dass ich es eher mit «Verwicklung in Preiszuschläge» übersetzen würde – fast nie geht es um wichtige Personen, fast immer ums Geldverdienen. *VIP* heisst alles, und *VIP* heisst nichts. Wer einen designier-

ten Parkplatz vor dem Büro bezahlt, hat *VIP parking.* Wer im Strip-Club die nötigen Dollars für ein privates Tänzchen springen lässt, landet im *VIP room.* Ja sogar wer fleissig Legosteine kauft – Legosteine! –, steigt zum *Lego VIP* auf (und wer wollte nicht schon immer mal ein wichtiger Lego-Mann sein?) Amerikaner lieben das Gefühl, etwas Besonderes zu sein, ein Star vielleicht, und sei's auch nur für fünf Minuten in der nächstgelegenen Mall. Deshalb findet alles, was sich als Luxus-Produkt verkauft, erhöhte Aufmerksamkeit. Mit diesem ständigen Status-Streben spielt der inflationäre Einsatz von *VIP.* Das führt dazu, dass wirklich wichtige Personen längst nicht mehr so gekennzeichnet werden, für sie hat sich der Begriff *«high profile individuals»* durchgesetzt. Das Kürzel HPI dürfte sich kaum so weit verbreiten wie das aussprachefreundliche *VIP,* und das ist wohl auch ganz im Sinne der Betitelten.

Volunteering

«Natürlich helfen wir mit», da gibt es für unsere Nachbarn gar keine Frage. Obwohl sie tausende Dollar im Monat für den privaten Kindergarten ausgeben, engagieren sie sich dort auch freiwillig in ihrer Freizeit. *Volunteering.* Freiwillige vor! In der Schweiz folgt auf diesen Aufruf in der Regel: Schweigen. Däumchendrehen. Ganz anders in den USA: Freiwilligenarbeit gehört zu diesem Land wie Kürbisse zu Halloween. Das fängt schon in der Kinderkrippe an, für die Eltern zumindest: Wer die günstige Halbtagsbetreuung der Stadt Washington in Anspruch nehmen will, muss selbst mit anpacken. Einen Tag hüten alle zwei, wenn's geht jede Woche. Dazu Organisieren von Ausflügen, mit eigens produzierten T-Shirts, Ehrensache. Das *Volunteering* wird auch von jedem guten Arbeitgeber vorausgesetzt, wenn er einen Blick auf den Lebenslauf eines Bewerbers wirft – wo, das ist eigentlich egal: Suppenküche, Stadtpark, Altersheim, Schule, Krankenhaus. *Service* sagt man heutzutage auch dazu, im Sinne von: Dienst an der Gemeinschaft. Wer die Freiwilligkeit voll ausleben will, meldet sich beim *Peace Corps*. Diese von JFK (getreu dem Mantra «Frag, was du für dein Land tun kannst») ins Leben gerufene Organisation schickt junge Amerikaner zwei Jahre lang in alle Welt, als Entwicklungshelfer und Botschafter des *American way of life* in einem. Wer mit der «Friedenstruppe» in Ländern war, die unterschiedlicher zu den USA nicht sein könnten, kommt mit einer fast unamerikanischen Weltgewandtheit zurück. Wie zwei unserer Freunde aus New York, die sich bei einer *Peace-Corps*-Mission in Guatemala kennengelernt haben. Heute sind sie verheiratet und haben zwei Kinder. So schön kann Freiwilligkeit sein.

Vote

Er darf an keinem US-Wahltag fehlen: der kleine Kleber mit der Aufschrift *I voted!* Ich wähle, also bin ich. Ein Bekenntnis zur Demokratie, ein Aufruf an Nichtwähler, und manchmal auch das Ticket zu einem kostenlosen Kaffee. Amerikaner sind stolze Wähler – mit gutem Grund: Seine demokratischen Rechte auszuüben, ist im Land der möglichen Unwegbarkeiten gar nicht so leicht. Wer wählen will, muss sich vorher registrieren, sprich seine Präsenz beweisen (eine generelle Meldepflicht bei der Wohnsitzgemeinde kennen die USA ja nicht, das würde als Fessel wider die Freiheit empfunden). Wer die Registerfrist verpasst, kann am Wahltag noch so enthusiastisch an die Urne treten: Wählen darf er nicht, auch mit Sticker ist dann nix. Steht man allerdings auf der Liste der erfassten Wähler, kann man loslegen – ohne sich ausweisen zu müssen, sprich ohne Beweis der Identität der Person, deren Präsenz im Vorfeld zu beweisen war (alles klar, oder?). Aus europäischer Sicht scheint so etwas grotesk: Warum sollte sich nicht als Bürger ausweisen, wer seine Bürgerrechte wahrnehmen will? In den USA ist alles etwas anders: Viele Leute haben keinen Pass, einige überhaupt gar keine Form von Ausweis. Wenn sie sich zum Wählen extra eine *ID* anschaffen müssen, dann kommt das einer Wahlgebühr gleich, und so etwas ist seit den

1960ern verboten; zu lange hatten ähnlich gelagerte *poll taxes* und krude Vorschriften wie Schreibtests die Minderheiten im Land, vor allem im Süden, von der Urne ferngehalten. Aus diesem Grund ernten Staaten, die heute eine Ausweispflicht im Wahllokal einführen, oft heftige Kritik: Ausschluss der Armen wird ihnen vorgeworfen. Umgekehrt stellen sich Verfechter der sogenannten *voter ID laws* auf den Standpunkt, dass damit lediglich der Wahlbetrug bekämpft wird. Wenn jemand in den USA sich also voll Freude ein «*I voted!*»-Abzeichen auf die Brust knallt, steht dahinter nichts weniger als der jahrhundertelange Reifeprozess der amerikanischen Demokratie (und nicht selten mehrere Stunden queue up, aber das ist ein anderes Thema).

Waffen

32 Menschen erschossen, rund 200 verletzt; keine Schlagzeile nach einem Amoklauf, sondern die Bilanz an einem ganz gewöhnlichen Tag in den Vereinigten Staaten von Amerika. Bis zu 310 Millionen Schusswaffen, so schätzt man, sind hierzulande in Privatbesitz. Das entspricht ziemlich genau einer *gun* pro Person – Weltrekord, mit grossem Abstand. Natürlich ist nicht jeder Amerikaner bewaffnet, in vielen grossen Städten zum Beispiel ist der Besitz von Pistolen und Gewehren streng reguliert. Aber absprechen kann einem Amerikaner das Recht auf eine Waffe niemand, ist es doch im zweiten Zusatz der Verfassung festgehalten. Konkret steht dort: «Da eine gut regulierte Miliz nötig ist für die Sicherheit eines freien Staates, soll das Recht der Bürger auf den Besitz und das Tragen von Waffen nicht beeinträchtigt werden.» Auf diesen Satz beruft sich die mächtige Waffenlobby *NRA (National Rifle Association)* bei jeder Gelegenheit. Selbst aufwühlende Amokläufe in Schulen und Kirchen haben die Waffenfreunde nicht von ihrer resoluten Haltung abgebracht. Das liegt daran, dass Schiesseisen vielerorts schlicht ein Teil des Lebens sind: Wer fünfzig Kilometer weit weg wohnt von der nächsten Polizeistation, der will sich im Notfall verteidigen können. Wer schon als Zweitklässler mit dem Vater Schiessübungen absol-viert, hat ein entspanntes, oft inniges Verhältnis zu Waffen. Und wer schliesslich in der Schule lernt, dass die Nation ihre Freiheit nur erlangte, weil einfache Bürger sich bewaffneten und als *Minutemen* innert weniger Minuten zum Kampf aufgeboten werden konnten, der sieht Waffen als Teil der *American Experience*. Die Toten und Verletzten sind aus dieser Warte nicht das Resultat der grossen Verbreitung von Knarren jeder Art, sondern die Folgen tragischer Taten von einzelnen Menschen. Oder wie es *NRA*-Mitglieder gerne formulieren: *Guns don't kill people, people kill people.* Über die Hälfte der Leute greifen dafür in den USA allerdings zu Feuerwaffen.

Wall Street

«Die USA haben eine Waffe entwickelt, die Menschen zerstört, aber Gebäude intakt lässt: Sie nennt sich ‹Börse›.» Dieser Spruch von Talkmaster Jay Leno (geboren 1950 in New York) beschreibt recht gut, was der Rest der Nation von der *Wall Street* hält: nichts. Genauer gesagt: nichts mehr. In den Jahrzehnten vor der Krise galt die Börsenkultur schliesslich als schick, selbst zwielichtige Gestalten wie der Bösewicht Gordon Gekko im Film «*Wall Street*» von 1987 wurden zum Vorbild für ambitionierte Amerikaner. Lang ist's her. Heute ist *Main Street* mächtig sauer auf die Börsen-Jongleure, mit anderen Worten: *Joe Sixpack,* der Otto Normalamerikaner, macht die Faust im Sack, in welchem sich immer weniger Dollar finden. Und die Schuld dafür gibt er den Bankern an der *Wall Street*. Wobei das eigentlich falsch ist: nicht die Schuldzuweisung, die sei einmal dahingestellt, sondern die Verortung der Banker. Die grossen Finanzhäuser befinden sich nämlich gar nicht an der vielleicht berühmtesten Strasse Amerikas: Goldman Sachs ist an der West Street zuhause, JPMorgan und Morgan Stanley oben in Midtown Manhattan. Ganz zu schweigen von UBS, Credit Suisse und Deutscher Bank, die ihre Hauptsitze im Ausland haben und doch wesentlich zum System beitragen, das in den USA den Namen *Wall Street* trägt. Selbst die Börse, das Herzstück dieses Systems, befindet sich im Zeitalter des vollelektronischen Handels mehr in den Computerterminals der Händler rund um die Welt als an der Ecke *Wall Street* und *Broad Street*, wo Touristen gerne Fotos schiessen; wohlwissend, dass sie via Rentenfonds und ähnlichen «Vehikeln» Teil des Systems sind, wenn auch zähneknirschend. Nie war *Main Street* so weit entfernt von *Wall Street*.

Walmart vs. Whole Foods

Die Griechen haben Alpha und Omega, Amerikaner haben die beiden W: Walmart und Whole Foods. Die zwei Supermarktketten sind die Eckpfeiler des amerikanischen Nahrungsmittelalltags.

Wer wo einkauft und warum, sagt eine Menge aus über die verschiedenen Lebensumstände in den vielfältigen Staaten von Amerika. Nehmen wir zum Beispiel den Walmart-Shopper: Er kauft mit dem Auto ein – wo er lebt (und ein Walmart steht), geht's gar nicht anders. Er schaut auf den Preis (Benzin kostet schliesslich auch Geld) und mag's gern gross (im F150 hat's ja Platz genug). Er will Essen, das schnell zubereitet ist (wozu hat Gott die Mikrowelle erfunden?) und gut schmeckt (Inhaltsangaben sind Nebensache, versteht eh keine Sau). Vielleicht kauft er neben Eiscreme und Fertigpizza auch noch Jeans oder einen Fernseher, hier gibt's schliesslich alles. Mit seinem Produkte-Mix wurde Walmart zu einem der grössten Konzerne der Welt. So etwas beeindruckt die Kundin von Whole Foods wenig: Sie ist zwar auch mit dem Auto da (das hier ist schliesslich Amerika), hat aber deswegen schon ein wenig ein schlechtes Gewissen (auch wenn der neue Hybrid-Audi ja so was von umweltschonend ist!). Sie will ausschliesslich Essen kaufen, einen Fernseher hat sie ohnehin nicht mehr, seit es iPads gibt. Der Preis der Lebensmittel ist ihr nicht so wichtig (die Erinnerung an den letzten Bonus ist noch frisch). Apropos frisch: Sie will Essen, das frisch ist. Und vielleicht etwas exotisch, auf jeden Fall bio (alles andere würden die Gäste heute Abend als geschmacklos empfinden), dazu

Wein, den nicht *every Tom, Dick and Harry* (also: nicht Hinz und Kunz) auftischen, und alles mit klaren Herkunftsverweisen versehen – man will schliesslich wissen, was man da kredenzt. Walmart vs. Whole Foods, das ist Masse vs. Klasse. Übrigens: Walmart gibt's über 4000 Mal in den USA. Whole Foods weniger als 400 Mal.

Warning

Eine Warnung: Das Problem mit Amerikanern ist selten, dass sie sich unklar ausdrücken, im Gegenteil. Alles in diesem Land ist hyperexplizit – *«warnings»*, wohin das Auge blickt. Wenn irgendjemand zwischen Boston und San Diego an irgendeinem Tag irgendeinen Boden aufwischt, Sie können Ihren Mopp drauf verwetten, dass danach eine gelbe Warnpyramide aufgestellt wird: *«Caution, wet floor!»* Dabei spielt es keine Rolle, wie lange es her ist, dass dieser Boden gereinigt wurde, oder ob er gar nie richtig nass war. Die Anti-rutsch-Pyramide hat ihren festen Platz, auf dem Boden, in der Gesellschaft. In keinem Restaurant fehlt der Hinweis auf der Toilette, die Mitarbeiter müssten sich die Hände waschen. Mein Highlight unter den Damit-auch-das-noch-gesagt-ist-Schildern ist mir einmal im Bus zum Flughafen aufgefallen. Etwas versteckt unter dem Fahrersitz lese ich dort in typisch amerikanischer Unmissverständlichkeit: «Es ist möglich, dass sich Krankheitserreger auf Ihrem Ticket befinden. Wir bitten Sie daher, davon abzusehen, die Fahrkarten in den Mund zu nehmen.» Oh, klar, danke für den Hinweis. Grund für den Warnwahn ist das amerikanische Recht: Jeder kann jeden jederzeit verklagen, und Amis tun das auch mit grosser Begeisterung. Das führt dazu, dass alle auf Nummer sicher gehen wollen: der Bodenreiniger, der sich gegen Millionen Dollar an Schadenersatzforderungen wegen eines gebrochenen Steissbeins absichern will – und der Busfahrer, der die Cholera in Reihe neun befürchtet. Alle haben sie Angst vor einem: dem Prozess. Dann lieber ein *warning* zu viel.

Washington DC

Ist doch ganz schön hier, dachte ich mir. Die unbeliebteste Stadt Amerikas (weil Synonym für zentralistische Politikermacht) ist als Wohnort absolut zu empfehlen. Als wir vor ein paar Jahren von New York hierherzogen, fiel uns sofort auf, wie grün alles ist. Kein Wunder bei so vielen Parks und Monumenten und Riesenkreiseln. Die grüne Grosszügigkeit der Hauptstadt ist allerdings keine amerikanische Idee, sondern eine französische: Pierre Charles L'Enfant (1754–1825) liess, was später Washington genannt wurde, auf dem Reissbrett entstehen. Der Stadtplan sieht entsprechend wie ein Kunstwerk aus, Autofahren in der Hauptstadt ist dafür die Hölle.

Wer sich verfährt, landet je nachdem in einer ganz anderen Welt als gedacht: An einem Ende, im Nordwesten, bietet Washington einige der edelsten Adressen der USA – Traumhäuser in Laufdistanz zu Luxusboutiquen. Am anderen, südlichen, Zipfel herrscht nackte Armut, Häuser und Familien zerfallen. Das mittlere Jahreseinkommen schwankt in dieser Stadt, die nur etwas mehr als 600 000 Einwohner hat, je nach Zip-Code zwischen 278 000 und 32 000 Dollar. Washington zeigt damit im Miniaturformat jene Gegensätze auf, die überall im Land auseinanderklaffen. Touristen bekommen davon allerdings kaum etwas mit. Sie fühlen sich beim Spaziergang durch das Zentrum oft mehr an Paris erinnert als an eine durchschnittliche US-Stadt: Das obligate Downtown mit seinen Hochhäusern zum Beispiel fehlt. Die Höhe eines Hauses ist limitiert, mittels einer Formel, die auf der Breite der Strasse davor beruht (sagen wir mal: die zentralistische Politikermacht wollte das so). Diese Regel gilt natürlich nicht für den höchsten Steinbau der Welt: das Washington Monument, das wohl eleganteste Wahrzeichen der Stadt. Dabei war es zwanzig Jahre lang eine Bauruine. Wie so oft in der Geschichte der USA fehlte Mitte des 19. Jahrhunderts plötzlich das Geld. Erst nach dem Bürgerkrieg wurde der Bau wieder aufgenommen, allerdings mit Marmor, der eine leicht andere Farbe

hatte; wer genau hinschaut, sieht den Unterschied noch heute. So steht das Monument nicht nur für den Landesvater, sondern für das Land an sich: himmelhohe Ambitionen, die an Finanzierungsproblemen beinahe scheitern und dann doch irgendwie verwirklicht werden, einfach etwas anders als gedacht.

Washington, George

Washington in einem Satz: Er war der Mann, der die Nation als General im Revolutionskrieg zur Freiheit führte, danach die Verfassung wesentlich prägte, schliesslich mit elektoraler Einstimmigkeit zum ersten Präsidenten der Vereinigten Staaten gewählt wurde und der Hauptstadt ihren Namen gab. Puh, das ist mal ein Leistungsausweis. Die Verehrung für den Landesvater kennt denn auch keine Grenzen. Als Schweizer müsste man wohl Tell, Stauffacher und Dufour in einer Person kombinieren, um eine ähnlich andächtige Reaktion beim Bürger hervorzurufen. Die Washington-Manie grenzt teilweise an Anbetung: Die Kuppel des Capitols ist im Innern mit einem Gemälde verziert, das die Vergöttlichung Washingtons zeigt, komplett mit hingepinselten Gotteskollegen aus dem alten Rom. Wow. Das mag etwas dick aufgetragen sein, aber genau das macht es passend für Amerika. Und das Land verdankt George Washington (1732–1799) in der Tat viel: Dass Präsidenten nur zwei

Amtszeiten regieren können etwa, geht auf ihn zurück. Ebenso die Bezeichnung *Mr. President* und die Schaffung des Regierungskabinetts. Gleichzeitig war Washington auch der erste Präsident, der Verträge mit den Ureinwohnern abschloss, die das Papier nicht wert waren, auf dem sie standen. Der Verehrung tat das keinen Abbruch: Nach seinem Tod wurde sogar sein Begräbnis in Städten und Dörfern im ganzen Land nachgespielt, Sarg und Trauerzug inklusive.

Watergate

Watergate ist hässlich. Echt wahr. Der Büro- und Hotelkomplex am Potomac mitten in Washington ist das vielleicht geschmackloseste Gebäude der USA, ein Ungetüm ohne erkennbare Form. Trotzdem war es nach der Eröffnung 1971 ziemlich schick, dort zu wohnen oder zu arbeiten. Watergate war hip. So mietete sich auch die Parteileitung der Demokraten dort ein, und im Juni 1972 erhielt ihr Büro ungebetenen Besuch: mitten in der Nacht, von einer Gruppe Einbrecher. Wie sich später herausstellte, handelten die Männer im Auftrag des Weissen Hauses, wo Richard Nixon das Sagen hatte. Watergate wurde zur Mutter aller Skandale: Die hartnäckigen Recherchen der *«Washington Post»* und die bohrenden Fragen im Kongress brachten in den Jahren 73 und 74 immer mehr die dunkelste Seite der US-Politik ans Licht: Lügen, Intrigen, Verbrechen. Am Ende zwang Watergate Nixon zum Rücktritt. Seitdem steht der Name im gesamten englischsprachigen Raum Pate für jeden politischen und sonstigen Skandal: Travelgate, Monicagate, Nipplegate. Ziemlich hässliche Wortgeschöpfe, und deshalb passen sie ganz gut zu Watergate.

«We Shall Overcome»

Nichts wirkt entwaffnender im Kampf gegen Intoleranz als ein Lied: «*We Shall Overcome*» (frei übersetzt «Wir überwinden das») wurde in den Sechzigerjahren zur Hymne der Bürgerrechtsbewegung; Schwarz und Weiss, Hand in Hand, im Gesang vereint. Eine Aktivistin jener Tage hat mir einmal erzählt, dass es dieses Lied war, das ihr die Kraft gegeben habe, trotz Schlagstöcken und bösen Blicken weiterzumachen. So einfach wie eingängig schaffte es dieses Stück, Vers für Vers Risse in die Mauer von Vorurteilen zu schlagen, die sich über Jahrzehnte in den USA aufgebaut hatte. «*We Shall Overcome*» appelliert dabei direkt an den amerikanischen Glauben an eine bessere Zukunft, den steten Wandel zum Besseren – egal ob von Folk-Sängerin Joan Baez (geboren 1941 in New York) an Hippie-Demos gesungen oder von Martin Luther King in seiner letzten Rede zitiert. Wenn jemals ein Lied ein Land verändert hat, dann dieses.

Werbespots

«Sie wissen es: Sie wollen diese Säge! Sie wollen sie, und darum bestellen Sie sie jetzt!» Der Mann ruft nicht mehr, er schreit. Er schreit mich an. Und auch wenn ich es wegen seines dichten Vollbarts nicht erkennen kann, ich bin mir sicher, er fletscht die Zähne. Ruhe bewahren, er will ja schliesslich bloss etwas verkaufen – gut gibt's ihn nur im Fernsehen, so reicht ein Knopfdruck, um ihm zu entfliehen. Ja, amerikanische TV-Spots kommen ganz anders daher als die Fernsehwerbung in Europa. Der Zuschauer wird hier meist direkt aus der Kiste angesprochen, mit blendendem Lächeln und schweisstreibender Dynamik aufgefordert, sein Geld lockerzumachen. Alles viel zu übertrieben für die Augen und Ohren eines Schweizers, im Land der grenzenlosen Unbescheidenheiten aber passt das ganz gut ins (Fernseh-)Bild. Dabei ist es den Produzenten offensichtlich schnurz, was da verkauft wird, die Masche ist immer die gleiche; selbst «Risiken und Nebenwirkungen» bei Medikamenten werden in professionellem Ton von Angesicht zu Angesicht erzählt, statt sie europäisch schamhaft am Schluss für ein paar Sekunden einzublenden. Medikamenten-Spots sind in den USA ohnehin eine Art Parallelprogramm: kein Werbeblock ohne Pillentipps, oft in Überdosis. Da bekommt der Zuschauer nach spätestens zwei Stunden Kopfweh (das mag der Grund sein, warum dieses Leiden häufiger im Fokus der Werber steht als jedes andere). Gut gibt's digitale Videorecorder, so kann der Werbeblock ratzfatz überspult werden, um den modernen Marktschreiern aus dem Weg zu gehen. Ganz besonders dem bärtigen Typ mit seiner Säge.

Western

Ah, der Western. Das waren noch Filme mit echten Kerlen – guten Kerlen, bösen Kerlen, durch unendliche Landschaften reitend oder in unendliche Schiessereien verwickelt. Der Westernheld ist der Archetyp des amerikanischen Mannes. Keiner mehr als Marion Mitchell Morrison. Nie von ihm gehört? Bekannter ist er unter seinem Künstlernamen: John Wayne (1907–1979). Seine Art zu reden, zu gehen, ja auch nur unter der Hutkrempe hervorzulugen, alles war Original beim Mann, den sie *The Duke* nannten «Sprich tief, sprich langsam, und sprich nicht zu viel», hat er selbst sein Erfolgsrezept mal beschrieben. Erfolg hatte Wayne allerdings nicht von Anfang an, erst nach zehn Jahren in zweitklassigen Billigstreifen gelang ihm der Durchbruch mit der Hauptrolle in *«Stagecoach»,* für Kenner bis heute einer der besten Western aller Zeiten. Das liegt nicht in erster Linie an John Wayne, sondern am Regisseur John Martin Feeney – auch er besser bekannt unter seinem Pseudonym: John Ford (1894–1973). Er suchte für «*Stagecoach*» eine imposante Kulisse und fand sie an der Grenze zwischen den beiden Bundesstaaten Arizona und Utah: Das *Monument Valley* hat dank Ford das Bild, das sich die Welt vom Wilden Westen gemacht hat, wesentlich geprägt. Ein besonders malerisches Plateau dort trägt treffenderweise den Namen *John Ford Point*. Die imposanten Felstürme verliehen «*Stagecoach*» und anderen Ford-Filmen ihren unverwechselbaren Look. Die coolen Sprüche, die kamen von John Wayne.

Whitman, Walt

Wer an US-Literatur denkt, denkt in erster Linie an Romane. Deren Autoren sind weltbekannt: von Mark Twain bis Ernest Hemingway, von Stephen King bis Dan Brown. Aber Poesie? Dafür ist Amerika nicht bekannt. Dabei ist es ein Amerikaner, der als Vater der modernen Lyrik gilt: Walt Whitman (1819–1892) schrieb nicht in klassischen Reimen und Rhythmen, er schrieb mehr so, wie die Leute redeten – seine freien Verse zeichnen sich durch Wortwahl und Sprachbilder aus, nicht durch formale Kapriolen. Auch inhaltlich wagte sich Whitman an Themen, die für andere tabu waren: Politik, Kriegsgräuel und besonders häufig Sex, etwa in seinem Hauptwerk «*Leaves of Grass*». Zu Lebzeiten erntete er denn auch weniger Applaus als Stirnrunzeln. Dass er zudem entweder homo- oder bisexuell war (Experten streiten sich bis heute darüber), machte ihm das Leben im 19. Jahrhundert auch nicht leichter. Trotz allen Kontroversen ging er als «Demokratiepoet» in die Geschichte ein, weil er die Grenzen dessen, was Dichtung ist, neu zog; ein Pionier, und damit in seinem Wesen uramerikanisch.

Wild West

Mit der Unsterblichkeit ist es so eine Sache. Rein physisch ist sie ja ein Ding der Unmöglichkeit, bleibt uns also nur das Fortleben in der Erinnerung der Nachwelt. In den USA erinnert man sich nicht nur an Staatsmänner, Künstler und Wirtschaftspioniere, sondern auch ganz gern an schlimme Finger, an *outlaws,* am liebsten jene im Wilden Westen. Sämtliche dieser Ganovenhelden muss man nicht kennen, ein paar allerdings schon. Hier also meine *Top Three Gunmen* des amerikanischen Westens: 1) Billy the Kid. Der niedliche Übername täuscht. William H. McCarty (1859–1881) hat laut Legende einundzwanzig Männer auf dem Gewissen – den ersten knallte er schon als Teenager ab. Spätestens seit dann war Billy kein Kind mehr. 2) Jesse James (1847–1882) war eigentlich mehr Räuber als Mörder. Bei einem Banküberfall jedoch glaubte er einen alten Rivalen aus dem Bürgerkrieg vor sich zu sehen – und schoss. Dass dabei ein unschuldiger Kassierer sein Leben verlor, beschäftigte James so sehr, dass er sich in Briefen an eine Lokalzeitung offenbarte. PR in eigener Sache, die aus dem Verbrecher einen Volkshelden machte. 3) John Wesley Hardin (1853–1895). Hier passt der Name: ein wahrhaft harter Kerl. Wer sich mit ihm anlegte, lag bald im Grab. Ob er zwanzig, dreissig oder vierzig Leben ausgelöscht hat, ist umstritten. Bestens dokumentiert aber ist sein eigener Tod: beim Würfelspiel durch eine Kugel in den Hinterkopf. Das ist der Stoff, aus dem Legenden sind. Johnny Cash schrieb einen Song über Hardin, Bob Dylan widmete ihm gar ein ganzes Album. Ein gewaltsamer Tod ist in den USA eben durchaus hilfreich, wenn man unsterblich werden will.

Wohnung

Der Typ hat ein Lächeln, als hätte er es eben aus dem Internet heruntergeladen. «Tut mir leid, die Wohnung aus dem Inserat ist gerade heute Morgen vermietet worden. Ich habe aber noch eine andere, ganz ähnlich. Nur ein klein wenig ... teurer.» Wer in den USA eine Mietwohnung sucht, landet schnell bei einem *real estate agent*. Dieser Makler will eigentlich lieber Wohnungen und Häuser verkaufen, Mietobjekte belächelt er. Um seine Kommission etwas aufzubessern, trickst der *Agent* daher, wo er kann: Preise, die höher sind als erwartet, falsche Bilder im Inserat oder eben diese «Sorry-schon-weg-aber-nimm-doch-die-teurere»-Masche wie beschrieben. Wir haben in den USA vier Mal ein neues Zuhause gesucht, und nie ist mir ein Makler begegnet, der auch nur den Anschein erweckte, er wolle uns nicht über den Tisch ziehen (und sei's nur damit, den Riesenkühlschrank als gezielte Ablenkung vom kaputten Fenster einzusetzen). Das klappt hierzulande ganz gut, brauchen Amerikaner doch meistens schnell eine Wohnung, die Suche beginnt nicht selten erst drei Wochen vor Umzugstermin. Darum drücken Mieter hier und dort halt mal ein Auge zu, zahlen mehr als geplant oder verzichten auf Annehmlichkeiten. Ohne Adresse dazustehen, ist jedenfalls keine Option: Der Wohnsitz ist in den USA das A und O, um an so elementare Dinge wie einen Führerschein oder ein Bankkonto heranzukommen. Weil ein Einwohnerregister fehlt (das ist Amerikanern viel zu, sagen wir mal: staatsintensiv), gilt als ultimativer Domizilbeleg die *utility bill,* die Rechnung für Heizung oder Wasser oder Fernsehen, im eigenen Namen. Wer irgendwo für derlei Grundversorgung Geld ausgibt, der ist dort wohl auch zuhause, so die Logik. Kann jemand keine solchen Rechnungen präsentieren, wird er eiskalt wieder nach Hause geschickt. So haben selbst Ehepartner oft Mühe, zu beweisen, dass sie tatsächlich zusammenwohnen. Nein: Eine Wohnung muss sein. Das wissen auch die Makler – und lachen sich ins Fäustchen.

Wright Brothers

Go big or go home lautet ein (sehr) amerikanisches Sprichwort. Wer nicht nach den Sternen greift, braucht gar nicht erst die Hand aus dem Hosensack zu nehmen. Entsprechend finden sich landauf, landab Menschen, die auf den ersten Blick verrückt erscheinen, weil sie das Unmögliche möglich machen wollen. Das war um 1900 herum nicht anders, als allerlei Tüftler versuchten eine Flugmaschine zu bauen. Bis es den beiden Brüdern Wilbur (1867–1912) und Orville Wright (1871–1948) gelang, so ein Flugzeug kontrolliert durch die Lüfte zu manövrieren. Das schafften die beiden, indem sie sich in die Kurve legten, ähnlich einem Fahrradfahrer auf dem Boden (vielleicht war dabei der Umstand hilfreich, dass die Brüder einen Fahrradladen betrieben). Eine Sensation. Doch dann begingen Wilbur und Orville den Fehler, ihre Erfindung rund um die Welt bekannt zu machen – prompt wurde sie allseits kopiert. Die Pioniere der Luftfahrt waren in Sachen Patentrecht weniger bewandert, und so zogen sie sich frustriert zurück, nach Wilburs Tod verkaufte Orville gar die gemeinsame Firma. Das Geschäftsleben sagte den beiden passionierten Tüftlern nie zu. Für sie hätte das Sprichwort eigentlich lauten müssen: *Go big, then go home.*

X, Malcolm

Was bringt einen Menschen dazu, Gewalt zu predigen? Eine Kindheit in Angst, Schicksalsschläge, Erniedrigungen. Das war der Alltag des jungen Malcolm Little, 1925 in Nebraska geboren. Wo die junge schwarze Familie auch hinzog im mittleren Westen der USA, sie wurde von Rassisten belästigt und bedroht. Ihr Haus brannte ab. Der Vater verlor sein Leben, als Malcolm sechs Jahre alt war. Die verzweifelte Mutter wurde in eine Nervenklinik eingewiesen. Malcolm wuchs als Waisenkind auf, geriet auf die schiefe Bahn und landete, wo er landen musste: im Gefängnis. Dort konvertierte er zum Islam und streifte den Namen ab, den seine Familie seit den Zeiten der Sklaverei getragen hatte: Statt Little hiess er nun X – als Symbol für den verlorenen afrikanischen Familiennamen. Und dieser Malcolm X sollte zu einer zentralen Figur der afroamerikanischen Geschichte werden. Er wirkte wie ein Magnet, wenn er Brandreden durch prall gefüllte Säle schmetterte. Seine Botschaft von der Wiedergeburt der stolzen afrikanischen Nation durch den Islam kam an. X überzeugte sogar den Boxer Muhammad Ali von seiner Sache, genau wie zehntausende weitere schwarze Männer. Dies obwohl, oder vielleicht auch weil, er (anders als etwa Martin Luther King) die Gewalt als legitimes Mittel im Kampf um Bürgerrechte propagierte: «Ich nenne das nicht Gewalt, wenn es um Selbstverteidigung geht; ich nenne das Intelligenz.» Solche Worte jagten dem weissen Amerika den Angstschweiss auf die Stirn, und so betrachteten die Geheimdienste Malcolm X als Bedrohung der nationalen Sicherheit, selbst nachdem er sich von der radikalen *Nation of Islam* abwandte und das Gewaltprinzip in Frage stellte. Am Ende war es Gewalt, die das Leben von Malcolm X auslöschte: Er wurde 1965 von aufgebrachten Anhängern der *Nation of Islam* mit fünfzehn Schüssen niedergestreckt, in einem voll besetzten Saal. So wurde er zum Märtyrer des Kampfs für Gleichberechtigung, den das schwarze Amerika seit den Zeiten der Segregation führt – teils friedlich, und teils mit Gewalt.

X-Ray

Kennen Sie Superman? Was red ich da, natürlich kennen Sie den. Superman kann (fast) alles, aber am coolsten ist sein Röntgenblick. Sieht durch Wände und Kleider, der totale Durchblick halt. Das US-Gesundheitssystem allerdings wäre wohl selbst für Superman undurchsichtig. Die teuerste Medizinindustrie der Welt ist auch eine der ineffizientesten; niemand weiss, was eine Leistung genau kostet. Wirklich niemand. Nehmen wir, da wir gerade beim Thema sind, eine Röntgenaufnahme; in Amerika *X Ray* genannt, was auch schon schwer nach Comic-Held klingt, wenn Sie mich fragen. Aber egal: Die Röntgenaufnahme gibt ein Arzt in Auftrag, bei einem externen Labor. Weder weiss Herr Doktor, was das kostet (er ist schliesslich Mediziner und nicht Buchhalter), noch weiss das Labor, was es verrechnen wird (die Preise variieren je nach Arzt, der anfragt, nach Behandlungsort, Versicherung etc.). Als Ausländer mit Krankenkasse in Europa gilt man in den USA automatisch als *selfpay,* ein beschönigendes Wort für «unversichert». Und so eröffnet sich dem Patienten vom alten Kontinent die ganze nebulöse Welt der US-Gesundheitskosten: Der Arzt fragt schon mal nach, ob man die Leistung überhaupt bezahlen kann. Die Vorzimmerdame gibt Tipps, wie der Preis gedrückt werden kann. Und das Labor beteuert, einen Discount von 50 Prozent eingerechnet zu haben, vor lauter Mitleid mit dem Unversicherten. Was ein Mal Röntgen wirklich kostet? Unmöglich zu sagen. Und so ist das bei allen Gesundheitsleistungen: Ein Spitalvergleich in Kalifornien zeigte 2012, dass eine simple Blinddarmoperation im günstigsten Fall 1500 Dollar kostet, im teuersten satte 184 000 Dollar. Autsch. So was würde sogar Superman weh tun.

Xing

Zebrastreifen können eine ganze Menge über die Leute verraten, die daneben zuhause sind. In den USA sind diese Übergänge häufig mit *Ped Xing* beschriftet, was für *pedestrian crossing* steht, also Fussgängerkreuzung. Das zeigt schon mal, dass so ein Fussgänger nicht allzu häufig anzutreffen ist im gelobten Land des Autos, ausserhalb grosser Städte zumindest. Wer in einem Hotel an der Zufahrtsstrasse zum Interstate Highway übernachtet, merkt schnell, dass er ohne vier Räder nicht auf die andere Strassenseite kommt, sei das verführerisch leuchtende Burger-Restaurant dort drüben auch keine fünfzig Meter weit weg. Dort wo sie unerlässlich sind, in Downtown, sind Zebrastreifen ein Spiegelbild des lokalen Lebensrhythmus: Der Countdown läuft. Wirklich, wie viele Sekunden zur Strassenüberquerung bleiben, wird vielerorts digital angezeigt. In New York, wo laufen die wichtigste Art der Fortbewegung ist, werden den Fussgängern Beine gemacht: Um bei einer achtspurigen Hauptverkehrsachse von einer Seite zur anderen zu kommen, bleiben kaum mehr als zwanzig Sekunden. In der Hauptstadt Washington hingegen wird für eine vergleichbare Strasse über eine Minute veranschlagt – hier kann ja bekanntlich so einiges etwas länger dauern.

Xmas

Eigentlich war es nur eine willkommene Abkürzung: *Xmas* statt *Christmas,* so als würden wir aus Platzgründen lieber Wnacht statt Weihnachten schreiben.

X

Das X für Christus hat schliesslich Tradition. Doch *Xmas* kommt Amerikanern noch aus einem anderen Grund gelegen: Woher will man denn wissen, ob der Empfänger der Grusskarte dieses Weihnachten überhaupt feiert, im eigentlichen Sinn als Geburt von Jesus Christus als Erlöser und so weiter? Über zwanzig Prozent der Bevölkerung sind gar keine Christen, und selbst wer's auf dem Papier ist, kann mit Weihnachten vielleicht gar nichts anfangen. Darum ist das unverbindliche *Xmas* in den USA so beliebt, unter anderem auch in der Werbung. So prägnant die Bezeichnung in geschriebener Form wirkt, so sperrig tönt sie laut ausgesprochen. *Christmas* sagt und vor allem singt sich viel leichter. Kein Problem: Der religionsneutrale Gruss «*Happy Holidays!*» hat «*Merry Christmas*» längst abgelöst. Erinnert auch irgendwie mehr an Shopping-Mall als an Kirche. Und passt damit ganz gut ins Bild.

XOXO

Amerikaner lieben Abkürzungen (kein Wunder, haben die USA doch selbst ein Kürzel als Namen). E-Mails etwa sind durchsetzt von Buchstabenfolgen wie TBC *(to be confirmed)*, FYI *(for your information)* und ASAP *(as soon as possible)*. Während diese Initialisierung in der trockenen Geschäftskommunikation durchaus Sinn macht und hier auch niemand vom Gegenüber literarische

Pirouetten erwartet, ist's beim Austausch mit dem eigenen Schatz doch etwas anders: Wer wünscht sich nicht einen Liebesbrief mit behutsam formulierten Schlusssätzen, vielleicht sogar einem Vers? Fehlanzeige. Die beliebteste Art, den Partner schriftlich zu verabschieden, ist in den USA die Buchstabenfolge XOXO. Das steht zwar für *hugs and kisses,* Umarmungen und Küsse, sieht aber mehr aus wie der Name eines U-Boots aus dem Kalten Krieg. Selbst wenn die Zeit nur für Abkürzungen reicht, etwas Phantasie muss schon sein, wenn Sie mich fragen – ich unterschreibe bei meiner Frau zum Beispiel mit ILMQ (wofür das steht, behalte ich mal schön für mich).

XXX

Auch wenn kaum ein Amerikaner das auf der Strasse erzählen wird: Eine der erfolgreichsten US-Industrien ist das Porno-Business. Zehn Milliarden Dollar pro Jahr würden da gezeugt – sorry, erzeugt natürlich –, wollen Brancheninsider wissen. Harte Zahlen gibt es keine, aber hey, *Sex sells* ist seit jeher ein Mantra im US-Entertainment. So stolz man in Amerika auf Boom-Branchen ist, die Bums-Branche bildet eine Ausnahme: Traditionalisten sprechen ohnehin nie über Sex (die Pilgerväter lassen grüssen), und liberale Geister lehnen die Kommerzialisierung des Koitus ab. Dabei kommen gerade beim Porno zwei amerikanische Eigenheiten sehr, na ja, explizit zur Geltung. Auf der einen Seite die Freiheit im Ausdruck, die nach Ansicht vieler Amerikaner (die meisten davon wohl Männer) auch dargestellten Sex mit einschliesst. Auf der anderen Seite der US-Urtrieb, jeden Lebensaspekt allgemeintauglich zu kodifizieren. So geschehen, als die sogenannten *adult movies* («Erwachsenenfilme», darauf muss man erst mal kommen) vom Film-Verband in den Sechzigern mit einem X versehen wurden. Prompt machte die Porno-Industrie aus dem Warnsignal ein Gütesiegel und erfand sogar weitere Varianten, die noch mehr nackte Tatsachen versprachen, die berühmteste davon: XXX. Eine amerikanische Marketingidee für ein amerikanisches Erfolgsprodukt und trotzdem ein Tabu in der US-Öffentlichkeit. In einschlägigen Shops wiederum ist man dann erstaunlich offen: So habe ich zum Beispiel nicht schlecht gestaunt, dass potenzielle Models für das «*Hustler*»-Magazin, eine recht eindeutige Publikation, im Sexshop vor aller Augen interviewt wurden. Mitmachen kann jedes *all American girl* über 18. So schweigsam man in den USA auf der Strasse zum Thema Porno ist, so locker geht man damit hinter verschlossenen Türen um.

Yankee

Ist es nicht wunderbar, wenn ein und dasselbe Wort mehrere Bedeutungen hat? Ich finde: Das macht es herrlich offen für Interpretation. *Yankee* ist so ein Wort in den USA. Wenn Sie von *Yankees* (Plural) sprechen, werden wohl 90 Prozent der Amerikaner an Baseball denken (die *New York Yankees*, Rekord-Champion mit 27 Titeln und dem wohl bekanntesten Teamlogo der Welt). Sagen Sie indes *Yankee* (Singular), dann meinen Sie als Europäer vielleicht einfach «Amerikaner» damit, so hat man die Amis nach dem Zweiten Weltkrieg bei uns schliesslich genannt. In den nördlichen US-Staaten sind damit aber nur Mitbürger aus Neuengland gemeint, dem Nordostzipfel des Landes. Im Süden schliesslich ist *Yankee* seit den Zeiten des Bürgerkriegs ein abschätziger Begriff für (weisse) Nordstaatler, wird heute allerdings mehr kulturell als geographisch eingesetzt: *Yankee* gleich degenerierter Stadt- oder Vorstadtmensch ohne Schimmer vom «echten» Amerika, sprich von Kleinstadt mit Wasserturm und Sheriff. Zu guter Letzt werden zahlreiche Amis beim Wort *Yankee* spontan anfangen, das Lied *«Yankee Doodle»* zu trällern – ebenfalls ursprünglich als Spottstück gedacht, das sich über Möchtegernsoldaten lustig macht. Mittlerweile aber, Ohrwurm-Melodie sei Dank, mit stolzgeschwellter Brust als patriotische Hymne im ganzen Land bekannt. Damit stellen Amerikaner einmal mehr unter Beweis, dass sie die Meister der Wortumdeutung sind; *Yankee* ist nicht gleich *Yankee*.

Yeehaw

Wer schon mal an einem Country-Konzert in den USA war, weiss: «Bravo!» gibt's nicht, das wäre, als würde man in der Oper die La-Ola-Welle starten. Die landestypische, besonders im Süden sehr beliebte Form der spontanen Verkündigung persönlich erfahrener Freude heisst *Yeehaw*. Das Wort allein macht schon Spass. Wirklich, versuchen Sie's einmal (sofern Sie nicht gerade neben dem Chef bei der Arbeit sitzen oder so): Rufen Sie, so laut Sie können, mit möglichst langgezogener erster Silbe: *Yeeeeeeeeeeeee-haw!* Jetzt wissen Sie, was ich meine. *Yeehaw* hat sich folgerichtig für diverse amerikanische Freude-Situationen durchgesetzt, von Konzerten über Sportanlässe bis zum einen oder anderen Gottesdienst – obwohl sich dort auch *Hallelujah* hartnäckig hält.

Yellow Cab

«Hi, ich muss zur 44. Strasse in Sunnyside, Queens.» – «Ja kennen Sie denn den Weg?» – «Sie sind doch der Taxifahrer.» – «Kennen Sie den Weg?» – «Einigermassen, ja.» – «Verdammt noch mal, wie oft muss ich es noch sagen: Das ist einfach ein beschissener Teppich.» – «Äh … wie bitte?» – «Oh, ich hab nicht mit Ihnen geredet, meine Frau ist am Telefon.» – «Aha, okay.» Eine typische Unterhaltung in einem New Yorker Taxi, auch als *yellow cab* bekannt. Es gibt ein paar Dinge, die man bedenken sollte, bevor man in so eine gelbe Parallelwelt einsteigt: 1. Wissen Sie immer genau, wohin Sie wollen. Das klingt banal, doch in New York schliesst diese Zielkenntnis nicht nur eine Adresse ein, sondern auch die nächstgelegene Strassenecke, allgemein bekannte Attraktion oder U-Bahn-Station. Der Fahrer weiss – ausserhalb vom Strassengitter in Manhattan – nämlich so gut wie nie, wo eine Adresse zu finden ist. GPS haben viele nicht, weil die Dinger zwischen Wolkenkratzern nur dürftig funktionieren. Also informieren Sie sich, oder haben Sie zumindest ein Telefon dabei, das Ihren Zielort auf einer Karte zeigen kann. 2. Reagieren Sie nicht, wenn der Fahrer flucht. In neunzig Prozent der Fälle spricht er via wohlverborgenem *headset* mit Freunden oder Familie, während er Sie durch die Stadt kutschiert. Vielleicht flucht er auch über den Verkehr (das tun in New York grundsätzlich alle). Falls er doch über Sie fluchen sollte, ist es ebenfalls ratsam, nicht zu reagieren; Sie wollen schliesslich irgendwann ankommen, wenn's geht auf direktem Weg. 3. Geben Sie Trinkgeld, aber nicht zu viel. Eigentlich waren fünfzehn Prozent mal normal in New York, doch

die gewiefte gelbe Truppe hat in den letzten Jahren Kreditkarten-Leser installiert, die automatisch 20, 25 oder noch mehr Prozent vorschlagen. Fast alle Fahrgäste sehen sich so dazu genötigt, jetzt mindestens 20 Prozent abzudrücken. Sie können aber auch ganz auf Trinkgeld verzichten, wenn Sie einen guten Grund haben. (Erraten: Ahnungslosigkeit, Fluchen und Telefonieren des Fahrers gehören nicht dazu.)

Yellowstone

Wenn mir jemand in der Schweiz prophezeit hätte, dass ein Sportwagen einmal mein Leben rettet, ich hätte wohl schallend losgelacht. Doch genau das ist mir im August 2009 im Nationalpark Yellowstone passiert. Tagsüber kann es dort über dreissig Grad heiss werden, nachts sinken die Temperaturen in gewissen Ecken aber schnell unter den Gefrierpunkt. Das haben wir am eigenen Leib gespürt, als wir trotz Mütze und Schlafsack zähneklappernd im Zelt lagen. Ergo verbrachten wir die Nacht im Mietwagen, in einem Ford Mustang Cabrio (Dach zu), gewärmt vom sporadisch aufheulenden Sechszylinder. Ein Generator auf vier Rädern quasi. Es wurde eine unruhige Nacht. So ganz entspannt schläft man in Yellowstone ohnehin nie, wenn man bedenkt, dass unter einem ein Supervulkan in der Grösse des Bundesstaates Rhode Island schlummert, der bei einem Ausbruch die ganze Welt in einen jahrelangen Winter stürzen würde. Gut, ist das seit 640 000 Jahren nicht mehr passiert. So bleibt uns Yellowstone in bester Erinnerung: Geysire, Wasserfälle, Büffel, Regenbogenfelsen; der Freizeitpark der Natur. Da versteht man, warum diese Landschaft bereits 1872 als schützenswert angesehen wurde und deshalb als erster Nationalpark der Welt Geschichte schrieb. Yellowstone ist wie ein anderer Planet – mit entsprechenden Temperaturdifferenzen, wie ich heute weiss.

Yes

«Einfach ein geiles Wort.» Das hat mich dann schon ein wenig überrascht, dass die junge New Yorkerin nach sechs Monaten in *Germany* ausgerechnet ein deutsches Wort bewundert, über das ich mir noch nie Gedanken gemacht hatte: Das Wort «doch». Diese Möglichkeit zur sofortigen Bekräftigung der eigenen Position in allen Lebenslagen gibt es so im Englischen nicht – wenn ein Amerikaner «doch» sagen will, sagt er *yes,* einfach etwas bestimmter als sonst. Der legendäre Wahlkampfslogan *«Yes We Can»* von Barack Obama ist genau so zu verstehen: Doch, wir können das. Aber eben, ein eigenes Wort fehlt, und so muss das gute alte *yes* herhalten, auch wenn es phonetisch hell und harmlos daherkommt statt wie sein deutscher Bruder dunkel und deutlich. Kein Wunder, bekommt es dann oft Verstärkung in

Form von Nachsätzen wie *«yes it is!»* oder *«yes that's true!».* Vergeblich. An die einsilbige Endgültigkeit von «doch» kommt einfach nichts heran. Vielleicht liegt es daran, dass Amerikaner stets bemüht sind, in jeder Unterhaltung eine gewisse Grundfreundlichkeit aufrechtzuerhalten; da wird so ein dialogisches Stoppschild wie «doch» schnell einmal zur Sackgasse. Trotzdem: Ein geiles Wort, das hat das New Yorker Mädel ganz gut erkannt.

Yuppie

Was man Hollywood nicht alles abnimmt: Bis ich zum ersten Mal in den USA war, dachte ich beim Wort *yuppie* (steht für *young urban professional,* frei übersetzt: Stadtschnösel) immer gleich an New York. Als ich dann dort wohnte, merkte ich schnell: Das Klischee vom Nachwuchs-Banker aus Filmen wie *«Wall Street»* trifft in den seltensten Fällen zu. New York bietet Raum für so ziemlich jede Lebensform und jeden *style:* So wurde es bald ein Hobby von mir, mit guter Musik im Ohr an einer Strassenecke zu stehen und Fotos von den unterschiedlichsten Menschen zu schiessen. Ein Hobby, das ich allerdings beenden musste, als wir nach Washington DC umzogen. Hier kommen die Menschen in Downtown recht einförmig daher: Anzug und Hemd für den Herrn, Deux-Pièces für die Dame. In der Rush-Hour ist's besonders schlimm: Als wäre

man in eine *Yuppie*-Herde geraten. Ja,
die wahre Hochburg der Stadtschnösel ist
die Hauptstadt Amerikas.

Zapping

Dies ist ein Nachruf. Ein Abgesang auf eine gute alte amerikanische Tradition, während Jahrzehnten von Millionen Menschen gepflegt: *channel surfing,* oder kurz *zapping,* das war Teil des Alltags in den USA der 80er und 90er. Sich im Düsenjettempo durch die TV-Kanäle zu drücken, machte Spass, bevor das Fernsehen digital wurde und der Senderwechsel so langsam, dass man in der Zwischenzeit einen Hot Dog wegdrücken kann (und so was nennt sich Fortschritt!). Immerhin, *zapping* prägte den Glotzkonsum lange genug, um nachhaltige Spuren im amerikanischen Fernsehen hinterlassen zu haben: Vor jeder Werbepause, also alle fünf bis zehn Minuten, muss ein *cliffhanger* her, ein Spannungsaufbau, der verhindert, dass Mr. Zapper zuhause abdriftet. Diese Dranbleiben-Dramaturgie ist charakteristisch fürs US-Fernsehen, ob news oder Quiz oder TV-Serie. Sie ist auch dann noch erkennbar, wenn die Programme in Europa mit weniger Werbe-Unterbrüchen laufen, und sie macht amerikanische Formate oft reizvoller als einheimische, wo dieses Auf und Ab der *storyline* fehlt. Mehr und mehr wird es allerdings auch in den USA überflüssig: Wer alle seine Lieblingssendungen aufzeichnet (das nenn ich Fortschritt!), überspringt die Werbung sowieso. Und er schaut in der Regel, was er aufgenommen hat, und wechselt den Kanal nicht einfach so. Ruhe in Frieden, *zapping.*

Zeitung

«Was soll ich lesen in den USA?» Diese Frage stellen mir Besucher immer wieder. Antwort: Zeitungen. Trotz Boom bei Onlinemedien immer noch die beste Art, auf dem Laufenden zu bleiben (und allemal besser als das atemlose amerikanische news-Fernsehen). Wer welches Blatt zur Hand nimmt, hängt ganz von der Person ab, die zu dieser Hand gehört. Darum hier ein kurzer Zeitungsguide für USA-Reisende: Sie sind Student, will heissen, Sie haben Zeit, obendrein ein Interesse an Trends in Popkultur genauso wie an Politik – national, global, ist egal? Ihre Zeitung ist die *«New York Times».* Sie sind Banker, eher traditionell (Querstreifenkrawatte und so), lesen nicht zum Spass, sondern um zu wissen, wohin mit Ihrem Geld? Klarer Fall: *«Wall Street Journal».* Sie sind eine junge Mutter, haben also herzlich wenig Zeit, wenn's hochkommt fünf Minuten beim Frühstück, während die Kleinen mit Essen abgelenkt sind? Ihr Blatt heisst *«USA today».* Last but not least: Das Zeitgeschehen ist Ihnen schnurz, Sie sind schliesslich in den Ferien und wollen sich nur amüsieren? Auch für Sie gibt's hier was: *«Weekly World News»,* die Zeitung mit erfundenen Artikeln wie «Dinosaurier auf dem Mars entdeckt». Das nenn ich mal eine Schlagzeile! Leider wird diese herrliche Journalismus-Satire seit ein paar Jahren nicht mehr gedruckt. Im

Internet aber lebt sie weiter; hoffentlich noch zweihundert Jahre lang; wie der Fisch, der laut «Weekly World News» einmal in Alaska gefangen wurde.

Zenger-Prozess

«Kaum eine politische Frage in den Vereinigten Staaten, die nicht früher oder später zur juristischen Frage wird.» Da hat Amerika-Beobachter Alexis de Tocqueville wieder mal den Nagel auf den Kopf getroffen. Ist so und war schon immer so, sogar vor Tocquevilles Zeiten. Als Journalist kommt mir da sofort der Jahrhundertprozess gegen John Peter Zenger (1697–1746) in den Sinn. Zenger war ein publizistisches Urgestein in den englischen Kolonien der Neuen Welt. Er gab sein «New York Weekly Journal» heraus und fand, er dürfe darin selbstverständlich auch den britischen Statthalter vor Ort kritisieren. Dem Herrn jedoch missfiel das, so sehr, dass er den unbequemen Schreiberling ins Gefängnis werfen liess; fast neun lange Monate später wurde Zenger wegen Volksverhetzung der Prozess gemacht. Mittlerweile so etwas wie ein *everyday hero* in den amerikanischen Kolonien, wurde er 1735 vom Star-Anwalt Andrew Hamilton (ca. 1676–1741) vor Gericht *pro bono* vertreten. Vor den Augen eines regimetreuen Richters konnte dieser das Kernargument der Pressefreiheit den Geschworenen glasklar verklickern: Die Wahrheit über eine Regie-

rung kann niemals Volksverhetzung sein, weil sie nun mal die Wahrheit ist. Das Urteil der Jury: Freispruch. Es war der Anfang der freien öffentlichen Rede in Amerika und das Ende der Meinungskontrolle aus London. Zenger und Hamilton zündeten somit einen jener Funken, die vierzig Jahre später das Feuer des Revolutionskriegs entfachten.

Zigaretten

Die Augen der jungen Dame verengen sich in dem Moment, als ich meine Frage gestellt habe. «Was ich davon halte? Gar nichts!» Ein älterer Herr pflichtet ihr bei: «Das Ganze geht entschieden zu weit.» Das Ganze, das ist das neue New Yorker Rauchverbot im *Central Park,* ja jedem Park in der Stadt. Völlig übertrieben, da sind sich die zwei Befragten einig. Und noch eine Gemeinsamkeit haben sie: Beide sind Touristen aus Europa. Die Amerikaner, die ich für meine kleine TV-Umfrage anspreche, zeigen sich gegenüber dem Zigarettenbann viel entspannter: «Das ist kein Problem. Ich rauche zwar selbst, aber ich will niemanden damit stören», sagt zum Beispiel eine Joggerin. Man hat sich in diesem Land daran gewöhnt, dass der Tabakrauch aus der Öffentlichkeit mehr und mehr verschwindet – erstaunlich insofern, dass Amerika diesem Tabak einiges zu verdanken hat: Im 17. und 18. Jahrhundert war er die *cash crop,* die Geldpflanze der Nation, das wichtigste

Exportprodukt überhaupt. Zigaretten waren lange ein Teil des *American Way of Life,* wovon der *Marlboro Man* ein Lied am Lagerfeuer singen kann. Doch selbst der freiheitsverliebteste Cowboy akzeptiert in den USA das Prinzip, dass die eigene Freiheit nur so weit reicht, bis die Freiheit des anderen tangiert wird. Und so gelang es Antirauch-Aktivisten in den letzten Jahrzehnten, den blauen Dunst fast vollständig aus dem Alltag wegzublasen. Ich habe mal eine Stadt besucht, die sogar das Rauchen in der eigenen Wohnung verbietet, Belmont in Kalifornien. Unvorstellbar für die beiden europäischen Touristen im *Central Park.* Doch Amerika ist nun mal nicht Europa, und manchmal steigen einem die Unterschiede förmlich in die Nase.

Zip-Code

Ah, Postleitzahlen! Die heimliche Leidenschaft des statusbewussten Amerikas. Nichts sagt mehr über die eigene Wichtigkeit aus als jene fünf Ziffern, die die Welt zwar nicht bedeuten, aber zumindest einteilen. Ein Code, der als soziale Chiffre dient: Sag mir, wo du wohnst, und ich sage dir, wo du stehst, so funktioniert das in den USA. In Washington zum Beispiel liegen Welten zwischen 20015 und 20020: reich und arm, weiss und schwarz, herausgeputzt und heruntergekommen; alles in ein und derselben Stadt mit weit weniger als einer Million Einwohnern. Die Postleit-

zahl von Beverly Hills (dank der Neunziger-Teenie-Show «*90210*» der Star unter den Zip-Codes) wird mit einem Leben in Luxus assoziiert. Stehen am Beginn der Zahlenfolge die Ziffern 100, weiss jeder, dass dahinter der urbane Puls von New York City schlägt. Zip-Codes schaffen Übersicht in einem Land, wo viele die Welt ausserhalb ihres Wohn- und Lebensraums nur aus dem Fernsehen kennen. Dabei waren die Postleitzahlen bei ihrer Einführung 1963 denkbar unbeliebt: Die Post musste sie den Leuten mit einer Comicfigur sympathisch machen, die wenig erfinderisch Mr. Zip genannt wurde. Dass dieser putzige Kerl in blauer Uniform quasi zum Vater der gesellschaftlichen Zahlenhierarchie wurde, hätten sich die Postbeamten wohl nicht träumen lassen.

Zombies

Die fantastischsten Errungenschaften amerikanischer Kultur sind häufig ein Mix von Einflüssen aus aller Welt. Zombies zum Beispiel. Die sind eine Mischung aus klassischen Untoten, einem haitianischen Voodoo-Ritual und Horrorgestalten aus frühen Hollywood-Filmen. In eine Form gegossen hat diese Figuren dann ein Drehbuchautor und Regisseur aus New York, selbst ein Mischmasch von Mensch mit kubanisch-spanisch-litauisch-amerikanischen Eltern: George A. Romero schuf den modernen

Zombie 1968 mit seinem ersten Film *«Night of the Living Dead»*. Wandelnde Leichen, oft mit Appetit auf Menschenfleisch, gehören seitdem zum US-Kino wie Popcorn und Coke. Mittlerweile wandeln sie nicht nur, sie rennen auch, was Zombie-Puristen zwar als artfremd ablehnen, das Publikum aber offenbar als Weiterentwicklung akzeptiert. So nachhaltig hat der Zombie sich in der amerikanischen Kultur festgebissen, dass mittlerweile selbst die nationale Seuchen-Warnzentrale in einer Informationskampagne Ratschläge erteilt, was im Fall einer Zombie-Apokalypse besser im Haus vorhanden sein sollte: Wasser, Essen, Medikamente und so weiter – sprich alles, was man bei einem Wirbelsturm oder Erdbeben auch an Lager haben sollte, und das ist letztlich die Botschaft. Mit Zombies verkauft sich halt alles besser in den USA, selbst Katastrophenprävention.

Zoo

Jahrelang dachte ich: Amerikaner sind Zoo-Banausen. Denn mein Zoo, das war der *Bronx Zoo* in New York – einer der grössten in der Welt, allerdings auch alt, dreckig und überteuert. Europäische Tiergärten sind da ungleich attraktiver, das ist, als würde man eine Hyäne mit einem Rudel Polarwölfe vergleichen. Schon hatte ich mich damit abgefunden, dass ich meinen Kids einen echten Zoo erst zeigen kann, wenn wir wieder in der Schweiz wohnen, da wurde ich eines Besseren belehrt: Der *National Zoo* mitten in Washington ist absolute Weltklasse. Immer auf dem neuesten Stand, sauber und erst noch gratis. Das liegt daran, dass er wie die meisten grossen Museen der Hauptstadt zur *Smithsonian Institution* gehört. Sie ist quasi der Verwalter des kollektiven Gedächtnisses und wird deshalb auch «Dachboden der Nation» genannt. Die Institution finanziert sich über einen eigenen Fond, Spenden sowie Steuergelder und kann deshalb kostenlose Freizeitbildung bieten. Das zieht in Washington über zwanzig Millionen Besucher im Jahr an – und zeigt mir und meinem Nachwuchs, dass Amis alles andere als Zoo-Banausen sind.

Zucker

Amerikaner mögen's süss. Über 160 Liter *soft drinks,* sprich Zuckerwasser wie Coke und Co. spült der Durchschnittstrinker im Jahr herunter, so Marktforscher. Und nirgends wird mehr Eiscreme verdrückt als im Land der unmöglichen Begrenzungen. Das braucht natürlich eine Menge Zucker – so viel, dass er längst künstlich hergestellt wird, aus dem in den USA reichlich vorhandenen und entsprechend billig zu habenden Mais: *high fructose corn syrup,* kurz *HFCS,* findet sich in so gut wie jedem industriell produzierten Lebensmittel, von Ketchup über Käse bis zu Konfitüre, sogar im Fruchtsaft. So haben Amerikaner im Jahr 2012 fast 25 Kilo Maiszucker pro Kopf geschluckt, oft ohne sich dessen bewusst zu sein. In den letzten Jahren wurde zum Beispiel griechischer Joghurt immer beliebter. Um Produktionskosten zu sparen, bastelten ein paar Forscher mit Maissirup ein Joghurt, das gleich aussieht, sich gleich anfühlt und gleich schmeckt wie das Griechen-Original. Das Imitat steht als *Greek Yoghurt* im Regal gleich neben der echten Variante, nur wer die Inhaltsangaben liest, findet heraus, ob nur Milch oder doch auch Mais drin ist. So ein, pardon, Laborfrass führt zu einem Überkonsum an (oft verstecktem) Zucker, was in den USA bedenkliche Ausmasse erreicht hat und unter anderem mit Diabetes, erhöhtem Blutdruck und Herzkrankheiten einhergeht. Bereits fordern einzelne Ärzte, dass vor Zucker in ähnlicher Weise gewarnt wird wie vor Tabak und Alkohol. Das würde im Mutterland des Zuckerwassers allerdings wohl Reaktionen hervorrufen, die alles andere als süss sind.

Inhalt

Inhalt

Inhalt

Inhalt

Inhalt

Die Topkolumnen der Familie Seibt

In der Familie Seibt werden nur drei Dinge zuverlässig vererbt: die etwas zu grosse Nase, der etwas zu federnde Gang und das Kolumnenschreiben. Das Resultat davon ist dieses Buch. Es sind die besten 37 von über 2000 Kolumnen der Familie: Literaturfälschungen, Managementkolumnen und Fussballstorys.

ISBN: 978-3-7272-1292-5